OEUVRES
COMPLÈTES
DE JACQUES-HENRI-BERNARDIN
DE
SAINT-PIERRE.

TOME HUITIÈME.

DE L'IMPRIMERIE DE L.-T. CELLOT.

ŒUVRES

COMPLÈTES

DE JACQUES-HENRI-BERNARDIN

DE

SAINT-PIERRE,

MISES EN ORDRE ET PRÉCÉDÉES DE LA VIE DE L'AUTEUR,

PAR L. AIMÉ-MARTIN.

.... Miseris succurrere disco.
ÆN., lib. I.

HARMONIES DE LA NATURE.
TOME PREMIER.

A PARIS,

CHEZ MÉQUIGNON-MARVIS, LIBRAIRE,
RUE DE L'ÉCOLE DE MÉDECINE, N° 9.
M. DCCC. XVIII.

A SON ALTESSE ROYALE

MADAME

LA DUCHESSE D'ANGOULÊME.

Je viens déposer à vos pieds un livre dont mon mari, s'il eût vécu, se fût empressé de vous faire hommage.

La France eût vu ce vieillard vénérable se présenter devant Votre Altesse, et lui offrir cet ouvrage, où il fut si souvent l'interprète sublime de la Providence. Ému à l'aspect de la Fille des Rois, il eût dit à ces incrédules dont il a si souvent flétri les erreurs : « Voyez cette auguste Prin-
» cesse que nos larmes appelaient en vain; ses
» longues souffrances n'ont servi qu'à dévoiler

» ses vertus ; il y a quelques mois, son retour
» nous eût paru un prodige, toute la puissance
» des hommes n'aurait pas suffi pour nous la
» rendre : maintenant la voici parmi nous ; sa
» présence, comme celle d'un ange, annonce la
» fin de la colère céleste : vous voyez bien qu'il
» existe une Providence. »

Je suis, avec le plus profond respect,

MADAME,

DE VOTRE ALTESSE ROYALE,

la très-humble et très-obéissante
servante,

DE SAINT-PIERRE,
née DE PELLEPORC.

PRÉAMBULE.

Au milieu des agitations du monde et des révolutions des empires, lorsque toutes les ambitions se réveillent, et que la foule se précipite vers la fortune, nos regards se reposent avec délices sur la retraite du sage, qui, paisible dans ses désirs, espère tout de la nature, et ne demande rien aux hommes. Ainsi, lorsqu'Athènes s'épuisait en vain pour courber les peuples sous son joug; lorsque les Phocéens profanaient le temple de Delphes, et que Philippe triomphant sur les ruines d'Olynthe insultait les nations et menaçait la liberté de la Grèce, le divin Platon, environné de ses disciples, allait s'asseoir au sommet du cap Sunium. Là, sous les ombrages du bois sacré de Minerve, dans la douce contemplation de ces mers azurées où s'élevaient les tours de la riche Délos, il oubliait les crimes des hommes pour ne parler que de la vertu.

Un aussi ravissant spectacle semblerait le fruit du temps et de l'imagination, si un sage, un vrai philosophe, le Platon de la France, ne l'avait renouvelé de nos jours. C'est au moment des grandes calamités que le ciel faisait peser sur l'Europe, c'est lorsque des bourreaux étaient nos rois, que l'auteur immortel des Études et de Paul et Virginie fuyait les villes désolées, et se réfugiait au sein d'une solitude champêtre. Méprisant la fortune qu'on n'achète qu'au prix de la vertu, il ne se voyait point applaudi dans une tribune de factieux, dans un cercle de sybarites ou dans un conciliabule d'athées; mais d'innocentes victimes le bénissaient à leurs derniers moments, et cherchaient dans ses pages religieuses les preuves de leur immortalité. Au lieu d'entendre dans sa retraite des proclamations flétrissantes et des arrêts de mort, il entendait les oiseaux célébrer par leurs chants le lever et le coucher du soleil. Il se disait : « Rien n'est encore perdu ; l'astre » du jour ne s'est point écarté de sa route ; il

» féconde nos champs, il fait fleurir nos prai-
» ries, comme si tous les hommes n'avaient
» pas cessé d'être bons. » Assis sur les bords
des ruisseaux, à l'ombre des peupliers et des
saules,* ses pensées ne se reposaient que sur
de paisibles objets. Tout ce qui frappe nos
regards dans les cités nous parle des hommes,
de leurs injustices, de leurs crimes, de leurs
misères; leurs palais sont l'asyle de la bas-
sesse, et leurs arcs de triomphe, des souvenirs glorieux de leurs forfaits. Au contraire, tout ce qui nous environne dans les
campagnes nous invite à la vertu, et nous
révèle une Providence. Il semble, en contemplant la nature, qu'il n'y ait jamais eu de
crime dans le monde. Dans les palais, il ne
faut qu'un petit chagrin pour empoisonner
la félicité des riches; aux champs, il ne faut
qu'un petit bonheur pour consoler les infortunés. La terre leur prodigue ses dons; le
pauvre y peut faire le bien, et là seulement
le sage sait apprécier sa grandeur et sa faiblesse. Tantôt à l'aspect des vergers, dont il
perfectionne les fruits, des graminées que sa

* Dans son ermitage d'Essonne.

main multiplie sur toute la terre, des animaux terribles qu'il dompte et qu'il conduit avec un roseau, il se croit l'être le plus puissant de la nature; tantôt en contemplant cette paille légère où la Providence plaça le grain qui le nourrit, et qu'un souffle peut anéantir; en voyant les plus vils insectes ronger ses fruits, détruire ses moissons, et s'attacher à lui-même, il se méprise et rougit de son abaissement. Mais il lui suffit d'une pensée pour reconnaître sa grandeur, et d'un sentiment pour se convaincre de son immortalité.

Réduire l'homme à son corps, c'est le réduire à ses sens. Il résulte de cette idée que la brute devrait avoir une intelligence supérieure à la nôtre, car les sens d'un grand nombre d'animaux sont plus parfaits que ceux de l'homme. Cette seule objection détruit le système des matérialistes. Tout ne dépend donc pas des sens, puisque ceux des animaux ne les placent point au-dessus de nous; et si tout ne dépend pas des sens, il y a donc quelque chose dans l'homme qui n'appartient ni aux sens ni à la matière. Qu'il est sublime l'être qui, au milieu des images de la destruction, sans puissance pour en arrêter les effets, instrument de destruction lui-même, devine son éternité, et élève jusqu'au ciel une pensée qui ne doit pas mourir!

Ah! cette pensée est empreinte sur le front de l'homme! Son aspect a quelque chose d'imposant, de sublime, qui parle de son avenir. Ce n'est point une machine organisée seulement pour la mort, qui peut aimer avec tant de passion, créer avec tant de génie, commander avec tant de puissance! Sa vieillesse même annonce que le ciel l'attend; c'est près de sa tombe qu'il laisse entrevoir toute sa grandeur et que se dévoilent toutes ses vertus. Il semble que la présence d'un vieillard ne nous pénètre d'une si profonde émotion, d'un respect si religieux, que parce que notre conscience nous apprend que plus il s'éloigne de nous, plus il s'approche de l'immortalité. Cette vérité ne me sembla jamais plus frappante que la première fois que je vis l'homme illustre dont je publie aujourd'hui les OEuvres. On m'avait conduit sur les bords de l'Oise, dans cette retraite où bientôt, hélas! il devait terminer sa vie: c'était dans une belle soirée d'automne; tout était calme autour de moi, la lune jetait sa lueur tranquille à travers les arbres dépouillés de verdure, un vent doux agitait les feuilles desséchées, et les chassait dans la prairie; mais l'émotion dont j'étais pénétré devint encore plus vive, lorsque je vis sur le penchant de la colline le vieillard vénérable que j'étais venu chercher sur ces rives. De long cheveux blancs couvraient ses épaules; la vertu respirait dans tous ses traits: il y avait dans sa physionomie quelque chose d'idéal et de sublime qui n'appartenait pas à la terre. Eh quoi! me disais-je, ne serait-ce là qu'un mortel promis à la tombe? Tant de sagesse n'aurait-elle conçu que de vaines espérances? Et tant de vertus n'auraient-elles pour récompense qu'une mort éternelle?

L'auteur de Paul et Virginie s'occupait dans sa retraite à recueillir les matériaux de cet ouvrage. La postérité ne verra point sans surprise un livre composé pour le bonheur des hommes, à une époque dont elle n'attendait que des crimes; un livre où l'auteur esquissait les beautés de la nature en présence de Dieu, dans le temps même où un ministre de la république soldait, insolemment, de vils compilateurs pour retrancher des poëtes latins tout ce qui concernait la Divinité, afin de les rendre classiques dans le nouveau système d'éducation que préparait l'athéisme.

Aussi les sophistes ne pardonnèrent-ils point à notre auteur de croire à Dieu, et de ne pas croire à leurs systèmes; de chérir les vertus religieuses, et de n'attacher aucune espérance, aucune foi, aux vaines spéculations de l'athéisme. En butte aux traits de la haine, il n'y répondait que par des élans d'amour et de bienveillance. Ce qu'il voyait de méprisable dans l'homme ne le lui faisait point mépriser; son cœur ne pouvait qu'aimer, ou plaindre. A mesure qu'il perdait une de ses illusions, il la remplaçait par une vertu; mais peu-à-peu il s'éloignait des sociétés brillantes et trompeuses, pour se rapprocher de la nature, qui charme et qui console. Il se retirait d'un monde où la richesse tient lieu d'honneur; où la puissance tient lieu de tout; qui promet des plaisirs et ne donne que des remords; qui nous environne d'une fausse joie, et ne permet qu'à la flatterie de plaire et à la méchanceté d'amuser. Alors, au lieu de s'abandonner avec amertume au dégoût que devait lui inspirer la vue de tant de vices, de turpitude et de fausseté, il livra son ame au bonheur tranquille de la solitude, comme celle des ambitieux se livre au bonheur inquiet de la fortune. La pensée d'une providence le conduisait de découverte en découverte : un style enchanteur embellissait encore la science qu'il venait de créer. On a dit que Buffon était le peintre de la nature ; Bernardin de Saint-Pierre est son amant le plus tendre. Il la contemple avec des yeux pleins d'amour; il l'aime, il la fait aimer, il lui prodigue toute son ame ; il est ravi en sa présence. Voyez comme elle le pénètre de ses feux, comme elle le touche par ses bienfaits, l'enchante par sa splendeur, l'étonne par sa magnificence; en esquissant ses beautés ineffables, il ne fait que céder à son entraînement : il nous remplit d'émotion, parce qu'on sent qu'il est ému; il intéresse, il entraîne, parce qu'il fait entendre le langage du cœur. Ces impressions célestes qui remplissent notre ame au premier rayon de l'aurore ; ce tressaillement qu'on éprouve dans la solitude profonde des bois ; ce calme, cette fraîcheur qui nous inspirent aux bords d'un ruisseau ; les illusions, les extases du sentiment, les douces rêveries d'un premier amour, se font sentir dans ses pages pleines de vie et d'éloquence. Semblable à l'Armide du Tasse, il construit un palais enchanté, où l'homme oublie ses passions, sa faiblesse, sa misère, et s'abandonne à des prestiges ravissants, parce qu'il ne se souvient plus que d'aimer.

C'est la contemplation de la nature qui conduit le vrai sage à la contemplation du Créateur ; elle élève son âme jusqu'à cette grande pensée sans laquelle l'univers serait inexplicable ; car rien de ce qui est soumis à nos sens ne peut être expliqué par les sens : ils voient, ils entendent, mais ils ne comprennent pas ; et vouloir tout réduire à leur témoignage, c'est se condamner à l'erreur. Voilà pourquoi tant de philosophes se sont égarés ; et leurs nombreux systèmes ne prouvent que leurs incertitudes. Déplorables contradictions de l'esprit humain ! Ils veulent fonder une doctrine sur la science qui ne cesse de changer, et ils refusent de croire aux vérités que leur présente la nature qui est toujours la même. Ils veulent tout soumettre à leur raisonnement, et ils ne veulent pas qu'une raison supérieure ait créé l'univers. Leur intelligence est la seule qu'ils reconnaissent sur la terre et dans le ciel. Ils ont une sagesse qui ne console pas, une science qui n'instruit pas, et tous les efforts de leur génie se réduisent à ne plus espérer, à ne plus croire. Si vous leur présentez une fleur, ils vous montrent le ver qui lui ronge le sein : c'est en nous écrasant sous le poids de nos misères, qu'ils veulent nous faire renoncer à l'éternité. Tout ce qui est un sujet de pleurs et de désolation pour les hommes, est pour eux un sujet de triomphe ; cependant, à l'heure même où ils blasphèment, les moissons fleurissent autour d'eux, un beau ciel brille sur leur tête, l'astre du jour se lève et se couche pour leur prodiguer sa lumière. Ah! gardons-nous de croire celui qui, au milieu de tant de joies, n'aperçoit que des souffrances, et qui en recevant tant de bienfaits, ferme son amé au bienfaiteur! L'assentiment de tous les peuples s'élève contre lui. Les nations les plus sauvages ont conçu l'idée de Dieu en le contemplant dans ses œuvres. A peine l'univers sortait du chaos; à peine tout ce qui vit ouvrait les yeux à la lumière, que, d'un coin de ce globe, une pensée sublime s'élançait aux pieds de celui qui est; il fallait bien qu'au milieu de cette pompe naissante des mondes, un hommage solennel fût adressé à leur Créateur. Ce premier élan de la reconnaissance instruisit le ciel que le chaos avait cessé, et que la vie commençait. Mais lorsque des esprits inquiets voulurent se donner au néant, la religion des peuples opposa des temples à leurs vaines clameurs. Que dis-je! le siècle même qui vit naître les raisonnements les plus trompeurs de l'athéisme, fût témoin du triomphe des idées religieuses. Ce que la philosophie avait attaqué comme de vaines superstitions, devint le seul recours de l'homme livré à la fureur des hommes. La mort parut! Tous les raisonnements furent oubliés, l'expérience resta. Au sein du bonheur, au milieu des délices du monde, la philosophie avait prêché le néant; et maintenant les victimes marchent à l'échafaud, qui est pour elles le chemin de l'éternité. La beauté, la richesse, la grandeur, s'évanouissent comme un songe ; la pensée de Dieu remplace tout ; cette pensée, qu'on avait voulu chasser des cœurs, devient le seul bien de l'homme : elle survit à ses passions, le soutient dans son agonie, et l'enrichit de tous les trésors du ciel, lorsque tout lui échappe sur la terre. Ah ! s'il n'y avait pas de Dieu, il y aurait donc des douleurs sans consolation !

Jetons un coup-d'œil rapide sur la terre, essayons d'esquisser quelques-uns de ses tableaux, voyons si leur aspect doit mener à l'incrédulité.

La douleur appartient à ce globe ; son empire est l'univers : sur les glaces des pôles, aux bords de l'Alphée et de l'Aréthuse, dans les riantes vallées de l'Arcadie, par-tout où il y a des hommes, on est sûr de rencontrer des infortunés. Mais si la douleur est par-tout, il n'est aucun lieu de la terre où, par une douce compensation, le plaisir ne puisse éclore. Pourquoi refuser de voir les bienfaits qui nous enrichissent ? Ces couleurs, ces parfums, cette lumière, ces eaux murmurantes, ces voix harmonieuses, tout cela n'est-il donc que de la douleur ? Doux repos de la nature ! ravissement des ames vertueuses! rien n'est plus enivrant que vos émotions. Voyez comme au printemps tout renaît, tout s'anime, tout s'embellit. Il paraît, et les vallées fleurissent, et les coteaux se couvrent de feuillage; les cieux reprennent leur sérénité, le soleil toute sa splendeur, et de douces rosées rafraîchissent les airs. Le ciel épuiserait-il ses richesses pour embellir la terre? Non. Quelques gaz impurs, décomposés dans la tige d'une plante, se sont changés en cette fleur délicate qui exhale de doux parfums. Un peu d'eau, que la nature a travaillée en silence, a formé ces forêts, ces fruits et ces moissons. L'air invisible a été légèrement agité, et des chants harmonieux ont ravi notre oreille; un rayon de lumière a été lancé dans l'espace, et les couleurs ont embelli l'univers, et les images magiques de ces tableaux ont été portées jusqu'à notre ame. Ainsi, il n'a fallu qu'un souffle pour nous environner de merveilles, et réveiller dans notre esprit les idées d'ordre, de sagesse et de puissance. Mais ne considérons point ces grands phénomènes; tant de pompe et de luxe nous éblouirait. Jetons les yeux sur ce que la nature a créé de plus faible, sur ces atomes animés pour lesquels une fleur est un monde, et une goutte d'eau un océan. Les plus brillants tableaux vont nous frapper d'admiration; l'or, le saphir, le rubis, ont été prodigués à des insectes presqu'invisibles. Les uns marchent le front orné de panaches, sonnent la trompette et semblent armés pour la guerre; d'autres portent des turbans enrichis de pierreries, leurs robes sont étincelantes d'azur et de pourpre, ils ont de longues lunettes comme pour découvrir leurs ennemis, et des boucliers pour s'en défendre. Il en est qui exhalent le parfum des fleurs, et sont créés pour le plaisir. On les voit avec des ailes de gaze, des casques d'argent, des épieux noirs comme le fer, effleurer les ondes, voltiger dans les prairies, s'élancer dans les airs. Ici, on exerce tous les arts, toutes les industries; c'est un petit monde qui a ses tisserands, ses maçons, ses architectes : on y reconnaît les lois de l'équilibre et les formes savantes de la géométrie. Je vois parmi eux des voyageurs qui vont à la découverte, des pilotes qui, sans voiles et sans boussole, voguent sur une goutte d'eau à la conquête d'un nouveau monde. Quel est le sage qui les éclaire, le savant qui les instruit, le héros qui les guide et les asservit? Quel est le Lycurgue qui a dicté des lois si parfaites? Quel est l'Orphée qui leur enseigna les règles de l'harmonie? Ont-ils des conquérants qui les égorgent et qu'ils couvrent de gloire? Se croient-ils les maîtres de l'univers, parce qu'ils rampent sur sa surface? Contemplons ces petits ménages, ces royaumes, ces républiques, ces hordes semblables à celles des Arabes; une mite va occuper cette pensée qui calcule la grandeur des astres, émouvoir ce cœur que rien ne peut remplir, étonner cette admiration accoutumée aux prodiges. Voici un faible insecte qui s'enveloppe d'un tissu de soie, et se repose sous une tente; celui-ci s'empare d'une bulle d'air, s'enfonce sous les eaux, et se promène dans son palais aérien. Il en est un autre qui se forme, avec de petits coquillages, une grotte flottante qu'il couronne d'une tige de verdure. Une araignée tend sous le feuillage des filets d'or, de pourpre et d'azur, qui semblent réfléchir les couleurs de l'arc-en-ciel.* Mais quelle

---

* L'araignée du Mexique, nommée *atocalt*.

flamme brillante se répand tout-à-coup au milieu de cette multitude d'atomes animés? Ces richesses sont effacées par de nouvelles richesses. Voici des insectes à qui l'aurore semble avoir prêté ses rayons les plus doux: Ce sont des flambeaux vivants qu'elle répand dans les prairies. Voyez cette mouche qui luit d'une clarté semblable à celle de la lune ; elle porte avec elle le phare qui doit la guider. Plus loin, un ver rampe sous le gazon ; tout-à-coup il se revêt de lumière, il s'avance comme le fils des astres, et ces reflets éclatants qui rayonnent autour de lui, éclairent les doux combats et les ravissements de l'amour.

Mais c'est dans les soins que prend la nature pour conserver ces petits êtres, qu'on reconnaît sur-tout sa prévoyance admirable. La sagesse de Pythagore, le génie de Platon, la science d'Aristomachus, ne dédaignaient pas l'étude de leurs jolies peuplades ; la poésie même trouva dans cette étude des sujets qu'elle ne put embellir. Virgile, qui célébrait le triomphe d'Énée, la fondation de Rome, la gloire d'Auguste, passait des louanges du fils de Vénus aux louanges des abeilles.

Que dis-je! on a vu deux académies entières se consacrer à l'étude de ces insectes;* des savants se sont réunis pour observer leurs mœurs, pour décrire leur gouvernement, et pour apprendre à l'Europe les travaux et l'intelligence d'une mouche. Son histoire n'est pas celle d'un individu isolé, c'est celle d'un peuple, d'une nation, c'est presque l'histoire d'Athènes ou de Sparte. Cependant, par un caprice singulier du sort, tandis que ces académiciens, armés de microscopes et munis de lettres patentes pour interroger la nature, cherchaient vainement à découvrir le mystère des amours de la reine abeille, ce mystère s'offrait, comme de lui-même, à un aveugle solitaire, et le secret de la nature était révélé à celui qui ne pouvait la voir.*

Ainsi l'étude de ces peuplades innombrables est pleine de douceur et de charme. On aime à contempler les petits drames que ces acteurs représentent tour-à-tour : leurs guerres, leurs duels, leurs massacres font réfléchir. Leur

---

* L'académie de Lusace et celle de Lauter.

** M. Hubert, de Genève. Voyez son excellent ouvrage sur les abeilles.

destination dans l'ordre général de l'univers décèle une intelligence créatrice. Les harmonies d'un insecte ailé pour voltiger de fleur en fleur, armé d'une trompe pour puiser dans leur sein une liqueur que tout l'art des chimistes ne saurait en extraire, prouvent une puissance qui sait unir les choses animées aux choses inanimées. Le nectaire des fleurs contient une liqueur dont l'abeille doit faire la récolte : l'abeille était donc prévue par la puissance qui a créé les fleurs. L'abeille a reçu quatre ailes, et la mouche ordinaire n'en a que deux : une intelligence divine avait donc prévu que l'abeille, butinant le miel et la cire, en chargerait ses pates creusées en cuillers, et que quatre ailes lui seraient indispensables pour soutenir et transporter ce fardeau. Voilà de ces harmonies qu'il est impossible de repousser, parce qu'elles unissent entre elles des objets dissemblables : une mouche et une fleur, une goutte de miel cachée dans le fond d'une corolle, et la trompe d'un animal destinée à la recueillir. Mais un nouveau phénomène appelle nos regards. Je vois une abeille solitaire au milieu de la prairie : elle se pose sur une fleur, elle essaie d'en pomper le miel; ses efforts sont vains, la profondeur du calice est si grande, qu'elle ne peut pénétrer jusqu'au lieu qui recèle son trésor. Ne la croyez point découragée, cette récolte ne sera pas perdue. Comme les sauvages de l'Amérique qui coupent l'arbre par le pied pour en avoir le fruit, elle tourne autour de la fleur, scie adroitement sa corolle, et laisse à découvert le nectar qu'elle doit nous présenter dans une coupe de cire.

Non loin de là est une nation belliqueuse, une société de sages et de guerriers : les petits êtres qui la composent ont un langage varié ; ils s'aiment, ils aiment leur patrie, ils travaillent, ils combattent pour elle. Leur prévoyance semble le fruit des réflexions les plus profondes, des combinaisons les plus ingénieuses. Entrez dans le sein de cette cité, vous y verrez un petit peuple tout noir, qui trace de longues galeries, forme des cellules, élève étage sur étage et palais sur palais. Arrêtez-vous un instant sur les bords de cette caverne creusée au pied d'un arbre, il va s'y passer des prodiges. Le petit peuple noir y amène des animaux d'une autre espèce, et les y laisse dans l'esclavage. Aussitôt les prisonniers s'attachent aux racines humectées des plantes, et y puisent un miel abondant que les maîtres de l'habitation se hâtent de recueillir. Ces maîtres sont des fourmis, les insectes qui fabriquent le miel sont des pucerons. Ainsi les fourmis ont des étables où elles enferment leur bétail. Elles trouvent dans les pucerons des espèces d'animaux domestiques : ce sont leurs vaches, leurs chèvres, leurs brebis; et ces industrieuses villageoises passent les beaux jours du printemps au sein de leur métairie, occupées, comme les dieux d'Homère, à savourer l'ambroisie.*

Le nombre des insectes est si grand, qu'ils semblent être les maîtres naturels de notre globe. Ils habitent la terre, les airs et les eaux. Armés de scies, de râpes, de tenailles, ils aident les travaux du temps. Ils détruisent les forêts, rongent les fruits, anéantissent nos récoltes; rien ne leur échappe : ils se glissent dans les palais des princes, usent leurs vêtements de pourpre, percent les marbres, règnent sous les lambris dorés, et poussent leurs conquêtes jusque sur l'homme lui-même.

* Voyez l'ouvrage de Hubert sur les fourmis.

O profondeur de notre misère ! ce roi des animaux, ce maître de l'univers est promis au ver impur qu'il foulait à ses pieds.

En contemplant les ruses, la force et la puissance des insectes ; en étudiant les soins de la nature pour leur conservation, l'homme aurait peut-être le droit de se plaindre de l'abandon où elle semble le laisser à sa naissance ; mais sa plainte ne prouverait que son ingratitude. C'est justement cette longue faiblesse de l'enfant, cette lenteur extrême d'accroissement, les dangers nombreux qui l'attendent, qui sont les causes de ses perfections. Si, dès sa naissance, l'enfant eût trouvé tout ce qui est nécessaire à sa vie ; s'il eût été revêtu des mains de la nature ; si ses forces ou ses ruses l'eussent mis à même d'éviter tous les périls, de vaincre tous les obstacles, c'en était fait de sa grandeur : sa pensée éteinte n'eût jamais inventé les arts et les sciences qui font sa gloire. Il eût consumé son existence dans la langueur et la volupté, et le travail lui eût été inconnu. Ainsi la force de l'homme naît de sa faiblesse, son génie de ses besoins, sa grandeur de son abaissement. Mais comme tout devait lui rappeler la fragilité de son être, il ne trouva rien, même dans sa pensée, qui pût le satisfaire. Ses jouissances ne lui laissèrent que des inquiétudes et des amertumes; son ame allait toujours au-delà de ce qu'elle avait souhaité, de ce qu'elle avait créé. Le bonheur le fuyait, et il ne recueillait que des plaisirs fugitifs comme sa vie. Hélas! tout est passager sur la terre; l'Eternel a mis les jouissances de l'homme dans ses illusions, comme il a placé le grain qui le nourrit sur une paille frêle et légère.

Chose remarquable! celui qui a donné des bornes à notre intelligence, n'en a point donné à nos désirs, afin de nous faire concevoir un autre bonheur que celui de cette vie. C'est un but vers lequel tendent des pensées qui ne peuvent être perdues. Au reste, si les grands secrets de la nature échappent à notre génie, il n'en est pas de même de ce qui peut nous éclairer sur nos devoirs et sur nos besoins. Tout ce qui est utile à l'homme est senti et approuvé de tous les hommes, et la morale la plus sublime a été mise à la portée des esprits les plus simples. Ce principe devait être universel, puisque l'existence du genre humain y était attachée. Des nations entières ont péri parce qu'elles avaient abandonné la vertu : l'animal se conserve par son instinct ; l'homme ne peut se conserver que par les idées religieuses ; et ceci est une des plus grandes preuves de son immortalité : car les idées religieuses conduisent à la vertu, et la vertu protège l'homme et la société. Au contraire, les doctrines impies conduisent au vice, et les vices détruisent l'homme, anéantissent les nations. Ainsi la vie est le fruit de la vérité et de la sagesse, comme la destruction est le fruit du mensonge et de l'erreur. D'ailleurs, que de fragilité dans nos doctrines ! que d'inconséquences dans nos raisonnements ! Par quelle contradiction celui qui refuse de croire à son immortalité, parce qu'elle ne lui est pas révélée par les sens, ajoute-t-il foi si facilement à tant de doctrines qui ne peuvent soutenir ni l'examen de l'expérience, ni l'épreuve du temps ? Pourquoi tant d'incrédulité pour des idées sublimes ? Pourquoi tant de crédulité pour des idées absurdes et flétrissantes ? Les systèmes sur lesquels il se fonde changent trois ou quatre fois chaque siècle, avec les sciences qui les ont inspirés. Le plus faible écolier rougirait aujourd'hui d'appuyer son impiété des arguments de Lucrèce, de Spinosa et de d'Holbach : ce qui formait alors les preuves invincibles de l'athéisme, est actuellement sans force et sans crédit. Ce *système de la nature*, qui fut pour les incrédules le sujet d'un scandaleux triomphe, ne leur inspire plus que de la pitié. La science fait un pas; le savant marche avec elle, et sa pensée a changé : vérité du jour, erreur du lendemain. Quel fonds faire sur des principes qui sont vrais ou faux selon le temps ? Quel jugement porter de ces sophistes qui se réduisent à croire tant d'erreurs pour éviter de croire une vérité ? Et cependant, au milieu de ce mouvement des opinions humaines, la religion et la vertu ne changent pas; ce qui est vrai aujourd'hui sera vrai demain, dans tous les siècles, devant toutes les nations : ainsi l'immuabilité de la morale en prouve la vérité, comme la variation de nos systèmes en prouve l'erreur.

Telles sont les idées qu'inspire l'étude approfondie de l'homme, des sciences et de la nature, et qui servent de base au livre des Harmonies de Bernardin de Saint-Pierre. Ce bel ouvrage est un tableau de tous les phénomènes de l'univers. Son auteur se comparait à un pilote jeté au milieu des flots sur un léger esquif, étudiant tour-à-tour les merveilles de l'Océan et du ciel, tantôt esquissant les sommets lointains des montagnes, tantôt débarquant sur de tristes écueils, ou sur les rives d'une île enchantée. Des contrées inconnues et délicieuses lui apparaissent quelquefois au milieu des tempêtes, il s'y arrête, et se plaît à s'y reposer des fatigues du voyage : cependant il prend des sondes pour assurer sa route, et ses yeux contemplent sans cesse le ciel, qui lui sert de guide, et qui doit le conduire au port.

Nous allons essayer ici de rappeler quelques traits du plan immense que l'auteur s'était tracé, et dont nous avons suivi les principaux points dans l'ouvrage que nous publions.

PLAN DES HARMONIES,

ou

SYSTÈME GÉNÉRAL DE LA NATURE.

Le soleil est le premier mobile, l'ame de la nature; sa présence est la vie, son absence est la mort. S'éloigne-t-il de notre hémisphère, l'air cesse d'être dilaté, l'eau d'être fluide, la terre d'être féconde, les plantes de végéter, la plupart des animaux de se mouvoir. L'univers engourdi se couvre d'un voile funèbre; avec la nuit et les frimas naissent la tristesse et le deuil : tout meurt, et la nature dans un profond repos semble attendre une nouvelle vie. Mais que le soleil reparaisse, l'air est doucement agité, les flots murmurent, de légers nuages rafraîchissent le ciel, et les vapeurs de l'Océan circulent autour de la terre pour la féconder. Les rayons du soleil forment, si j'ose m'exprimer ainsi, un élément céleste qui anime tout, et dont aucun animal ne fait le foyer de son existence; il n'y a point d'être visible qui leur soit ordonné, comme l'oiseau à l'air, le poisson à l'eau, le quadrupède à la terre : ils échappent au pouvoir de l'homme. On ne peut ni les comprimer, ni les dilater, ni les couper, et cependant ils nous enveloppent de toutes parts; ils tombent sans pesanteur sensible; ils s'élèvent sans légèreté; ils meuvent tout et sont inébranlables; ils traversent les vents sans être agités, les eaux sans s'éteindre, la terre sans s'y renfermer. Enfin le soleil est le peintre de la nature, et ses rayons apportent en même temps la lumière, la vie et l'intelligence.

L'air est le second agent de la création; il est l'aliment du feu, qui le décompose. Sans l'air tout s'éteint, les rayons du soleil même ne produisent point de chaleur. C'est ce que prouvent les sommets des montagnes, qui, toujours environnés d'une atmosphère très-raréfiée, sont couverts de frimas éternels. Ainsi l'atmosphère est comme un verre convexe, dont le Créateur a entouré le globe pour y rassembler les rayons de la lumière. Il y a donc harmonie entre le soleil, astre un million de fois plus gros que la terre, et l'air, agent invisible, qui enveloppe cette même terre,

L'eau semble être le troisième agent de la nature ; elle tient du feu sa fluidité. Nous la voyons dans plusieurs états différents qui sont en harmonie avec nos besoins. La mer reçoit les fleuves, et c'est de la mer que les fleuves s'élèvent sous la forme de légères vapeurs. Le vent les chasse aux sommets des hautes montagnes, elles s'y changent en glace, reprennent bientôt leur fluidité, et courent arroser et féconder les contrées lointaines. Ainsi, dans ce cercle éternel, les mêmes eaux sont toujours ramenées sur les mêmes rivages. Les flots de ce fleuve ont été vus par nos aïeux, et nos enfants les verront après nous. La prodigalité de la nature n'est qu'apparente, c'est souvent lorsqu'elle se montre dans sa plus grande splendeur, qu'elle met le plus d'épargne dans ses productions. Veut-elle parer le sein de ce globe désolé par les frimas ? elle combine quelques gaz invisibles dans une frêle semence, et soudain la terre se couronne de fleurs et s'ombrage de forêts ondoyantes. Veut-elle augmenter la fécondité des campagnes ? elle y disperse les lacs, les ruisseaux, les fleuves. Pour être inépuisable, elle prend, comme nous l'avons déjà dit, toutes ces eaux dans la mer, les y fait retomber, les y reprend encore, et donne ainsi à sa pauvreté l'apparence du luxe et de la richesse.

La terre se présente à nous sous des combinaisons encore plus multipliées par ses fossiles, ses sels, ses métaux, ses vallées, ses montagnes, ses rochers. C'est une immense ruine qui s'élève du sein des mers; les orages soufflent sur ses décombres, un astre étincelant les couvre de lumière. Tout lui vient du ciel : le soleil est comme le réservoir inépuisable de ses fleurs et de ses moissons. Elles naissent avec la lumière, elles en reçoivent les saveurs, les parfums et la vie. L'enfant, dans son berceau aux pieds de sa mère, n'est pas gardé avec plus de soin, n'est pas l'objet de plus de sollicitude, que cette semence jetée comme par hasard dans un coin de ce globe. Ainsi les végétaux sont le cinquième agent de la nature. Le soleil semble créé pour les échauffer, l'air pour les agiter, l'eau pour les arroser, la terre pour les porter. Cependant ils sont subordonnés à un règne qui leur est bien supérieur. L'animal a un cerveau qui reçoit l'image des objets, une intelligence qui les juge, une réflexion qui s'y attache. Jusqu'à présent, nous n'avons vu ni la vie ni la mort : ces deux grandes puissances nous apparaissent pour la première fois. La nature se perfectionne, elle anime ; mais hélas! elle ne peut animer sans détruire. Elle prodigue l'existence, l'amour enchante la terre. Tout naît avec lui ; on sent, on pense, on aime. C'est à présent que l'univers est créé.

Mais que vois-je? Au milieu de cette multitude d'être divers, une créature presque céleste s'avance avec majesté; sa tête est ombragée d'une chevelure superbe, son corps a l'éclat du lis, un duvet naissant couvre ses joues de rose. Qu'elle est faible cette créature! que ses mains ont peu de force! Elle est nue, sans armes, sans appui; elle est si fragile qu'il semble qu'un souffle puisse la briser. De tous côtés sa vie est menacée. En voyant les dents effroyables, les défenses menaçantes des animaux qui l'environnent, on devine qu'ils sont créés pour détruire ; mais en voyant ces regards touchants, cette candeur gracieuse, ce sourire qui charme et qui séduit, il semble que cet ange du ciel n'est créé que pour aimer. Que dis-je! cet être si frêle, si délicat, s'avance déjà en dominateur. Cette créature si douce s'est armée pour donner la mort ; le fer étincelle sur son front, la foudre tonne dans ses mains. Les animaux les plus cruels fuient à son aspect. Sa gloire est de tuer ; sa sagesse, de mépriser la mort. Et lorsque, fatiguée de détruire, elle veut laisser des marques de son passage sur la terre, ses plus beaux ouvrages portent encore l'empreinte de son néant. Vainement l'homme élève des palais et des arcs de triomphe! le temps les use en silence, et il ne peut laisser que des ruines.

Ainsi la plus forte puissance de la nature est la pensée ; elle embellit ou bouleverse l'univers, et les autres puissances lui sont soumises. L'homme est le seul de tous les êtres, à qui l'Eternel ait confié le feu ; il le dérobe au caillou, le fait jaillir du tronc des chênes ; il le puise jusque dans le soleil. Il s'en sert pour arracher de la terre le fer qui doit la féconder, et c'est alors qu'avec le fer et le feu, comme avec un double sceptre, il s'avance à la conquête du monde. Tous les climats le reçoivent, il les enrichit tous ; et sa puissance se manifeste à-la-fois par des bienfaits et par la destruction. Quelques plantes lui suffisent pour attacher à son service les animaux les plus utiles : le taureau, le cheval, le mouton, qu'il multiplie à son gré. Il captive jusqu'aux légers habitants des airs ; ses métairies entendent leurs cris joyeux, et s'embellissent de leurs familles nombreuses. C'est un oiseau qui s'élance au milieu des nues pour lui apporter sa proie ; c'est un oiseau qui, comme un esclave fidèle, plonge dans les abymes de l'onde, et dépose dans sa main une pêche abondante. Ainsi l'homme étend sa puissance sur tout ce qui existe : c'est à tort qu'il se plaint des fleuves qui entraînent ses plantations, des plantes vénéneuses qui croissent sous ses pas, des animaux qui le menacent ; son génie l'a rendu maître de la nature.

On n'a point encore assez observé l'harmonie qui existe entre les productions de la terre et les travaux de l'homme qui la cultive. La terre semble mesurer ses bienfaits à nos soins : elle ne produit que sous la main qui la féconde. A mesure qu'on l'abandonne, les animaux utiles et familiers l'abandonnent aussi, et sont remplacés par des reptiles et des insectes venimeux. Il est des contrées en Grèce, où les oiseaux voyageurs ont cessé de se rendre. L'île de Chypre * ne voit plus leurs troupes vagabondes s'abattre dans ses champs sans moissons. Semblables à ces amis qui vous délaissent dans l'infortune, elles fuient ces rives désertes qui n'ont plus que des souvenirs. Ainsi la présence de l'homme fait le charme de la nature, et ses travaux en font la beauté. Retire-t-il sa main ? tout rentre dans la confusion et le chaos. Ses campagnes sont son ouvrage; ses fleurs les plus brillantes, il les a créées : c'est d'une ronce épineuse qu'il a fait éclore, comme par enchantement, la rose fraîche et parfumée. Avant ses travaux, la pêche était amère et acide; l'olive, sèche et âcre; la poire ne présentait qu'une chair rude et aigre, le pommier était hérissé d'épines; le blé même, dans son état primitif, ne fournissait qu'un grain rare et peu nourri. ** L'homme paraît, les épines tombent, la rose double sa corolle, la pêche

* Voyage de Sonnini en Grèce, page 114.
** Voyez Buffon.

et la poire se remplissent d'une liqueur parfumée, l'olive est dépouillée de son amertume, les gerbes ondoyantes enrichissent nos guérets, et le blé devient le soutien du genre humain, et peut-être la première cause de sa civilisation.

Cette domination, l'homme la doit à son génie, qui est un rayon de l'intelligence divine, comme le feu dont il dispose est une émanation du soleil. Tout ce qui vit a le sentiment de l'intelligence supérieure qui l'anime. Voilà pourquoi le chien s'attache plutôt à lui qu'au bœuf et au cheval. La première pensée qu'il éleva au pied du Créateur, le plaça à la tête de la création. Tous les animaux ont en partage une passion, quelques-uns même portent plus loin que nous l'amitié, l'amour conjugal, l'amour maternel, l'amour de la patrie ; ces instincts naturels dont nous avons fait des vertus par la corruption de nos sociétés ; cependant le sentiment de la Divinité n'a été donné qu'à l'homme, non à cause de sa sublime intelligence, mais parce qu'il est la plus faible, la plus misérable des créatures, et qu'au milieu de ses grandes douleurs, il fallait à son ame des consolations célestes comme elle. Dieu a fait les éléments, les plantes et les animaux pour l'homme, et l'homme pour lui. En effet, dans l'état de progression où nous venons de présenter les œuvres du Créateur, de quoi servirait à l'homme tant de génie et de puissance, s'ils n'aboutissaient qu'au bonheur de l'animal ? Il fallait que l'intelligence de l'homme pût remonter vers une intelligence supérieure à la sienne ; il fallait que son ame, qui est faite pour aimer, reconnût une puissance digne de l'attacher; il fallait enfin un objet à sa reconnaissance, un but à ses vertus, un refuge à sa misère.

Dès que l'habile auteur des Études fut parvenu à se former une idée précise des puissances de la nature, leurs harmonies lui furent dévoilées. Il traça un grand cercle, image du cours apparent du soleil, le divisa en douze époques égales comme l'année, et se proposa d'examiner, à chacune de ces époques, les harmonies du soleil avec l'air, les eaux, la terre, les végétaux, les animaux et l'homme. Les harmonies humaines devaient comprendre la théorie de l'éducation publique et privée; l'étude des passions, la douce peinture de l'amour maternel, de l'union conjugale, des amitiés fraternelles, et la contemplation des harmonies du ciel, dernier refuge de l'homme. Les autres puissances devaient renfermer tous les tableaux, tous les phénomènes de la nature, cette chaîne qui unit l'être sensible aux objets insensibles. Il aurait peint les relations établies entre le quadrupède léger, vigoureux, doué de mémoire, et une plante immobile et sans instinct. Il aurait montré le même végétal qui se change tour-à-tour en soie par le travail d'un ver impur, en une laine fine et délicate sur le corps de la brebis, ou en une liqueur délicieuse dans les mamelles de la génisse. Il nous eût fait admirer les rapports qui existent entre les yeux des animaux et la lumière, le sommeil et la nuit, les organes de la respiration et l'air, les poils, les plumes, les fourrures, avec les jours, les saisons et les climats. Jetant ensuite un regard sur l'homme et sur sa compagne, il eût contemplé les harmonies et les contrastes de ces deux créatures célestes. C'est par la force que l'homme prétend tout surmonter, c'est par sa faiblesse que la femme peut tout vaincre : elle échappe à la douleur en lui cédant, l'homme la brave et succombe. Cette faiblesse de la femme, qui fait toute sa puissance, fait en même temps toute sa beauté; elle lui doit l'élégance de ses formes, les graces de ses mouvements, la légèreté de sa taille, et cette marche timide et chancelante qui semble demander un appui. De quoi servirait l'audace à un être si faible? La douceur, la modestie, voilà ses armes. L'impression touchante de son regard, le charme qu'elle répand autour d'elle, cette douce compassion sur nos maux, qui ne se montre que par des pleurs, que lui faut-il de plus pour nous séduire? Ce qui semble en elle une imperfection, est le chef-d'œuvre de l'Éternel. Sa faiblesse commande à la force, ses larmes à la tyrannie, sa timidité à l'audace, et sa beauté si fragile lui soumet l'univers.

D'après cette légère esquisse, il est facile de voir que toutes les sciences physiques et morales devaient enrichir l'ouvrage auquel Bernardin de Saint-Pierre avait consacré les études de sa vie entière. Chaque livre était terminé par un dialogue dramatique; destiné à développer les vérités morales que fait naître l'observation de la nature et des hommes. Tels sont la Mort de Socrate, Empsaël, la Pierre d'Abraham, et le Voyage en Silésie. Sans doute un plan aussi vaste ne pouvait jamais être rempli ; mais il eût été comme le tableau complet de la science, depuis les temps antiques jusqu'à nous. Les hommes vulgaires réduisent tant qu'ils peuvent leurs plans à des figures régulières, pour s'y reconnaître ; Bernardin de Saint-Pierre avait pris pour modèle la nature, qui circonscrit les individus, et qui étend à l'infini leurs harmonies. Celles du temps, qui modifie l'univers, n'ont pour bornes que l'éternité. Le temps passe, disons-nous ; nous nous trompons : le temps reste, c'est nous qui passons. Les jours, les mois, les années, les siècles, ne sont que des modifications du temps. Toutes les lois de la nature s'engrènent comme des rouages : en vain nous croyons en détacher quelques-uns pour notre usage : qui n'en a pas l'ensemble n'en a que des débris ; la fin d'une science n'est que le commencement d'une autre, comme le coucher du soleil sur notre horizon n'est que l'aurore d'un autre hémisphère.

On dira peut-être que Bernardin de Saint-Pierre doit à Pythagore l'idée fondamentale de son livre. En effet, ce père de la bonne philosophie est le premier qui ait posé en principe que les harmonies ont formé l'univers. Si ses ouvrages étaient parvenus jusqu'à nous, nous y trouverions sans doute une partie des idées que renferme celui-ci. Il avait rapporté ses harmonies aux nombres; et les sophistes de notre siècle n'ont pas manqué de lui en faire un sujet de ridicule, comme s'il eût fait dépendre uniquement l'existence des êtres d'une opération d'arithmétique. Mais s'ils avaient mis plus de réflexion dans leur critique, ils auraient vu que tous les êtres ont des proportions, et que ces proportions sont réglées sur des nombres. Nous cherchons tous les jours ceux qui expriment combien de fois le rayon du cercle est contenu dans sa circonférence, et ceux qui en établissent la proportion ou le rapport précis : les vérités intellectuelles sont liées les unes aux autres comme les vérités physiques. Leurs défauts et leurs excès sont les pierres saillantes et rentrantes qui lient l'édifice de l'univers. L'attraction même, à laquelle on ramène aujourd'hui toutes les opérations de la nature, n'est fondée que sur des progressions et des rapports de nombres encore bien indécis ; et ce que les astronomes connaissent de plus certain dans le cours des planètes, c'est que les carrés de leurs temps périodiques sont entre eux comme les cubes de leurs distances au soleil. Ainsi nos philosophes, inconséquents, emploient les nombres pour les usages qu'ils condamnent dans Pythagore. Au reste, je ne crains pas de trop m'avancer en assurant que l'auteur des Harmonies de la Nature se serait glorifié d'être le disciple du rare génie qui trouva le carré de l'hypothénuse, autre rapport sublime des nombres, plus important que celui du rayon au cercle, parce qu'il est parfait. Il se serait fait honneur de marcher sur les traces du père de la bonne philosophie, de ce sage illustre qui forma les hommes les plus éclairés de l'antiquité, et qui fut la victime de l'ingratitude de ses concitoyens, afin qu'il ne manquât rien à sa gloire.

Il est inutile de rappeler ici que les harmonies que Bernardin de Saint-Pierre étudiait au sein de la nature, et les harmonies morales qu'il admirait dans le genre humain, étaient pour lui la preuve d'une Providence céleste. Mais qu'aurait dit celui qui, au milieu des bourreaux et des victimes, entrevoyait encore l'espérance, et la faisait descendre parmi nous, comme la dernière harmonie qui unit la terre au ciel; qu'aurait-il dit, s'il avait pu voir le retour de cette famille auguste que l'Eternel a replacée sur le trône? C'est alors qu'avec toute la puissance de sa parole éloquente, il eût proclamé le triomphe de la Providence. L'aspect de cette princesse, dont l'approche a dissipé nos douleurs et nos calamités, l'eût pénétré d'une joie ineffable; il eût admiré cette pieuse amie, qui fut aussi fidèle aux malheurs de la nouvelle Antigone, que celle-ci l'était à la vertu.* Tournant alors ses derniers regards sur son épouse bien-aimée, sur ces deux enfants dont les doux noms rappellent tant de souvenirs d'innocence et d'a-

---

* Madame la duchesse de Sérent.

mour,** son cœur eût été rassuré sur leur avenir, et les environnant de la protection de la fille des rois, il les eût légués à sa vertu, comme cet ancien Grec qui mourut heureux, parce qu'il avait donné sa famille à sa patrie.

Il est difficile de parler de soi : cependant, je ne puis terminer cette faible esquisse sans dire un mot de mon travail. Je ne me suis point dissimulé que mon admiration pour les ouvrages de Bernardin de Saint-Pierre était mon seul titre pour les publier. Je voulais rendre hommage à sa mémoire, comme j'avais toujours rendu hommage à ses talents; je croyais même acquitter une dette sacrée, celle de la reconnaissance. Dès ma plus tendre jeunesse, ses ouvrages formèrent ma pensée. Je dois à leur étude les heures les plus délicieuses de ma vie, et ces douces rêveries qui laissent des impressions ineffaçables. Ce n'était pas seulement de l'admiration qu'ils m'avaient inspirée : leur grace, leur fraîcheur, leur pureté virginale, avaient produit l'enchante-

---

** Paul et Virginie. C'est ainsi que M. Bernardin de Saint-Pierre a nommé ses deux enfants.

ment; ils répandaient comme un charme inexprimable sur toute la nature, et, en me faisant aimer la campagne, ils m'apprenaient à être heureux. Lorsque, dans la suite, ma jeunesse fut livrée à de longues douleurs, je trouvai encore dans les pages religieuses de cet écrivain des consolations célestes comme son génie. J'oubliais avec lui l'injustice des hommes, les revers de la fortune, et les amertumes d'une vie pénible et agitée. Trompé dans mes affections les plus tendres, malheureux parce que je commençais à perdre mes illusions, je me réfugiai avec lui dans le sein de la nature, et j'y goûtai des moments de calme et de repos que mon cœur n'osait pas espérer, qu'il craignait même de trouver, tant son agitation lui plaisait encore. Il semblait me dire : Les passions qui enivraient ton ame sont trompeuses; mais les émotions qui nous pénètrent à l'aspect de la nature, ne trompent jamais. Contemple ces retraites champêtres, écoute le chant de ces oiseaux, vois comme ces campagnes sont tranquilles, comme la nature est ravissante dans sa beauté, généreuse dans ses bienfaits, et ose croire à présent que tu es né pour le malheur! Alors je sentais renaître mon courage; et rassemblant ces feuilles dispersées par le vent, comme celles de la sibylle, j'y cherchais les secrets de cette Providence divine qui se manifeste par des merveilles, et le tableau de ces harmonies qui inspiraient le peintre des amours de Paul et Virginie, lorsque dans son enthousiasme je l'entendais s'écrier :

« Soyez mes guides, filles du ciel et de
» la terre, divines harmonies! c'est vous
» qui assemblez et divisez les éléments ;
» c'est vous qui formez tous les êtres qui
» végètent, et tous ceux qui respirent. La
» nature a réuni dans vos mains le double
» flambeau de l'existence et de la mort. Une
» de ses extrémités brûle des feux de l'amour,
» et l'autre de ceux de la guerre. Avec les feux
» de l'amour vous touchez la matière, et vous
» faites naître le rocher et ses fontaines;
» l'arbre et ses fruits, l'oiseau et ses petits,
» que vous réunissez par de ravissants rap-
» ports. Avec les feux de la guerre vous
» enflammez la même matière, et il en sort
» le faucon, la tempête et le volcan, qui

» rendent l'oiseau, l'arbre et le rocher aux
» éléments. Tour-à-tour vous donnez la vie,
» et vous la retirez, non pour le plaisir d'a-
» battre, mais pour le plaisir de créer sans
» cesse. Si vous ne faisiez pas mourir, rien
» ne pourrait vivre; si vous ne détruisiez
» pas, rien ne pourrait renaître. Sans vous,
» tout serait dans un éternel repos; mais
» par-tout où vous portez vos doubles flam-
» beaux, vous faites naître les doux con-
» trastes des couleurs, des formes, des mou-
» vements. Les amours vous précèdent, et les
» générations vous suivent. Toujours vigi-
» lantes, vous vous levez avant l'astre des
» jours, et vous ne vous couchez point avec
» celui des nuits. Vous agissez sans cesse au
» sein de la terre, au fond des mers, au
» haut des airs. Planant dans les régions du
» ciel, vous entourez ce globe de vos danses
» éternelles, vous étendez vos cercles infi-
» nis d'horizons en horizons, de sphères en
» sphères, de constellations en constellations,
» et, ravies d'admiration et d'amour, vous
» attachez les chaînes innombrables des êtres
» au trône de celui qui est.

» O filles de la sagesse éternelle! har-

» monies de la nature ! tous les hommes
» sont vos enfants ; vous les appelez par
» leurs besoins aux jouissances, par leur di-
» versité à l'union, par leur faiblesse à l'em-
» pire. Ils sont les seuls de tous les êtres
» qui jouissent de vos travaux, et les seuls
» qui les imitent ; ils ne sont savants que
» de votre science ; ils ne sont sages que de
» votre sagesse ; ils ne sont religieux que de
» vos inspirations. Sans vous, il n'y a point
» de beauté dans les corps, d'intelligence
» dans les esprits, de bonheur sur la terre,
» et d'espoir dans les cieux. »

L. AIMÉ-MARTIN.

Le 20 février 1814. — Revu à la fin de mai 1818.

HARMONIES

DE

LA NATURE.

LIVRE PREMIER.

TABLEAU GÉNÉRAL DES HARMONIES DE LA NATURE.

L'AUTEUR de la nature a subordonné d'abord les puissances élémentaires à la puissance végétale. Il dit à la terre, revêtue des simples éléments : « Produisez des plantes avec leurs fruits, » chacune suivant son genre. » Aussitôt l'organisation se forma de la pensée du Tout-Puissant, et la vie sortit de sa parole. Les plaines se couvrirent de graminées ondoyantes, et les montagnes de majestueuses forêts ; les saules argentés et les peupliers pyramidaux bordèrent les rivages des fleuves, et ombragèrent jusqu'à leurs embouchures. L'Océan même eut ses végétaux ; des algues pourprées furent suspendues en guirlandes aux flancs de ses rochers; et des fucus, semblables à de longs câbles, s'élevèrent du fond de ses abymes, et se jouèrent dans les flots azurés. Des cèdres et des sapins entourèrent de leur sombre verdure la région des neiges, et agitèrent leurs cimes autour des glaciers qui couronnent les pôles du monde. Chaque végétal eut sa température, depuis la mousse, qui, ne vivant que des reflets de l'astre du jour, tapisse les granits du nord, et offre, au sein de la zone glaciale, une chaude litière au renne qui voiture et nourrit le Lapon, jusqu'au palmier, qui, bravant les ardeurs de la zone torride, donne de l'ombre et des fruits rafraîchissants à l'Arabe et à son chameau : chaque site eut son végétal, chaque animal son aliment, et chaque homme son empire.

Heureux qui a vu, dans une île inhabitée et parée encore de ses graces virginales, quelques-uns des genres innombrable des plantes que la nature y a déposés, suivant ses plans primitifs! Jamais la main d'une bergère n'assortit avec autant de goût, pour plaire à son amant, les fleurs de sa tête et de son sein, que la nature en a mis à grouper les diverses espèces de végétaux, depuis ses sables marins jusqu'aux sommets de ses montagnes, pour les besoins et les plaisirs des animaux et des hommes qui devaient y aborder.

Quel serait notre ravissement si nous pouvions voir la sphère entière des végétaux qui entourent le globe, avec les harmonies qui circonscrivent chacun de ses climats, et rayonnent sous tous ses méridiens! Mais si nous ne pouvons voyager sur la terre, la terre voyage pour nous. Après nous avoir mis sous le ciel de la zone glaciale, elle nous transporte peu-à-peu sous celui de la torride, et nous offre tour-à-tour les végétaux de ses hivers et de ses étés. Déjà, dans sa course annuelle, elle tourne vers le soleil son pôle boréal, appesanti par une coupole de glaces de quatre à cinq mille lieues de tour; et par une nuit et un hiver de six mois, perd sous l'équateur l'équilibre de ses deux hémisphères; elle en éloigne ensuite le pôle opposé, allégé de ses congélations par un jour et un été d'une durée presque égale. Notre hémisphère s'échauffe dans toute sa circonférence. Déjà la zone immense de neige qui couvrait l'Europe, la Sibérie, les vastes plaines de la Tartarie, les monts escarpés du Kamtschatka, et les sombres forêts de l'Amérique septentrionale, s'écoule au sein de l'Océan; le Groënland, le Spitzberg, la Nouvelle-Zemble, voient l'astre de la lumière tourner sans cesse autour de leur horizon. Des torrents larges et profonds comme des mers se dégorgent des détroits de Baffin, de Davis, de Hudson, de Hischinbrock, de Waïgats, et de celui du Nord, qui sépare l'Asie de l'Europe; ils entraînent en mugissant, vers l'équateur, des îles flottantes de glaces élevées comme des montagnes et nombreuses comme des archipels.

Souvent elles s'échouent à douze cents pieds de profondeur. Cependant, soit qu'elles voguent avec les courants, soit qu'elles restent immobiles, elles se fondent et renouvellent les mers. De bruyantes cataractes se précipitent de leurs sommets, et des brumes ténébreuses s'élèvent de leurs flancs ; les vents étendent dans l'atmosphère leurs vapeurs à demi glacées, et les attiédissent aux rayons du soleil ; ils les voiturent dans le sein des continents, et les roulent comme des voiles autour des pics des montagnes qui les attirent. Les unes remplissent les sources des fleuves ; d'autres, suspendues au-dessus des vastes campagnes, se saturent des feux de l'astre du jour, et étincellent d'éclairs ; le tonnerre se fait entendre, et réjouit le laboureur. Des pluies fines et tièdes pénètrent le sein des guérets ; le blé forme son épi ; il reçoit du ciel, dans ses feuilles étagées, de longs filets d'eau que, l'hiver, il ne pompait de la terre que par ses racines. Les feuilles naissantes, plissées avec un art céleste, rompent leurs étuis résineux, écailleux, laineux, qui les préservaient du choc des vents et de la morsure des gelées. Le gemma empourpré de la vigne, et le bourgeon cotonneux du pommier, se gonflent et se crèvent. Les rameaux des arbres, d'un beau rouge, sont parsemés de gouttes de verdure, et de boutons de fleurs blanches et cramoisies. La végétation, au berceau, entr'ouvre les bourrelets de son enfance, et montre par-tout son visage riant. Des bouffées de parfums s'élèvent du sein des prairies et des forêts avec les concerts des oiseaux. La vie végétale est descendue des cieux.

O toi, qui d'un sourire fis naître le printemps, douce Aphrodite, belle Vénus, sois-moi favorable! Tu sors du sein des flots, entourée de Zéphirs et d'Amours; fille du Soleil et de la Mer, brillante Aurore de l'année, viens me ranimer avec toute la nature! Les poëtes et les peintres te représentent, sur notre horizon, devançant le char de ton père, attelé de chevaux fougueux conduits par les Heures; mais, lorsque tu te montres à l'équateur, sur l'horizon de notre pôle, tu es la mère de toutes les aurores qui doivent y apparaître. Elles sortent de dessous ton manteau de pourpre, couvertes de perles orientales, et vêtues de robes de mille couleurs; les jours et les nuits les dispersent sur tous les sites du globe, au sommet des rochers, sur la surface des lacs, parmi les roseaux des fleuves, dans les clairières des forêts. Pour toi, suivie des Saisons, tu couvres d'un seul jet les flancs cristallisés du pôle et ses vastes campagnes de neige, de ton voile de safran et de vermillon. Mère du printemps, couronne de tes roses naissantes ma tête, couverte de soixante-trois hivers; console-moi des ressouvenirs du passé, du malaise du présent, et des inquiétudes de l'avenir ; ramène ma vieillesse à ces moments heureux de mon adolescence, lorsque, levé à tes premières clartés pour étudier de tristes leçons, l'ame flétrie par des maîtres imbécilles et cruels, à la vue de tes rayons je sentais encore que j'avais un cœur. Apparais-moi comme tu apparus à la création, lorsque notre globe terrestre, à ton premier aspect, tourna sur ses pôles et se couvrit de verdure ; montre-toi à moi comme tu t'y montreras lorsque, dégagée du poids de mon argile, mon ame, s'élevant de la terre vers le soleil, abordera aux rivages d'un orient éternel !

Viens me guider dans ces vallées de ténèbres et sur ces champs de boue, que toi seule vivifies. Je désire rappeler à des hommes ingrats la route du bonheur qu'ils ont perdue, et la tracer à leurs enfants innocents. Je vais, à ta lumière, leur montrer sur la terre une divinité bienfaisante. Ma théologie n'aura rien de triste et d'obscur : mon école est au sein des prairies, des bois et des vergers ; mes livres sont des fleurs et des fruits, et mes arguments des jouissances.

Je me suis étonné bien des fois de l'indifférence avec laquelle nous considérions le ciel, source de toutes nos richesses actuelles et de nos espérances futures. Nous serions ravis de joie, si nous voyions la sphère des végétaux qui couvrent la terre passer sous nos pieds ; et nous regardons de sang-froid celle des astres rouler sur nos têtes !

Une fleur nous intéresse plus qu'une étoile, et le plus petit jardin que tout le firmament. Tous les arts nous développent dans les plantes une foule de propriétés et de formes charmantes; et nos sciences ne nous montrent dans les corps célestes que des globes arrondis par les lois uniformes de l'attraction. Faibles et vains, nous circonscrivons dans une seule idée ce que nous voyons d'un seul coup-d'œil : nous établissons le système de l'univers sur un aperçu. La plus petite mousse, par ses harmonies, élève notre intelligence jusqu'à l'intelligence qui veille aux destins de toute la terre, et l'astronomie fait descendre le matérialisme des astres jusque dans notre botanique, et l'apathie qu'elle leur suppose jusque dans notre morale.

Cependant, ce n'est que pour recueillir les diverses influences du soleil fixées dans les végétaux, et en alimenter notre vie, que nous labourons la terre, que nous bâtissons des magasins, que nos manufactures travaillent, et que nos vaisseaux traversent les mers. Mais, malgré tant de correspondances entre toutes les nations, tant d'observations mises bout à bout, tant de besoins qui devraient étendre nos lumières, les plantes ne sont guère mieux connues que les étoiles. La botanique, avec ses systèmes, ne nous présente, comme l'astronomie, qu'une triste et sèche nomenclature, et que des divisions sans intention et sans but.

Sans doute, il ne nous est pas donné de connaître sur la terre les harmonies des puissances sidérales. Celles qui ont des rapports avec nous par leur lever, leur coucher, leurs apparitions et leurs éclipses, et que nous prédisons des siècles à l'avance, sont au fond si superficielles, qu'elles ne méritent d'être mises en ligne de compte qu'à cause de notre extrême ignorance et de nos misères. Fussions-nous des Copernics, des Newtons, des Herschells, nous ne pouvons pas plus nous vanter de les connaître, que de pauvres mendiants les grands seigneurs qui, en passant à des jours réglés sur leur chemin, leur jettent de loin quelques aumônes, sans qu'ils sachent les noms, les caractères et les occupations de leurs bienfaiteurs: encore savent-ils que ce sont des hommes comme eux. Mais comment pourrions-nous connaître la nature du soleil, quand nous ignorons celle d'un grain de sable? Cependant, puisque la puissance végétale est à notre égard la médiatrice de ses bienfaits, et que c'est sur elle qu'est greffée la vie des animaux et la nôtre, servons-nous-en pour nous élever jusqu'à lui. Nous essaierons de connaître la nature de l'astre du jour par l'examen de tant de fleurs et de fruits qu'il fait éclore pour nos besoins, et qu'il met en évidence dans toute la circonférence du globe. La cause qui les développe pourra nous servir à les étudier eux-mêmes.

Le nombre prodigieux des végétaux jetés

comme au hasard dans les prairies et dans les forêts, nous présente un spectacle très-agréable. Je ne doute pas qu'il n'y ait entre les fleurs un véritable ordre au milieu même de leur confusion apparente ; mais je ne sais par où je dois commencer à le développer.

Cherchons d'abord les deux bouts du fil qui doit nous guider dans ce labyrinthe.

Il est évident que le soleil est la première cause de la végétation, et que l'homme en est la dernière fin. L'homme seul, des êtres vivants, ramène à son usage toutes les latitudes, tous les sites, tous les végétaux, tous les animaux : telles sont les deux extrémités de la chaîne des puissances, qui forme, par sa révolution, la sphère des harmonies. Le soleil en est la circonférence, et l'homme le centre : c'est à l'homme qu'en aboutissent tous les rayons. Ceci posé, je considère l'homme sous l'influence directe du soleil, au milieu de la zone torride, où il a dû d'abord prendre naissance, parce que là seulement se trouvent tous les végétaux nécessaires à ses premiers besoins, et qu'il ne lui faut aucune industrie pour en faire usage. En observant donc sa constitution, je le trouve composé de plusieurs substances et humeurs qui doivent sans cesse se renouveler comme sa vie : tels sont les nerfs, les os, les chairs, la peau, les veines, la lymphe, le sang, la bile, le chyle, et plusieurs autres fluides dont les rapports sont aussi peu connus que les vaisseaux mêmes où ils circulent. Pour fournir à leur réparation journalière, la nature a créé d'abord des aliments qui leur étaient analogues, tels que les farineux, les rafraîchissants, les sucrés, les vineux, les huileux, les aromatisés, etc. Elle les a renfermés tout préparés dans les fruits du bananier, de l'oranger, dans la canne à sucre, dans ceux du manguier, du cocotier, des arbres à épices, etc. Elle y a joint, pour ses besoins extérieurs, d'autres arbres, pour lui fournir des toits, des vêtements et des meubles : tels sont les palmiers de tant d'espèces si variées ; le cotonnier, dont la bourre est si propre à lui fournir des étoffes légères ; le bambou, dont les scions sont si flexibles ; et le calebassier, dont le fruit est susceptible de prendre la forme de toutes sortes de vases. Mais le bananier aurait pu suffire seul à toutes les nécessités du premier homme. Il produit le plus salutaire des aliments dans ses fruits farineux, succulents, sucrés, onctueux et aromatiques, du diamètre de la bouche, et groupés comme les doigts d'une main. Une seule de ses grappes fait la charge d'un homme. Il présente un magnifique parasol dans sa cime étendue et peu élevée, et d'agréables ceintures dans ses feuilles d'un beau vert, longues, larges et satinées : aussi ce végétal, le plus utile de tous les végétaux, porte-t-il le nom de figuier d'Adam.

C'est sous son délicieux ombrage, et au moyen de ses fruits qu'il renouvelle sans cesse par ses rejetons, que le bramine prolonge souvent au-delà d'un siècle le cours d'une vie sans inquiétude. Un bananier, sur le bord d'un ruisseau, pourvoit à tous ses besoins.

Mais, soit que le bananier n'ait été créé que pour le sage qui aime la vie sédentaire et méditative, soit qu'il ne puisse pas croître même dans son climat lorsqu'il n'a pas d'eau en abondance, soit plutôt que la nature ait voulu servir sur la table de l'homme des aliments aussi variés par leur saveur que l'organe de son goût en est susceptible; il est certain que les arbres de la zone torride portent des fruits délicieux de divers genres, dont les espèces sont innombrables.

Il est digne d'observation que la substance farineuse fait la base de la plupart de ces fruits, tels que ceux de l'arbre à pain; même dans les huileux, comme ceux du cocotier; qu'elle est renfermée en masse dans un grand nombre de racines, comme les cambas, les ignames, les maniocs, les patates; et dans les troncs même de quelques arbres, comme dans celui du palmier-sagou; dans les graines d'une infinité de plantes, telles que les légumineuses, et sur-tout dans celles des graminées, comme les riz, les maïs, les blés, etc. Elle y est assaisonnée, tantôt avec le sucre, tantôt avec le vin, tantôt avec l'huile;

et elle y est relevée, dans chaque espèce de fruit, par un aromate qui lui est propre, et qui en détermine le goût. Il y a plus; c'est que de la substance farineuse toute pure, l'art peut extraire, par la fermentation, une partie des saveurs primitives qu'y a déposées la nature, telles que les sucrées, les vineuses, les acides, les huileuses même, comme le prouvent les divers états par où passe la bière, qui, comme on sait, se fabrique avec l'orge. Il n'est pas douteux que notre estomac ne décompose cette substance encore mieux que les meilleurs alambics. Je pense donc qu'elle a des analogies particulières avec nos solides et nos fluides, puisqu'elle est si répandue dans la puissance végétale.

Les besoins de l'homme varient avec les latitudes. Est-il dans les zones tempérées? je vois s'élever pour lui des blés et des plantes légumineuses de diverses espèces; des châtaigniers, des vignes, des pommiers, des oliviers, des noyers, etc., et dans les végétaux qui doivent le mettre à l'abri des éléments, des lins et des chanvres pour le vêtir, et des chênes et des hêtres qui lui présentent des toits inébranlables. Porte-t-il ses pas jusque dans les zones glaciales, où semble expirer la végétation? je vois la folle avoine border les fleuves du nord de l'Amérique, et les champignons et les mousses, dont quelques espèces sont comestibles, tapisser les rochers de la Finlande et de la Laponie. Des forêts de sapins résineux et pyramidaux, et des bouleaux inflammables, lui donnent des abris contre les neiges, et fournissent des aliments à son foyer. La nature vient encore à son secours, en lui présentant des chasses abondantes d'animaux revêtus d'épaisses fourrures, et des pêches de poissons innombrables, dont les saveurs sont souvent préférées à celles des meilleurs fruits ; mais son plus riche présent est sans doute le renne, qui lui fournit son lait comme la vache, son poil laineux comme la brebis, et sa force et sa vitesse comme le cheval.

Ce que la nature a fait en général pour l'homme, elle l'a fait en particulier pour les animaux. Chacun de leur genre, dans les quadrupèdes, oiseaux, reptiles, insectes et poissons, a une espèce de végétal réservée à ses besoins : de manière, toutefois, que l'homme a au moins, dans chaque genre, une espèce qui lui est assignée, et qui est le prototype de ce genre : tels sont le blé dans les graminées, le dattier dans les palmiers, et les autres végétaux qu'il cultive, et que, pour cette raison, on peut appeler domestiques. Il en est de même des animaux qui en portent le nom, et qui, par la supériorité de leurs qualités, paraissent être aussi les prototypes de leur genre : tels sont la poule dans les gallinacées, la vache dans les herbivores, le renne dans les cerfs, le chien dans les carnivores, etc.

Mais ne sortons point ici des limites de l'harmonie végétale.

On peut conclure de tout ce que nous venons de dire, qu'il y a encore beaucoup de végétaux utiles qui nous sont inconnus; car il s'en faut bien que chaque genre de végétaux nous fournisse, par toute la terre, une espèce en rapport immédiat avec nos besoins. En Europe, chaque génération semble en apporter quelques-uns de nouveaux, mais dont plusieurs n'ont que des usages relatifs. Nous usons, depuis trois siècles, du thé de la Chine, du café de l'Arabie, des sels de la canne à sucre de l'Inde, du cacao et de la vanille du Mexique; du tabac et de la pomme de terre de l'Amérique septentrionale, que nous avons naturalisés : mais il en est d'autres, sans doute, à découvrir dans notre propre climat. Pourquoi, par exemple, les peuples du nord de l'Europe ne trouveraient-ils pas dans le genre si varié des pins qui couvrent leurs terres, une espèce dont les pignons fussent comestibles, ou qu'après diverses préparations ils pourraient appliquer à leur usage? C'est ainsi que les Orientaux ont tiré parti de la graine coriace et acerbe du café par la torréfaction, et les peuples méridionaux de l'Europe, du fruit amer de l'olivier par des lessives.

Si, d'un côté, les divers genres des végétaux, et leurs espèces, ont des rapports déterminés avec l'homme et les animaux, de l'autre, ils en ont avec le soleil, suivant les latitudes où ils croissent. Un des plus apparents est celui de leurs fleurs. Les fleurs ont des réverbères ou des pétales pour réfléchir les rayons de l'astre du jour sur leurs parties sexuelles, afin d'en accélérer la fécondation. En général, celles-ci, dans les zones froides, sont adossées à des épis ou à des cônes perpendiculaires, solides et caverneux, qui reçoivent les rayons du soleil, depuis l'instant où il apparaît sur l'horizon, jusqu'à celui où il se couche, et pendant tout l'été s'imbibent de sa chaleur, qu'ils réfléchissent sur les anthères, les stigmates et les ovaires de la fleur. Dans les zones tempérées, les réverbères ou pétales sont en général horizontaux et passagers : de sorte qu'ils ne réfléchissent la lumière du soleil que lorsqu'il est élevé sur l'horizon, et seulement un petit nombre de jours; mais leurs reflets sont plus ou moins concentrés, suivant les sites qu'ils doivent occuper : tels sont ceux des radiées, qui sont en miroirs plans ; des rosacées, en portions sphériques, des liliacées en ellipses. L'ordonnance de leurs fleurs suit les mêmes dispositions; car il y en a d'agrégées en ombelles, en grappes, en sphères, en hémisphères et en corymbes. Dans la zone torride, les fleurs à grands pétales sont en moindre nombre, et n'éclosent guère qu'à l'ombre même des rameaux qui les portent, ou bien elles ont des courbes paraboliques et divergentes comme celles de la capucine du Pérou, ou elles sont papilionacées, et leurs parties sexuelles sont recouvertes par une carène; ce genre produit les grains légumineux, et présente des espèces très-nombreuses. Les épis des graminées se subdivisent en une multitude d'épilets divergents; de sorte qu'ils ont peu de réflexion : tel est celui du riz. Celui du maïs, au contraire, y est revêtu de plusieurs pellicules. Enfin, le port même des arbres les plus communs dans la zone glaciale et dans la zone torride, paraît soumis aux mêmes harmonies ; car les sapins de la première sont perpendiculaires et pyramidaux, comme leurs cônes, qu'ils exposent, par étages, à tous les aspects du soleil; tandis que les palmiers de la seconde ont des cimes étendues qui en tempèrent les ardeurs, et ombragent leurs fruits en grappes pendantes. La nature emploie aussi les différentes nuances des couleurs pour accroître ou affaiblir les réverbérations des pétales, suivant les sites, les climats et les saisons ; de manière que plusieurs végétaux naturels au Nord et au Midi peuvent croître dans les climats tempérés, et réciproquement. Mais nous avons parlé suffisamment de ces rapports solaires et de leurs compensations dans nos Études de la Nature.

Puisque les formes et les couleurs des fleurs

des végétaux sont en harmonie avec le soleil, et lui doivent leurs développements, je suis porté à croire que leurs fruits, et même leurs tiges entières, lui sont redevables de leurs vertus harmoniées avec les divers besoins des tempéraments de l'homme et des animaux. Puisque le cours annuel du soleil ajoute, chaque année, un cercle au tronc des arbres, et que ses rayons colorent de blanc, de jaune, d'orangé, de rouge, de pourpre et de bleu, le sein de leurs fleurs, suivant leurs genres, pourquoi ne transmettraient-ils pas les saveurs acides, sucrées, vineuses, huileuses, aromatisées, dans le sein des fruits, dont les fleurs ne sont que les berceaux? Tous les végétaux ont, sans doute, dans chaque genre, des caractères déterminés, qui se reproduisent par des sexes, et qui sont fixés d'une manière invariable par l'auteur de la nature : mais leurs sexes mêmes pourraient fort bien n'être que des agents des influences du soleil, qui s'harmonient en saveur dans leur ovaire, comme sa lumière s'harmonie en couleur dans leurs pétales. En effet, les qualités des plantes paraissent plutôt solaires que terrestres. On n'en doutera pas si on se souvient que leurs saveurs sont bien plus développées dans la zone torride que dans les autres zones. C'est là que se trouvent, par excellence et en plus grand nombre, celles qui renferment des acides, du sucre, des huiles, des épiceries, des parfums, comme nous le verrons ailleurs. Il y a plus, c'est que toutes les qualités des plantes en général sont si passagères, qu'elles s'évanouissent entièrement par leur décomposition. Leur analyse chimique ne présente que des *caput mortuum* et des résultats semblables, soit qu'elles soient alimentaires, ou vénéneuses. Le savant chimiste Homberg a prouvé cette vérité par des expériences réitérées qu'il a faites sur un millier de nos végétaux. J'en conclus donc que leurs vertus, si variées, et si actives tandis qu'elles existent, ne sont que des émanations du soleil, fugitives comme la vie qu'il leur prête.

Cependant la puissance végétale se combine aussi avec les autres puissances. Pour nous former une idée de leurs divers rapports, nous en allons présenter l'ensemble; nous entrerons ensuite dans de plus grands détails, et nous finirons, suivant notre plan général, par appliquer toutes ces puissances aux besoins des hommes, objets principaux de nos études.

La puissance végétale présente, comme chacune des autres puissances, treize harmonies. La première est céleste, ou soli-lunaire; six sont physiques, et six sont morales. J'appelle la première soli-lunaire, parce que la lune influe sur elle conjointement avec le soleil. Dans les six physiques, trois sont élémentaires, l'aérienne, l'aquatique, la terrestre; trois sont organisées, la végétale, l'animale et l'humaine. Dans les morales, il y en a pareillement trois élémentaires, la fraternelle, la conjugale, la maternelle; et trois organisées ou sociales, la spécifiante, la générique et la sphérique.

Ces harmonies vont en progression de puissance, de manière que la seconde réunit en elle et accroît les facultés de la première; la troisième, celles de la seconde; ainsi de suite jusqu'à la sphérique, qui non-seulement se compose de celles des espèces et des genres, mais, par ses révolutions, tend sans cesse vers l'infini.

Ces harmonies sont si vieilles et si constantes, que les différents systèmes des botanistes reposent tous sur quelques-unes d'entre elles, comme nous le verrons; et s'ils sont restés imparfaits, c'est qu'ils ne les ont pas embrassées en entier.

Quelque étendu que soit l'ordre harmonique, nous espérons en donner une idée précise, en fixant d'abord l'attention de nos lecteurs sur la plante qui produit le blé : elle est la plus facile à saisir par la simplicité de ses formes. Nous la regardons comme le prototype du genre des graminées, dont les espèces sont si nombreuses; et, sans contredit, de toutes les plantes, c'est celle qui nous intéresse davantage. Pourquoi, d'ailleurs, irions-nous chercher des preuves d'une Providence dans les cèdres du nord, ou dans les palmiers de la zone torride, quand l'ordre général de l'univers est à nos pieds, et peut se démontrer dans une paille ?

Le blé a des harmonies avec le soleil, par le peu d'élévation de sa plante, qui en est échauffée dans toute sa circonférence par ses feuilles linéaires et un peu concaves, qui en réfléchissent les rayons à son centre; par les reflets de la terre qui l'environne et qui renvoie sur lui la chaleur dont elle se pénètre. C'est un des avantages des sites humbles sur ceux qui sont élevés, de jouir des plus petites faveurs des éléments, et d'être à l'abri de leurs révolutions. Aussi les herbes poussent-elles plus tôt et plus vite que les arbres. Le blé a encore d'autres rapports avec l'astre du jour par l'élévation de sa tige, couronnée d'un épi mobile, caverneux, et à plusieurs faces, qu'il présente dans une attitude perpendiculaire aux rayons du soleil, afin qu'ils le réchauffent depuis l'aurore jusqu'au couchant. Les reflets de la chaleur y sont si sensibles, que, lorsqu'on observe une moisson en plein midi, il semble qu'il en sorte une flamme et que les épis soient lumineux. On peut trouver aussi des harmonies lunaires dans le nombre de nœuds qui divisent la paille du blé. Ils sont en nombre égal à celui des mois lunaires pendant lesquels elle a poussé, jusqu'à la formation de son épi; mais nous parlerons, à l'harmonie des genres, de celle des végétaux avec l'astre des nuits.

Le blé a des harmonies aériennes, par ses trachées, qui, comme nous l'avons dit ailleurs, sont les poumons des plantes ; par ses feuilles linéaires et horizontales, qui ne donnent point de prise aux vents ; par sa tige conique, élastique et creuse, fortifiée de nœuds plus fréquents vers sa racine, où elle avait plus besoin de force que vers son épi. Chacun de ses nœuds est encore fortifié par une feuille, dont la partie inférieure lui sert de gaîne. Au moyen de ces dispositions, elle joue sans cesse avec les zéphyrs, qui lui font décrire les courbes les plus agréables, et elle résiste aux tempêtes qui renversent les chênes.

Les harmonies aquatiques du blé se manifestent dans ses feuilles, creusées en échoppe, qui conduisent l'eau des pluies vers ses racines, qui, de leur côté, pompent l'eau souterraine, dont les vapeurs forment les rosées. Ce dernier moyen suffit à sa nutrition. On en voit la preuve en Égypte, qui produit de si belles moissons, et où il ne pleut presque jamais ; mais la terre est abreuvée par les débordements du Nil. J'ai vu moi-même des exemples remarquables de l'action des seules rosées dans le sol toujours altéré des environs de Paris. J'y ai vu un été si sec, qu'il ne tomba pas une goutte de pluie dans les mois de mars, d'avril et de mai ; cependant la récolte du blé fut encore assez bonne. Sa paille était courte, mais son grain était bien nourri. Il a aussi des harmonies négatives avec l'eau par les balles de son épi. Ces balles sont ce que les botanistes appellent calices dans les autres fleurs. Ce sont des espèces d'étuis polis, minces et élastiques, qui paraissent destinés à plusieurs usages. Elles sont disposées par sillons droits ou en spirales, qui réverbèrent les rayons du soleil sur les fleurs. Elles enveloppent les grains, et les empêchent d'être endommagés dans leur croissance, par le choc mutuel de leurs épis agités par les vents. Enfin, chacune d'elles est surmontée souvent par une longue aiguille molle, appelée barbe, qui paraît destinée, non à éloigner les oiseaux, comme dit Cicéron, mais à diviser les gouttes de pluie, qui feraient couler les fleurs, comme il arrive presque toujours à celles du sommet, qui en sont les moins abritées. Ces balles, avec leurs barbes, sont des espèces d'aiguilles anti-hydrauliques. En effet, on les emploie dans les emballages, pour préserver les corps secs de l'humidité. Mais lorsqu'elles s'entr'ouvrent dans la maturité du grain, et que des pluies trop abondantes, réunies à de grands vents, comme celles des orages en été, viennent à tomber sur les campagnes, alors elles se remplissent d'eau; la paille, surchargée par son épi, s'incline, et la moisson verse. Elle se relève toutefois, lorsqu'elle n'a pas été semée trop épaisse, où que le champ n'a pas été trop fumé; car alors les tiges, un peu fortes, étant inclinées, se servent mutuellement d'obstacles. J'ai remarqué, même dans les moissons versées, que les tiges isolées se maintenaient toujours debout. Ainsi, la nature a mis en rapport les proportions de cette faible plante avec la fureur des éléments.

Le blé a des harmonies avec la terre par ses racines, divisées par filaments, qui y pompent leur nourriture. Elles ne sont ni longues ni nombreuses ; mais elles y adhèrent si fortement, qu'on ne peut les enlever sans emporter une portion du sol, ni rompre la paille, à cause de sa dureté. Voilà, sans doute, les raisons qui obligent les laboureurs de scier ce végétal plutôt que de l'arracher. Ces rapports terrestres lui sont communs avec beaucoup d'autres végétaux ; mais ce qu'il a de particulier, c'est qu'il n'y a aucune partie du globe où ne puisse croître quelqu'une de ses espèces, depuis le riz du Gange jusqu'à l'orge de la Finlande. Il est cosmopolite comme l'homme : aussi Homère, si heureux dans ses épithètes, appelle la terre ζείδωρος, ou porte-blé.

Telles sont les harmonies soli-lunaires, et les aériennes, aquatiques et terrestres du blé. Celles qu'il a avec les puissances organisées sont au nombre de trois, comme les élémentaires proprement dites : ce sont la végétale, l'animale et l'humaine.

Les harmonies végétales du blé sont celles que les différentes parties de sa plante ont entre elles, et qui en constituent les proportions, l'ensemble, le port et les attitudes. Les botanistes ne les ont encore guère étudiées; cependant ce sont elles qui, du premier coup-d'œil, la font connaître aux paysans. Elles la distinguent de toutes les autres graminées, et lui composent un caractère propre. Telles sont, par exemple, les distances proportionnelles qui sont entre ses nœuds, dont les tuyaux sont d'autant plus courts qu'ils sont plus voisins de sa racine; les couleurs de ses feuilles, les formes de son épi, la touffe de sa plante, qui produit plusieurs tiges. Le blé a encore des relations en consonnance avec les individus de sa propre espèce; leur réunion forme des tapis du plus beau vert, et de vastes moissons ondoyantes sous le souffle des vents. Enfin, il en a en contraste avec des plantes d'un autre genre, telles que les convolvulus, les bluets, les coquelicots; mais surtout avec les légumineuses, comme nous le verrons dans les harmonies morales.

Les harmonies animales du blé consistent principalement dans la longueur de ses feuilles, dans la souplesse et la tendreté de ses tiges, qui invitent tous les animaux pâturants à le brouter, et même à y faire leur litière. Au milieu de ses tiges, plus nombreuses et plus rapprochées que les arbres d'une forêt, il offre des asyles assurés au lièvre peureux, qui y fait son gîte; il en donne aussi à plusieurs oiseaux, qui y déposent leurs nids, tels que la caille voyageuse, la perdri xdomiciliée, l'alouette, etc. C'est là qu'ils trouvent des subsistances en tout temps ; d'abord dans ses feuilles et dans leurs insectes, puis dans son grain farineux, dont la forme oblongue semble taillée pour leur bec.

Le blé a des rapports encore plus marqués et plus étendus avec les hommes. Ce sont eux seuls qui en ont couvert, par la culture, une grande partie du globe ; et il est bien remarquable qu'il ne se ressème point de lui-même comme tant d'autres plantes. Que dis-je? des botanistes assurent qu'on ne le trouve nulle part dans son état naturel : comme si la Providence s'était reposée sur les hommes seuls du soin de le perpétuer. En effet, il leur fournit les moyens de satisfaire, par toute la terre, aux principaux besoins de la vie. Ils trouvent dans sa paille le premier aliment du feu, des lits, des toits, des liens, des nattes, des paniers, et des trajectiles même pour passer les fleuves, à cause de l'air renfermé dans ses chalumeaux. Sa farine leur donne, dans le pain, la plus substantielle et la plus durable des nourritures végétales. Ils en tirent une multitude de préparations agréables et de boissons cordiales, par les arts de la boulangerie, de la pâtisserie, de la brasserie et de la distillation. Ils peuvent nourrir, avec des aliments tirés du blé seul, tous les animaux domestiques, soutiens de leur vie; le porc, la poule, le canard, le pigeon, l'âne, la brebis, la chèvre, le cheval, la vache, le chat et le chien, qui, par une métamorphose merveilleuse, leur rendent en retour des œufs, du lait, du lard, de la laine, des services, des affections et de la reconnaissance. Le blé a non-seulement rassemblé autour des hommes des animaux de différents genres, mais il est devenu le premier lien des sociétés humaines, parce que sa culture et ses préparations exigent de grands travaux et des services mutuels. Or, comme aucune société ne peut subsister sans lois, c'est donc au blé qu'en est due l'origine. C'est par cette raison, sans doute, que les anciens ont appelé Cérès *législatrice*.

Telles sont les harmonies solaires et physiques, tant élémentaires qu'organisées, du blé. Elles existent pareillement dans les autres espèces et genres de végétaux; mais elles y éprouvent une infinité de modifications qui les diversifient. Nous tâcherons d'en donner un aperçu, aux harmonies spécifiantes et génériques. Bornons-nous ici aux harmonies morales du blé, afin de fixer notre attention sur un seul objet. Elles sont au nombre de six, comme les physiques. Trois sont élémentaires, comme elles : la fraternelle, la conjugale, la maternelle; et trois sont sociales ou agrégées: la spécifiante, la générique et la sphérique.

Avant d'en présenter le développement, nous

nous permettrons quelques réflexions sur la différence des harmonies physiques aux morales. Les physiques appartiennent aux végétaux en particulier; et les morales, à la puissance en général. Les physiques leur sont relatives et nécessaires; elles varient d'espèce à espèce et de genre à genre; les morales leur sont propres et essentielles : les physiques diffèrent dans chaque puissance, et les morales sont communes à toutes. Par exemple, une plante ne voit, n'entend et ne se meut point comme un animal; mais elle a comme lui ses amours, sa postérité, sa tribu. On entrevoit déjà que les lois physiques sont d'un ordre inférieur aux lois morales, puisque celles-ci constituent les puissances, les propagent, les spécifient, les engendrent, et les assemblent toutes par des harmonies semblables. Les harmonies physiques semblent appartenir aux éléments, qui ne leur donnent que des développements passagers, tandis que les morales tirent du ciel leur origine et une constitution permanente, en rapport avec celle qui harmonie le soleil avec les corps planétaires. Ces caractères célestes se montrent sur-tout dans les puissances organisées, qui tirent sans cesse une vie nouvelle du soleil, et qui n'apparaissent sur la terre que pour l'accroître de leurs débris. Le soleil semble être le berceau de toutes leurs vies, tandis que la terre n'est que le tombeau de toutes leurs morts.

Mais laissons là ces harmonies, qui sont au-dessus de la conception humaine. Bornons-nous à celles du blé. La première de ses harmonies morales est la fraternelle ; c'est celle qui a d'abord assemblé chaque individu dans les puissances organisées en deux parties égales, afin qu'elles puissent s'entr'aider. Elle se manifeste premièrement dans cette sphère vivante du soleil, divisible en une infinité de moitiés parfaitement égales. On peut l'entrevoir aussi dans l'harmonie de l'astre des jours et de celui des nuits, inégaux sans doute en grandeur et en puissances, mais qui apparaissent sur les horizons de la terre avec des diamètres égaux, et lui distribuent tour-à-tour des influences fraternelles et sororiales. Notre globe même présente quelques apparences de cette harmonie dans ses deux hémisphères, oriental et occidental ; mais l'ancien monde y est plus étendu que le nouveau, et leurs projections sont différentes, quoique leurs parties principales soient semblables. Aucun minéral, d'ailleurs, ne présente de pareilles consonnances : elles n'appartiennent qu'aux êtres doués d'une vie organisée. Elles sont en évidence dans les feuilles, les fleurs, les anthères, les semences des végétaux, formés chacun de deux moitiés égales. Cet équilibre de parties doubles est encore plus général dans les animaux, dont tous les membres se correspondent exactement ; et il y est si nécessaire, que sans lui ils ne pourraient ni voler, ni marcher, ni manger. L'homme en présente le plus parfait modèle dans ses proportions. Imitateur par instinct, c'est-à-dire par sentiment, de tous les ouvrages de la nature, il a puisé dans cet équilibre l'idée de la symétrie, qui n'est que la correspondance fraternelle de deux moitiés égales. Elle apparaît dans les formes qu'il donne à ses meubles, à son habitation, à ses monuments. Il trouve par-tout des images de cette double consonnance répandue parmi les êtres organisés. La nature a suspendu d'abord la lampe de la vie à deux chaînes pour l'affermir, et ensuite à quatre pour la propager : ainsi elle a fait précéder l'harmonie conjugale par l'harmonie fraternelle.

Cette première consonnance est si évidente dans les végétaux même, que Linnæus en a fait un des principaux caractères de son système botanique, sous le nom grec d'$\alpha\delta\epsilon\lambda\varphi\iota\xi\iota\varsigma$, qui signifie *fraternité*. Il ne la rapporte qu'à l'assemblage des anthères en un même corps; mais il ne lui a pas donné assez d'étendue. Elle établit d'abord l'organisation de toute espèce de végétal. Elle existe dans la feuille, la paille, l'épi, les anthères et les grains du blé, tous divisibles en deux moitiés consonnantes et égales, suivant leur direction verticale ou céleste ; ce qui est très-remarquable, car ces parties ne présentent que des moitiés contrastantes, suivant leurs divisions horizontales ou terrestres. L'adelphie se manifeste également dans les rejetons de la touffe du blé, qui poussent des feuilles, des tiges, des épis semblables, et forment entre eux une famille dont les individus s'entre-supportent mutuellement.

Les harmonies conjugales du blé sont renfermées dans sa fleur. La fleur est l'organe de la fécondation de la plante en rapport avec le soleil; elle a souvent une corolle, ou petite couronne, formée de feuilles appelées pétales, qui réfléchissent les rayons sur ses parties sexuelles. Elle a souvent aussi un calice, ou enveloppe extérieure, pour la préserver du choc des vents, sur-tout dans les végétaux dont les tiges sont longues et mobiles. Quant aux parties sexuelles, elles sont au centre de la fleur, comme dans un foyer de réverbère. Elles sont composées d'une partie mâle et d'une partie femelle; la partie mâle s'appelle étamine. Elle est formée de l'anthère, ainsi nommée du mot grec ἀνθηρὸς, un des noms de l'Amour. Cette anthère est un corps pour l'ordinaire oblong, divisé en deux lobes, et porté en équilibre par un fort filet, délié à son extrémité. Lorsque le soleil a exercé sur lui son action, ses lobes se remplissent d'une poussière prolifique appelée *pollen*. Le pollen, dont le nom vient de *pollere*, pouvoir, féconde le pistil. Le pistil est l'organe femelle de la fleur qui surmonte l'ovaire : il se prolonge ordinairement en un ou plusieurs styles ou filets, terminés par un ou plusieurs stigmates. Le stigmate est une petite ouverture qui reçoit le pollen, pour féconder l'ovaire, et y former la semence au sein d'un réceptacle, appelé aussi placenta. On entrevoit déjà que les parties sexuelles des plantes ont une grande analogie avec celles des animaux, et que la génération doit s'y opérer par les mêmes lois. Ces sexes, qui sont séparés dans quelques végétaux, comme dans les animaux, sont réunis dans la plante du blé. Elle a des caractères qui lui sont communs avec toutes les graminées, dans ses anthères, qui sortent de sa fleur et y sont suspendues, afin sans doute qu'elles fussent plus exposées à l'action du soleil; dans son calice, de deux parties, et dans sa corolle, divisée en deux valvules unies, enflées et creusées en courbes, concaves et réverbérantes; mais elle en a qui lui sont propres, en ce qu'elle a quatre fleurs renfermées dans un seul calice. Cette configuration en forme d'épi, est la plus convenable aux fleurs des plantes des pays froids, parce que leurs pétales, quoique moins apparents, y sont solides et durables : aussi y est-elle la plus commune. Lorsque les blés sont en fleur, c'est alors qu'ils sont revêtus de toute leur magnificence. Le coquelicot éblouissant, le bluet azuré, la nielle pourprée, le liseron couleur de chair, relèvent de l'éclat de leurs fleurs l'aimable verdure des guérets. Les perdrix et les cailles y décèlent leurs doux asyles par leurs chants amoureux; tandis que l'alouette, suspendue au-dessus de sa compagne et de son nid, fait entendre les siens au haut des airs. L'époque de la beauté, dans tous les êtres organisés, est celle de leurs amours.

Les harmonies maternelles du blé consistent dans les précautions avec lesquelles la nature a recouvert son grain, et pourvu au développement de son germe. Tantôt, suivant les espèces, son calice, qui lui tient lieu de placenta, lui est adhérent, et le transporte au loin, comme une voile, par l'entremise des vents; tantôt, par la barbe âpre qui termine son calice, il s'accroche aux poils des quadrupèdes et voyage avec eux. Il reste aussi indigestible dans l'estomac de ceux qui ne ruminent pas, et se ressème avec leurs excréments. Enfin, sa forme carénée le rend propre à flotter long-temps sur les eaux, comme il arrive, par les mauvaises administrations, à celui qui est jeté dans les rivières. Son grain est revêtu d'une peau épaisse, appelée son, lorsqu'elle est séparée de sa farine. Il renferme, à une de ses extrémités, un germe revêtu d'une petite gaîne; qui, en se gonflant par la chaleur et l'humidité, entr'ouvre une ouverture ménagée au-dessus d'elle, perce la terre, et devient une feuille séminale, appelée cotylédon. Cette feuille séminale est son unique mamelle, qui s'alimente d'un côté de la farine du grain, et pousse de l'autre une radicule qui doit bientôt trouver des sucs plus abondants dans le sein de la terre. Malgré les attentions maternelles de la nature pour le ressemer, au moyen des vents, des eaux et des quadrupèdes, on assure qu'on ne le trouve nulle part indigène. Pour moi, je suis porté à croire que, par toute terre où il tombe, il prend racine ; mais que, si elle manque d'engrais, il dégénère en quelque espèce de graminée, telle que l'ivraie. Ce qui me fait adopter cette opinion, c'est qu'il ne peut croître plusieurs années de suite dans le même champ, si ce champ n'a été bien labouré et bien fumé. Sa dégénération en ivraie est regardée comme certaine par plusieurs cultivateurs, et elle semble confirmée par l'observation du célèbre naturaliste Bonnet. Il rapporte, dans ses Recherches sur les Feuilles, qu'il trouva un jour une plante de froment d'une seule tige, qui portait, à son extrémité, un épi médiocre de véritable froment, et sur un de ses nœuds, un second tuyau terminé par un bel épi d'ivraie. A la vérité, Duhamel attribua la formation de cette plante, mi-partie de blé et d'ivraie, à la confusion des poussières de leurs étamines; mais, d'un autre côté, Linnæus a confirmé la possibilité de la transformation des parties des végétaux sur le même individu, en parties d'espèces différentes, par l'exemple d'une fleur en gueule de la linaire, qui se métamorphose en monopétale. Tout ce que nous pouvons conclure de celle du blé en ivraie, c'est que la nature a souvent associé la puissance de l'homme à celle des éléments, et que la main du laboureur peut seule conserver au froment ses principaux caractères. C'est à la maturité des blés, et aux approches de la faucille du moissonneur, qu'on voit émigrer une foule de petits êtres de leurs nids maternels. C'est alors que la nombreuse famille de la caille songe à fonder de nouvelles tribus dans des contrées éclairées par de nouveaux soleils, et que, comme le dit le bon La Fontaine, les petits de l'alouette,

> Se poussant, se culbutant,
> Délogent tous sans trompette.

Venons maintenant aux harmonies sociales de la puissance végétale : ce sont celles qui assemblent les familles des végétaux en espèces, en genres et en sphères. Nous les distinguerons donc en spécifiante, en générique et en sphérique.

L'harmonie spécifiante est la cause du plaisir que nous donne l'assemblage des végétaux de la même espèce. En voyant, par exemple, un champ de blé s'étendre par longs sillons, comme un beau tapis vert, nous éprouvons une sensation plus agréable que celle que nous donne sa tige ou sa simple touffe isolée. Ce plaisir s'accroît, si la plaine est couverte d'espèces de blés différents, comme d'épeautres, de blés barbus et non barbus, de seigles, d'orges. Enfin il augmente encore, s'il s'y joint quelque vallon couvert de diverses espèces de graminées. Le vent vient-il à souffler, toute la campagne ressemble alors à une mer ondoyante de verdure, dont les flots sont d'une infinité de nuances. Leurs reflets fugitifs, leurs murmures lointains, font passer dans nos sens le calme et le doux sommeil, ami du sentiment confus de l'infini. La première cause de ces sensations voluptueuses est l'ordre même dans lequel ces graminées croissent. Il est très-remarquable que le plaisir que nous font éprouver les groupes si variés des végétaux, a lieu principalement lorsqu'ils sont plantés sur le terrain, dans le même ordre que leurs semences ont été arrangées dans leur placenta. Ainsi, par exemple, un champ de blé nous plaît, parce que ses plantes y sont rangées par sillons, dans le même ordre que ses grains dans leur épi; et une prairie, au contraire, parce que ses diverses graminées y sont éparses comme leurs semences dans leurs panicules divergents. C'est par cette même raison que le chêne, qui ne porte que deux ou trois glands réunis ensemble, ou même qu'un seul, nous fait plaisir à voir dans ses groupes de deux ou trois arbres, où même tout-à-fait isolé. Nous avons alors, pour ainsi dire, une

3.

sensation de la force de cet arbre vigoureux, auquel la nature a donné de pouvoir résister seul aux tempêtes. Au contraire, nous aimons à voir les sapins pyramidaux et conifères s'appuyer mutuellement, par leurs bases, autour des sommets des hautes montagnes, dans le même ordre que leurs pignons sont disposés dans leurs cônes. Nous voyons de même avec plaisir les ceps de la vigne entourer de leurs pampres les flancs d'une colline arrondie, et en former, pour ainsi dire, une seule grappe comme ses grains. Cette loi harmonique s'étend à tous les groupes des végétaux, dont les uns nous plaisent, disposés en rond, d'autres en longues avenues, d'autres épars çà et là. Le plan de leur semis est dans leurs berceaux. Cette loi embrasse aussi les individus de toutes les puissances. Elle est la source, ignorée jusqu'ici, de nos jouissances les plus douces, dans l'architecture, la musique, la peinture, la poésie, l'éloquence. Il n'y a point de plaisir dans les arts dont la raison ne soit dans la nature. Nous en parlerons en détail aux harmonies fraternelles. Linnæus, comme nous l'avons dit, les avait entrevues dans l'assemblage des anthères sur un même corps, auquel il a donné, par cette raison, le nom d'adelphie. C'est un des caractères principaux de son système botanique : mais il a oublié de l'étendre au végétal entier, à sa famille, à sa tribu, à ses diverses espèces, et aux genres même opposés. Quelle harmonie entre eux, et dont elle tire de si charmants accords! Cependant, ce n'est pas seulement pour le plaisir des yeux, ni pour donner aux végétaux des supports mutuels, que la nature les diversifie et les groupe fraternellement. Elle a varié les blés suivant les diverses latitudes de la terre, pour donner par-tout à l'homme le même aliment farineux. Elle a diversifié leurs espèces, par rapport aux éléments, en mettant le froment en Europe, le riz aquatique en Asie, le panis sec en Afrique, le maïs en Amérique. Elle a varié de même les espèces si nombreuses des graminées, par rapport aux divers besoins et espèces de quadrupèdes, d'oiseaux, d'insectes, et même de poissons. En effet, les graminées forment le genre de végétaux le plus étendu et le plus varié en espèces qu'il y ait sur la terre. On sent que, pour caractériser chacune d'elles en particulier, il faut la rapporter, d'une part, à une des harmonies de la nature, et de l'autre, à l'être sensible auquel elle est particulièrement destinée. Les botanistes ont fait des graminées plusieurs genres, divisés en espèces et en variétés; mais dans notre ordre harmonique, nous n'en formons que des espèces réunies en un seul genre. On en compte dans notre climat plus de trois cents, dont il y en a trente à quarante dans nos prairies. Les principales sont les gazons proprement dits, les phalaris, les queues de renard, les queues de chat, les chiendents; les brises ou chevelures des dames, les amourettes tremblantes, les paturins ou poa, les festuca, les bromes, les orges de murailles et de prairies, les roseaux aux quenouilles garnies de laine, les cynosures ou queues de chien, les curtis odorants ou herbes du printemps, les cinna, les houques molles, auxquelles se joignent les joncs des marais et les spathes des montagnes, les souchets, les glaïeuls. Mais ce ne sont là que les graminées de nos contrées. On y doit ajouter, sans doute, celles qui s'étendent de la zone torride jusqu'aux pôles; les bananiers, espèces de glaïeuls dont les fruits, les tiges et les feuilles engaînées donnèrent à l'homme ses premiers aliments, des parasols et des ceintures; les cannes à sucre, les bambous de l'Inde orientale, les cannes du Mississipi et celles de l'Amazone, dont les sommets servent, dans les débordements, d'asyles aux fourmis; les joncs papyracés des bords du Nil, les gramen glauques et rampants qui bordent les rivages des îles torridiennes, et une foule d'autres inconnues, disposées le long des fleuves, dans l'intérieur des terres et dans toute l'étendue des continents. J'aime à me figurer notre globe couvert des seules graminées, en déployer toutes les espèces sur ses vastes amphithéâtres. Ici, les vents font ondoyer les poa dans les prairies, les

-amourettes tremblantes sur les flancs des montagnes, et les spathes sur leurs sommets arides. Chaque fleuve a ses roseaux, depuis ceux qui, couverts de neige une partie de l'année, s'élèvent à peine sur les bords silencieux de l'Irtis, jusqu'aux forêts toujours murmurantes des bambous du Gange, dont quelques espèces s'élèvent à plus de cent pieds de hauteur. La terre oppose à l'Océan fluide qui l'environne, un océan de végétaux mobiles, et des flots verts à des flots azurés. Ici, les tempêtes ne présentent point de naufrages. Les nids trouvent sous les tiges toujours flexibles, de doux asyles et des subsistances assurées. Peut-être le seul genre des graminées pourrait-il fournir aux besoins de tous les animaux. Mais la nature, dans sa magnificence, en variant à l'infini le pain qu'elle distribue à ses innombrables convives, ne se borne pas à ne servir qu'un seul aliment sur leur table commune. Elle a renfermé la farine dans les épis des graminées; mais elle a suspendu aux végétaux des autres genres, les huiles, les sucres, les vins, les épiceries qui en devaient varier les assaisonnements.

La nature a donc formé plusieurs sortes de farines dans les grains de blé et des autres graminées, depuis ceux du froment jusqu'à ceux des amourettes, destinées aux plus petits oiseaux. L'homme aussi, à son imitation, manipule, avec la seule farine de froment, une multitude de pâtisseries, de vermicelles et de gimblettes. Mais toutes ces modifications ne sont que des espèces d'un seul genre dans la puissance végétale. Passons maintenant à ses genres proprement dits.

Les botanistes emploient le mot de genre d'une manière très-vague et souvent contradictoire. Ils l'attribuent à une famille, à une classe, à une section, à une espèce même, et lui donnent bien rarement sa signification propre. Tâchons d'être plus exacts. Le mot de genre vient d'engendrer : or, engendrer, dans un ordre de choses, signifie créer. Le genre, est donc un ordre nouveau, qui a des caractères essentiellement distincts des autres ordres dans la même puissance. Le genre, selon nous, se rapporte, d'une part, à une des harmonies principales de la nature, et, de l'autre, à un des premiers besoins de l'homme. L'espèce n'est qu'une modification du genre, et se rapporte aux besoins d'un animal. Comme les harmonies générales de la nature sont à-la-fois positives et négatives, ou actives et passives, et qu'il en est de même des besoins de l'homme, il en résulte que les genres contrastent, deux à deux, dans la même puissance, et que les espèces consonnent dans le même genre. On en peut conclure aussi qu'il y a vingt-six genres généraux, puisqu'il y a treize harmonies générales. Les espèces sont donc des consonnances, et les genres des contrastes. De là réunion de ces contrastes, deux à deux, résulte la plus agréable des harmonies. Par exemple, le genre qui contraste le plus avec celui des graminées, est celui des légumineuses. En considérant celui des graminées sous ses rapports principaux avec l'harmonie aérienne, à laquelle il paraît appartenir, nous lui en trouvons de positifs avec elle par ses feuilles en linéaires ou rubans, qui échappent aux vents; par ses fleurs peu apparentes, adossées à des épis; par ses tiges perpendiculaires, creuses, fortifiées de nœuds, et élastiques, qui se redressent sans cesse, malgré les tempêtes qui les agitent et le poids des quadrupèdes qui les foulent. Le genre des légumineuses, au contraire, a des harmonies négatives avec les vents. Il rampe à terre, ou il s'accroche par des vrilles aux graminées elles-mêmes. Ses feuilles larges sont pour l'ordinaire agrégées au nombre de trois par des espèces de queues souples. Ses tiges branchues sont pleines de moelle, ses fleurs sont apparentes et papilionacées; mais les parties sexuelles y sont abritées par une carène. Elles sont supportées par des queues recourbées, et élastiques comme des ressorts; de manière qu'au moindre vent, elles se tournent comme des girouettes et lui opposent leur calice. Elles sont groupées en forme de grappes, et donnent, dans des capsules qui les abritent, des semences en forme de reins ou arrondies, telles que les haricots et les pois. Le port des graminées est perpendiculaire, celui des légumineuses est horizontal ; de manière que les premières passent aisément à travers les autres, ou les supportent, si ces dernières sont pourvues de mains. Pour nous former une idée de leurs harmonies, commençons par celles des blés. Les mêmes campagnes qui sont couvertes de moissons, le sont aussi de haricots et de pois, qui, par leur feuillage, leur verdure et leurs fleurs, forment avec elles les plus agréables contrastes. L'harmonie de ces deux genres est encore plus sensible dans les cultures des Sauvages de l'Amérique septentrionale. Ils sèment leur maïs en rond sur de petites mottes de terre, au nombre de neuf grains. Ils y joignent autant de haricots, dont les tiges viennent s'attacher à celles du maïs, et forment toutes ensemble un charmant bouquet, par les oppositions de toutes leurs parties. Nous observerons ici que les haricots entrent, comme aliments, en harmonie avec les blés, chez tous les peuples. Ils forment avec le pain la principale nourriture du nôtre. Les Chinois en tirent une liqueur appelée soui, qu'ils emploient comme assaisonnement dans la plupart de leurs mets. Il semble que le goût des animaux se rapproche en cela de celui des hommes, à en juger par les cultures destinées à nos animaux domestiques. Si les prés se couvrent pour eux de graminées, les champs voisins produisent aussi pour eux des vesces, des luzernes, des sainfoins. Celle des prairies artificielles qui leur plaît le plus, est celle qu'on nomme dragée, mélangée de pois et d'avoine ; que dis-je ! nos prés sont semés à-la-fois par la nature, de graminées et de trèfles, et leurs douces harmonies s'étendent jusque dans les clairières de l'île de Tinian, au sein de la vaste mer du Sud. L'amiral Anson s'y crut transporté dans une ferme de l'Angleterre, à la vue des pâturages semés de ces deux végétaux, où paissaient de magnifiques et nombreux taureaux blancs, et qui retentissaient du chant des coqs. Si les Espagnols en avaient transporté les bestiaux, il est certain que les prairies n'avaient été entourées de bois et ensemencées que par la nature. Pour moi, qui n'ai eu que çà et là des aperçus de ses harmonies innombrables, dans des contrées souvent dégradées par la main de l'homme, j'ai vu, à l'Ile-de-France, des agathis, petits arbres, à fleurs légumineuses de couleur lilas, former, par leurs contrastes, des bosquets charmants avec les bambous, qui sont les plus grandes des graminées. C'est ainsi que, dans les Alpes, les ébéniers aux fleurs jaunes forment des berceaux ravissants autour des sapins conifères.

Maintenant, pour nous former une idée des genres de la puissance végétale, nous en choisirons les prototypes ou premiers modèles sous l'équateur :

nous les rapporterons aux premiers besoins de l'homme, et nous en déterminerons les genres, en les rapportant successivement aux treize harmonies actives et passives.

Les premières de ces harmonies sont les quatre élémentaires, la solaire, l'aérienne, l'aquatique et la terrestre. Elles se manifestent dans la division générale des végétaux en arbres, en herbes, en algues ou plantes aquatiques, et en mousses. Quoique cette division ne soit pas adoptée par les naturalistes, c'est celle que nous présente la puissance végétale au premier coup-d'œil; et elle est saisie par tous les peuples. Elle s'étend aux deux autres puissances organisées : dans l'animale, aux quadrupèdes, aux oiseaux, aux poissons et aux insectes; et dans l'homme, à ses quatre tempéraments, le bilieux, le sanguin, le flegmatique et le mélancolique. Ces quatre harmonies se correspondent dans les trois puissances organisées. Le soleil, comme nous l'allons voir, influe particulièrement sur les arbres, les quadrupèdes, et les tempéraments bilieux; l'air, sur les herbes, les oiseaux, et les sanguins; l'eau, sur les algues, les poissons, et les flegmatiques; la terre, sur les mousses qui la tapissent, les insectes innombrables qui s'y creusent des retraites, et les mélancoliques qui y cherchent aussi des asyles. On peut étendre cette division élémentaire au genre humain en entier, qui, comme un simple individu, nous présente quatre tempéraments différents dans ses peuples méridionaux, montagnards ou septentrionaux, maritimes, et cultivateurs ou terrestres. Enfin, le globe lui-même est divisé en quatre parties principales, dont chacune est en rapport particulier avec un des éléments : l'Afrique brûlante avec le soleil ; l'Europe, toujours mobile et inquiète, avec l'air tempétueux qui l'environne ; l'Amérique flegmatique, arrosée par les plus grands fleuves, avec les eaux ; l'Asie, grave et mélancolique, avec la terre, dont elle renferme la plus grande étendue dans sa circonférence.

Les peuples de ces quatre parties du monde ont des caractères analogues aux quatre divisions de la puissance animale. Les noirs de l'Afrique sont robustes comme les quadrupèdes ; les Européens, actifs, sont devenus les plus hardis des navigateurs, en tirant, comme l'oiseau, parti des vents ; les Américains voguent et nagent comme les poissons ; les Asiatiques, populeux comme les insectes, labourent la terre avec la même patience, et offrent, dans les Indiens et les Chinois, les plus habiles des cultivateurs. Mais ne sortons point ici des divisions de la puissance végétale.

En commençant par son harmonie solaire, nous verrons que les arbres sont en rapport immédiat avec le soleil, par les cercles concentriques de leurs troncs. Ces cercles sont toujours en nombre égal à celui des années que les arbres ont vécu, c'est-à-dire, à celui des révolutions annuelles de l'astre du jour. Ils sont vivaces, c'està-dire qu'ils vivent depuis une année jusqu'à plusieurs siècles. Enfin, leurs genres sont beaucoup plus nombreux dans la zone torride, que dans les zones tempérées. J'ai rapporté quarante-deux échantillons différents de ceux des forêts de l'Ile-de-France, qui n'a guère plus de douze lieues de diamètre; tandis qu'on n'en compte que seize ou dix-sept genres dans toutes les forêts de la France.

Les genres des herbes, au contraire, sont plus nombreux dans les zones tempérées, et ceux des mousses dans les glaciales. La nature, qui met les fruits rafraîchissants, vineux, aromatiques, sur des arbres dans la zone torride, tels que les calebasses, les melons du papayer, les épiceries, les fait croître souvent sur des tiges humbles et rampantes dans nos climats : tels sont ceux des cucurbitées, des sarriettes, des thyms, des basilics, et elle en répand les saveurs et les parfums jusque dans les mousses du Nord. Les herbes même de nos contrées produisent des espèces qui atteignent à la grandeur des arbres, au sein de la zone torride : tels sont le bambou de l'Inde, dans le genre des graminées; la mauve d'Afrique, dans celui des malvacées; et le bananier, dans celui des glaïeuls. Il est possible que quelque espèce de mousse parvienne à une grandeur arborescente dans quelques parties de la zone torride, et qu'on l'y ait confondue avec celles des fougères, qui y sont si communes et si élevées ; mais les mousses n'en appartiennent pas moins aux climats du Nord. J'en ai vu des variétés innombrables dans la Finlande, quoique je n'y aie pénétré tout au plus qu'au soixante-deuxième degré de latitude.

Si le soleil donne tant d'activité à la végétation dans la zone torride, et s'il imprime les cercles annuels de son cours dans le tronc de tous les arbres, par toute la terre ; la lune, de son côté, paraît étendre son influence sur les herbes. J'ai remarqué dans les racines de celles de nos jardins des couches concentriques en nombre toujours égal à celui des mois lunaires qu'elles avaient mis à croître : c'est ce qu'on peut voir sur-tout dans celles des carottes, des betteraves, et dans les bulbes des ognons. Peut-être était-ce à cause de ces rapports lunaires, que les Égyptiens avaient consacré l'ognon à Isis, ou à la lune, qu'ils adoraient sous le nom de cette déesse. Ce qu'il y a de certain, c'est que ces racines ont pour l'ordinaire sept cercles concentriques, c'est-à-dire autant qu'ils ont été de mois à croître, depuis le commencement de mars où on les sème, jusqu'à la fin de septembre où on les recueille. Dans les pays où la végétation des herbes dure plus de sept mois, je suis porté à croire que leurs racines ont plus de couches, et que leur nombre égale celui des mois de l'année. C'est sans doute par cette raison que les ognons de l'Égypte sont remarquables par leur grosseur, ainsi que les racines de toutes les plantes bulbeuses de l'Afrique et des pays torridiens. Ces périodes lunaires sont remarquables aussi dans les nœuds des tiges de la plupart des graminées. Elles sont si sensibles dans les pousses de toutes les herbes en général, que je crois y trouver un caractère invariable pour les distinguer des arbres proprement dits, quoiqu'elles parviennent quelquefois à leur hauteur dans les pays chauds. Le bambou des Indes pousse un rejeton tous les mois, suivant Rumphius. François Pyrard assure qu'aux Maldives, le cocotier produit régulièrement, chaque mois, une grappe de cocos, de manière qu'il en porte douze à-la-fois, dont la première commence à poindre, la deuxième sort de son étui, la troisième bourgeonne, la quatrième fleurit, la cinquième noue, et la dernière est en maturité. Le latanier ou palmier à éventail, qui croît aussi sur les bords de la mer, donne chaque mois une feuille nouvelle. Les palmiers, en effet, comme le savent les naturalistes, n'ont point de couches annuelles concentriques. Leur tronc n'est point de vrai bois; ce n'est qu'une colonne de fibres, dont le milieu ne renferme qu'une espèce de moelle. A la différence de celui des arbres proprement dits, il sort de terre avec toute la grosseur qu'il doit avoir ; ils n'ont de plus qu'un cotylédon, et ce caractère leur est commun avec les seules graminées. Les palmiers ne sont donc que de grandes herbes, en rapport, comme elles, par leurs pousses, avec le cours de la lune ; tandis que les arbres, même les plus petits, le sont avec celui du soleil, comme on le voit à leurs cercles annuels. On doit ranger aussi parmi les végétaux soumis immédiatement aux influences de l'astre des nuits, les mousses, dont la plupart ne végètent, ne fleurissent et ne grènent qu'en hiver, lorsque la lune est dans notre hémisphère. Peut-être en est-il de même des algues. Les naturalistes, qui attribuent un si grand empire à la lune sur l'Océan, ne peuvent lui refuser quelque action sur les végétaux, et même sur les poissons qu'il nourrit. Ce qu'il y a de certain, c'est qu'elle agit sensiblement sur les quatre ordres de la puissance animale ; et même sur l'humaine. Les quadrupèdes entrent en amour et mettent bas leurs petits à certaines périodes lunaires ; il en est de même des pontes des oiseaux, dont les os, de plus, se renouvellent périodiquement, comme le prouvent les couches intermittentes de rouge et de blanc de ceux des poulets qui mangent par intervalles de la garance. Des couches semblables se trouvent en rapport avec les mois lunaires dans plusieurs coquillages, entre autres dans l'écaille de l'huître :

de manière que leur nombre marque celui des mois qu'elle a vécu. Ces mêmes rapports lunaires existent dans les générations des insectes, et enfin dans les mois des filles nubiles; mais nous en parlerons plus au long aux puissances animale et humaine.

Quoique les arbres soient en harmonie immédiate avec le soleil par les anneaux concentriques de leurs troncs, ils le sont aussi avec la lune par les feuillets de leur écorce et par ceux de leurs fruits. J'ai remarqué sept de ces feuillets dans l'écorce du bouleau, et même je crois les avoir entrevus dans chacun des cercles annuels des arbres. Je crois aussi les avoir distingués dans quelques fruits, sur-tout dans la pomme de reinette. Ils apparaissent lorsqu'on ouvre ce fruit obliquement, et plutôt quand on le mord que quand on le coupe. Voilà donc de nouveaux rapports lunaires dans les arbres même; car on sait que le temps de leur végétation et de la maturité de leurs fruits ne dure tout au plus que sept mois dans nos climats.

Non-seulement tous les végétaux ont des harmonies soli-lunaires, dans leurs racines, leurs tiges, leurs écorces et l'intérieur de leurs fruits; mais ils en ont d'apparentes dans leurs pétales ou les feuilles de leurs fleurs. Ce sont ces pétales qui, comme des miroirs, réfléchissent les rayons du soleil et ceux de la lune sur les parties sexuelles de la fleur. Nous remarquerons d'abord que le plan de la plupart des fleurs est circulaire, et que leurs parties sexuelles sont au centre. Quelquefois leur disque est relevé en hémisphère ; et quand il est entouré de pétales plans et divergents, comme dans les radiées, il ne représente pas mal la forme d'un astre. Cette configuration sidérale est si marquée dans quelques espèces, que les botanistes les ont classées sous le nom d'aster ; mais elle est répandue dans la plupart des fleurs apparentes, qui toutes, comme nous l'avons dit, affectent dans leurs plans la forme circulaire, quoique leurs tiges et leurs feuilles en aient de très-différentes. Il ne faut pas douter que cette forme ne soit la plus favorable pour réverbérer les rayons du soleil vers un centre commun, et que la même main qui a façonné en lunes, en anneaux, et en d'autres courbes qui nous sont inconnues, les réverbères des planètes, pour réfléchir sur elles les rayons du soleil, n'ait varié pour une fin semblable les pétales des fleurs. Il est certain que c'est à cette réverbération que les fleurs doivent l'éclat qui les fait paraître en quelque sorte lumineuses. Pour moi, quand je vois celles qui émaillent une prairie, et dont les formes et les couleurs sont si variées, je suis tenté de croire qu'elles ont quelque ressemblance avec les astres qui nous sont inconnus. Pourquoi la nature n'aurait-elle pas mis sur

4.

la terre, dans des fleurs, les images des objets qu'elle a placés en réalité dans les cieux, puisqu'elle a mis dans l'homme, aussi passager qu'elles, le sentiment de l'intelligence qui gouverne l'univers?

Mais combien de vérités ne foule-t-il pas aux pieds comme les fleurs? Il a marché sur celles-ci, depuis un grand nombre de siècles, sans les connaître. Presque tous les cultivateurs ignorent encore qu'elles ont des sexes. Que dis-je? lorsque le botaniste Le Vaillant en introduisit la théorie dans l'école du Jardin des Plantes, le célèbre Tournefort l'obligea de la supprimer, et ne voulut jamais la reconnaître, sans doute parce que, le premier, il n'en avait pas fait la découverte. Les botanistes modernes rejettent, peut-être par les mêmes raisons, les harmonies des pétales avec le soleil, dont j'ai apporté tant de preuves dans mes Études de la Nature. Ils les reconnaissent toutefois comme les caractères les plus apparents des fleurs, qu'ils classent en monopétales, en polypétales, et celles-ci en radiées, en liliacées, en rosacées, en papilionacées, etc., mais sans intention et sans but. Cependant tout leur démontre que la nature n'a rien fait en vain.

Pour éviter l'obscurité de leurs systèmes, nous nous guiderons sur le flambeau du jour. Les pétales des fleurs sont disposés en épis perpendiculaires, tels que celui du blé; en radiées ou miroirs plans, comme dans la marguerite; en portions sphériques, comme dans la rose ; en elliptiques, comme dans le lis, ou paraboliques, comme dans la capucine : ce sont là leurs formes principales. D'autres, en grand nombre, appartiennent à des courbes inconnues et non encore calculées; mais toutes sont engendrées de la sphère. Il est remarquable que lorsque les pétales sont radiés et en miroirs plans, le disque de la fleur est en hémisphère pour recevoir leurs réverbérations : tels sont ceux de la marguerite et de la camomille. Ils se renversent ou tombent quand la fécondation est achevée. Ce disque est un peu concave dans le tournesol; aussi arrive-t-il souvent que les fleurons de son centre avortent et ne donnent point de graine. Sa concavité vient peut-être du changement de climat, car cette plante est originaire de l'Amérique. Les réverbères des rosacées ont un foyer commun, les liliacées en ont deux, les paraboliques renvoient les rayons parallèlement, comme la vigne. Il y a des fleurs en grappes, en ombellifères, telles que celles de la carotte; en hémisphères, en cercles et en demi-cercles, comme celles de plusieurs sortes de trèfles; en rayons divergents, telles que celles des choux et de la plupart des cruciées. Si les fleurs ont des rapports positifs avec le soleil, elles en ont aussi de négatifs. Il y en a de labiées, qui ne montrent que l'extrémité de leurs anthères, et de papilionacées, qui les cachent au moyen d'une carène; d'autres même ne fleurissent que la nuit : telle est celle du jalap du Pérou ou belle-de-nuit, celle de l'arbre triste de l'Inde, qui s'ouvre dans les ténèbres et tombe au point du jour; du convolvulus nocturne, également originaire de l'Inde. D'autres fleurissent renversées et à l'ombre de leurs feuilles, telles que celles de l'impériale et de beaucoup de fleurs torridiennes. Linnæus avait déjà entrevu les rapports des pétales avec la présence et l'absence du soleil. Il avait observé que plusieurs d'entre elles s'ouvraient et se fermaient à différentes heures du jour, telles que celles du pissenlit, de la chicorée sauvage, et que la plupart se fermaient à l'entrée de la nuit : il en avait formé une horloge botanique. Il n'avait qu'un pas de plus à faire pour voir que leurs pétales étaient de véritables réverbères en harmonie avec le soleil, et dont la durée était en raison inverse de leur action sur leurs parties sexuelles. Les rosacées, qui sont celles qui ont le plus d'activité, parce qu'elles renvoient tous les rayons solaires vers un centre commun, sont aussi celles qui durent le moins. La rose ne dure qu'un jour, et sert souvent d'image aux philosophes pour exprimer la rapidité de nos plaisirs et de notre existence.

On voit donc qu'on peut diviser la puissance

végétale, par rapport au soleil, en végétaux des zones torride, tempérées et glaciales, d'été et d'hiver, de jour et de nuit. Il en résulte un grand nombre de genres positifs et négatifs, dans les arbres, les herbes, les algues et les mousses.

J'ai déjà montré quelques-uns des rapports que le bananier avait avec tous les besoins et les divers tempéraments de l'homme. Ces rapports semblent se multiplier sous les yeux de l'observateur; et ce végétal offre un exemple si merveilleux de la prévoyance de la nature, qu'il serait inutile d'en présenter un autre. Sa tige peut avoir neuf à dix pieds d'élévation; elle est formée d'un paquet de feuilles tournées en cornets, qui sortent les unes des autres, et, en s'étendant au sommet du bananier, y forment un magnifique parasol. Ces feuilles, d'un beau vert satiné, ont environ un pied de large et six pieds de long; elles s'abaissent par leurs extrémités, et forment par leurs courbures un berceau charmant, impénétrable au soleil et à la pluie. Comme elles sont fort souples dans leur fraîcheur, les Indiens en font toutes sortes de vases pour mettre de l'eau et des aliments; ils en couvrent leurs cases, et ils tirent un paquet de fil de la tige, en la faisant sécher. Une seule de ces feuilles donne à un homme une ample ceinture; mais deux peuvent le couvrir de la tête aux pieds, par-devant et par-derrière. Un jour que je me promenais à l'Ile-de-France, près de la mer, parmi des rochers marqués de caractères rouges et noirs, je vis deux nègres tenant à la main, l'un une pioche, l'autre une bêche, qui portaient sur leurs épaules un bambou auquel était attaché un long paquet, enveloppé de deux feuilles de bananier. Je crus d'abord que c'était un grand poisson qu'ils venaient de pêcher; mais c'était le corps d'un de leurs infortunés compagnons d'esclavage, auquel ils allaient rendre les derniers devoirs dans ces lieux écartés. Ainsi le bananier seul donne à l'homme de quoi le nourrir, le loger, le meubler, l'habiller et l'ensevelir.

Ce n'est pas tout. Cette belle plante, qui ne produit son fruit, dans nos serres, qu'au bout de trois ans, comme je l'ai vu dans celles du Jardin des Plantes de Paris, le donne, sous la Ligne, dans le cours d'un an, après lequel la tige qui l'a porté se flétrit; mais elle est entourée d'une douzaine de rejetons de diverses grandeurs, qui en portent successivement : de sorte qu'il y en a en tout temps, et qu'il en paraît un nouveau tous les mois, comme les grappes lunaires du cocotier. Je parle ici des bananiers qui croissent sous la Ligne, et sur le bord des ruisseaux, leur élément naturel. Il y a plus, il y a une multitude d'espèces de bananiers de différentes grandeurs, depuis celle d'un enfant jusqu'au double de celle d'un homme, et depuis la longueur du pouce jusqu'à celle du bras; de sorte qu'il y en a pour tous les âges. J'ai vu, à l'Ile-de-France, des bananiers nains, et d'autres gigantesques, originaires de Madagascar, dont les fruits, longs et courbés, s'appellent cornes de bœuf. Un homme peut les cueillir aisément en grimpant le long de leur tige, où les queues de ses anciennes feuilles forment des saillies, ou en faisant monter sa femme sur ses épaules. Une seule de leurs bananes peut le nourrir un repas, et une de leurs pates tout un jour. Il y a des bananes de saveurs très-variées. Quoique je n'en aie mangé qu'à l'Ile-de-France, qui, comme on sait, est à l'extrémité de la zone torride australe, j'y en ai goûté de l'espèce naine, qui avaient de plus que les autres un goût très-agréable de safran. L'espèce commune, appelée figue banane, est onctueuse, sucrée, farineuse, et offre une saveur mélangée de celles de la poire de bon-chrétien et de la pomme de reinette. Elle est de la consistance du beurre frais en hiver, de sorte qu'il n'est pas besoin de dents pour y mordre, et qu'elle convient également aux enfants du premier âge et aux vieillards édentés. Elle ne porte point de semences apparentes ni de placenta : comme si la nature avait voulu en ôter tout ce qui pouvait apporter le plus léger obstacle à l'aliment de l'homme. C'est de toutes les fructifications la seule que je connaisse qui jouisse de cette prérogative. Elle en a encore quelques-unes non moins rares, c'est que quoiqu'elle ne soit revêtue que d'une peau, elle n'est jamais attaquée, avant sa maturité parfaite, par les insectes et par les oiseaux; et qu'en cueillant son régime un peu auparavant, il mûrit parfaitement dans la maison, et se conserve un mois dans toute sa bonté.

Les espèces de bananes sont très-variées en saveurs. Elles sont d'autant meilleures qu'elles croissent plus près de l'équateur, sous l'influence directe du soleil. Il y en a de délicieuses aux Moluques, dont les unes sont aromatisées d'ambre et de canelle, d'autres de fleur d'orange. On trouve des bananiers dans toute la zone torride, en Afrique, en Asie et dans les deux Amériques, dans les îles de leurs mers, et jusque dans les plus reculées de la mer du Sud. Le rima, qui porte le fruit à pain dans l'île de Taïti, ne lui est pas comparable, quoique quelques philosophes modernes nous présentent cet arbre comme nouvellement découvert, et comme le don le plus précieux que la nature ait fait aux hommes. Il y a long-temps qu'il croît aux Moluques, et que d'anciens voyageurs en ont parlé. D'ailleurs, ses usages, relativement à l'homme, sont bien plus circonscrits. Il ne lui fournit ni logement, ni vêtements, ni meubles. Il lui faut d'abord six ou sept ans pour produire ses fruits, qu'il ne donne ensuite que huit mois, chaque année. Et s'il a présenté le premier modèle du pain dans sa pâte, qui, cuite au four, se change en mie et en croûte, le bananier donne la sienne tout assaisonnée de beurre, de sucre et d'aromates. Le rima porte des petits pains, et le bananier de la pâtisserie.

C'est donc avec raison que le voyageur Dampier, qui a fait le tour du monde avec tant d'intelligence, appelle le bananier le roi des végétaux, à l'exclusion du cocotier, que les marins honorent de ce titre, parce qu'ils ne jugent que de ce qui est à leur portée. Il observe qu'une infinité de familles, entre les deux tropiques, ne vivent que de bananes. Cet utile et agréable végétal a tant de rapports avec les premiers besoins de l'homme dans l'état d'innocence et d'inexpérience, que j'ai déjà fait remarquer qu'on l'appelle aux Indes le figuier d'Adam. Les Portugais superstitieux qui y abordèrent les premiers, crurent apercevoir, en coupant son fruit transversalement, le signe de la rédemption dans une croix que je n'y ai jamais vue. A la vérité, cette plante présente, dans ses feuilles larges et longues, les ceintures du premier homme, et figure assez bien, dans son régime hérissé de fruits, et terminé par un gros cône violet qui renferme les corolles de ses fleurs, le corps et la tête du serpent qui le tenta. Les bramines, au moyen de ses fruits salubres et de son délicieux ombrage, vivent au-delà d'un siècle. Elle croît non-seulement dans toute la zone torride, mais plus de six degrés au-dehors. Les Arabes lui donnent le nom de *musa*, que nos naturalistes ont adopté; et comme ces peuples ont répandu en Europe les premiers éléments des sciences et des arts après les Romains, je suis tenté de croire que la déclinaison du nom de *musa*, qui commence le rudiment très-rude de nos enfants, a dû signifier, non une muse dont ils ne peuvent avoir d'idée, mais le bananier, dont les fruits leur seraient si agréables. Pour moi, en le considérant pour la première fois avec toutes ses convenances, je me dis : Voilà le vrai végétal de l'homme.

La nature ne s'est pas bornée à enrichir une seule plante de tout ce qui pouvait convenir à nos besoins dans la zone torride. En réunissant dans un seul fruit le beurre, le sucre, le vin, la farine, elle a voulu nous engager à en faire nous-mêmes les combinaisons, en mettant ces substances séparées et pures dans des végétaux d'un autre genre. Elle a créé pour cet effet le palmier, avec ses espèces si diverses en productions. Le bananier, que je regarde comme du genre des glaïeuls, ne réussit bien qu'au fond des vallées, sur le bord des ruisseaux, à l'abri des grands vents, qui déchirent en lanières transversales ses tendres feuilles. Le palmier, au contraire, avec ses feuilles lignées, croît dans les lieux les plus exposés aux tempêtes, depuis le sommet des montagnes jusque sur le bord des mers. Le bananier n'a que des variétés qui, par la ressemblance de leurs fruits, ne conviennent qu'aux besoins d'une seule famille. Le palmier a des espèces qui, par la diversité de leurs productions, peuvent satisfaire à tous ceux d'une tribu.

Il est vrai qu'en considérant le bananier comme une espèce de glaïeul, on peut y joindre, dans le même climat, les balisiers, qui portent différentes sortes de grains, et dont les feuilles larges, tournées en cornets, sont engagées les unes dans les autres ; mais ils ne se développent point en parasol, et ils ne présentent point à l'homme des rapports immédiats avec ses besoins.

Tous les végétaux que je viens de nommer, sans en excepter les palmiers, malgré la magnificence de leur port, paraissent du genre des graminées, parce que leur semence, ou première pousse, n'a qu'un cotylédon, que leurs feuilles sont renfermées les unes dans les autres, et n'éprouvent, en croissant, qu'un simple développement, d'où il résulte que leur tige, à sa naissance, a le même diamètre à sa base que lorsqu'elle a atteint toute sa hauteur. D'ailleurs elle est sans écorce, et ne contient point de véritable bois. Les troncs des palmiers ne sont que des paquets de fibres sans cercles concentriques, et dont le centre est plus tendre que la circonférence. C'est tout le contraire dans les arbres proprement dits. Leurs troncs augmentent de diamètre chaque année, et leurs accroissements y sont marqués intérieurement par des cercles; ils sont revêtus d'écorce; l'aubier de leur bois est à leur circonférence, et la partie la plus dure au centre. Les palmiers ne paraissent donc être que de grandes plantes du genre des graminées, et soumises comme elles aux influences de la lune, dans la pousse de leurs feuilles et de leurs fruits. Mais, si les arbres portent au-dedans des anneaux en rapport avec les périodes annuelles du soleil, les palmiers en montrent de semblables au-dehors. Les premiers se composent, chaque année, de colonnes concentriques; les seconds, de tambours posés les uns sur les autres. Les arbres cachent les dates de leur âge, les palmiers les mettent en évidence. Chaque mois lunaire, ceux-ci poussent une feuille, comme le latanier; ou un régime de fruits, comme le cocotier, et leur tête entière s'élève d'un cran. Lorsque les nouvelles palmes se développent, les inférieures, qui sont les plus anciennes, tombent, et laissent sur le tronc des espèces de hoches raboteuses et annulaires, qui servent à-la-fois de marques chronologiques, et de degrés pour monter à son sommet. Le palmier est par excellence le végétal du soleil; c'est un gnomon qui marque les heures par son ombre, les mois lunaires par ses feuilles nouvelles, les années par les vieux cercles de sa tige. Ses espèces, dont les botanistes connaissent au moins quatre-vingts, qui ont chacune plusieurs variétés très-distinctes, sont répandues autour du globe, dans toute la zone torride, et même quelques-unes plus de six degrés au-delà. Il y en a sans doute encore beaucoup d'inconnues. Enfin il n'est aucun végétal qui manifeste autant que lui les harmonies soli-lunaires.

Celles qu'il a avec l'homme ne sont pas moins nombreuses et remarquables. La circonférence des plus gros n'a pas plus d'amplitude que celle de ses bras. Lorsqu'il veut y grimper, il se fait, avec une des palmes tombées, une ceinture dont il s'entoure avec le tronc, et, en s'aidant des pieds et des mains, au moyen des anneaux qui lui servent d'appui, il s'élève jusqu'au sommet pour en tirer du vin, ou pour en cueillir les fruits. C'est ainsi qu'à l'Ile-de-France j'ai vu les noirs monter au sommet des cocotiers avec la plus grande facilité.

Il y a un grand nombre de rapports très-marqués entre les fruits du palmier et plusieurs parties du corps humain. Le coco simple, dépouillé de son caire, offre, avec ses trois trous, une parfaite ressemblance avec une tête de nègre. Celui des Maldives, qui est double, a une ressemblance encore plus frappante avec les parties antérieure et postérieure du corps d'une négresse à sa bifurcation. Comme les cocotiers sont assez connus, je chercherai quelques-uns de ces rapports humains dans le dattier. Ce magnifique végétal réunit en lui la plupart des avantages des autres palmiers, dont son espèce semble le prototype ; il porte dans ses fruits un aliment délicieux, et qui exhale les plus doux parfums. Sa tige toujours droite, en contraste avec celle du cocotier, souvent courbée par les vents, s'élève au moins à quarante pieds de hauteur. Son sommet, ou chapiteau, a environ six pieds, et est revêtu de longues branches feuillées, appelées palmes : elles ont plus de quinze pieds de long. Les feuilles qui les garnissent sont placées obliquement et alternativement, à-peu-près comme les barbes d'une plume. Elles ont une coudée de longueur et deux pouces de largeur ; elles sont pointues, ligneuses, et ressemblent à la lame d'un poignard, ou à la feuille d'un roseau. Les palmes qui les portent sont pour l'ordinaire au nombre de cent vingt, dont quatre-vingts sont inclinées et horizontales, et quarante perpendiculaires : de manière qu'elles forment, au sommet du palmier, une tête circulaire par son plan et conique par son élévation. Des aisselles des palmes supérieures, naissent de grosses enveloppes ou gaînes, appelées élatés, au nombre de huit ou neuf, très-fermes au-dehors, et très-polies au-dedans. Ces élatés s'entr'ouvrent, et il sort de chacun d'eux une grappe, ou régime de fleurs, qui se changent en fruits, lorsqu'elles ont été fécondées par les fleurs du palmier mâle. Ces fruits, appelés dattes, sont de la forme de la bouche, disposés deux à deux sur des cordons en zigzags; chaque grappe en porte près de deux cents, qui sont verts dans leur croissance, et dorés dans leur maturité. Ils sont d'un goût délicieux dans leur fraîcheur, et ils se conservent un an dans leur sécheresse : mais quoique très-nourrissants alors et pectoraux, leur goût diffère autant des premiers, que le goût des figues sèches diffère de celui des figues fraîches. Toutes ces grappes, de la grandeur d'un homme, chargées de leurs beaux fruits couleur d'or, pendent comme des lustres autour de la cime du palmier, surmontées de ses belles palmes verdoyantes, qui forment au-dessus d'elles un dais magnifique. Enfin la nature prévoyante a fortifié les bases des feuilles et des grappes du palmier, souvent agité des vents, par trois ou quatre espèces d'enveloppes à réseaux, fortes comme des brins de chanvre, et semblables à de grosses étoupes jaunes. Souvent des tourterelles font leurs nids dans les replis de ces enveloppes, comme dans ceux d'une draperie.

Je ne m'arrêterai pas ici aux productions du palmier, qui servent aux besoins journaliers d'une multitude de peuples. Les Arabes et les Indiens s'alimentent de ses fruits, emploient ses durs noyaux, après les avoir fait bouillir, à la nourriture de leurs chameaux ; font des vases avec ses élatés, des toiles avec sa bourre, la charpente de leurs maisons avec son tronc, et leurs toits avec ses feuilles. On peut lire les détails de ses usages, et de ceux du cocotier, dans les voyageurs, entre autres dans François Pyrard, qui n'a rien omis sur le palmier maritime; mais je parlerai des proportions du dattier, dont personne n'a rien dit que je sache. Si le cocotier a servi de modèle à l'architecture navale, par la forme carénée de ses fruits, le dattier en a servi à son tour à l'architecture terrestre.

J'observerai d'abord que la largeur de la tête du dattier est égale à la hauteur de sa tige sous les feuilles. La chose est évidente; car si vous prenez la largeur de sa tête, de l'extrémité d'une des palmes horizontales à celle qui lui est diamétralement opposée, vous aurez seize pieds pour chacune d'elles, et deux pieds pour l'épaisseur du tronc qui les porte; ce qui fait en tout un diamètre de trente-quatre pieds, égal à la hauteur de la tige sous les feuilles. Le couronnement de cette tige, formé par les palmes, a en élévation la moitié de son diamètre, c'est-à-dire environ dix-sept pieds; car les palmes en ont seize, et le chapiteau qui les porte en a six; ce qui ferait vingt-deux. Mais comme les palmes y sont rangées par étages, les inférieures, qui ont tout leur développement, ont seules seize pieds; tandis que celles du sommet, qui ne font que se développer, en ont tout au plus onze, qui, avec les six du chapiteau qu'elles terminent, font, en tout, dix-sept pieds d'élévation. Cette proportion est à-peu-près la même dans le bananier, dont les feuilles, de six pieds de longueur, couronnent une tige de douze pieds de hauteur. Mais, comme elles partent du même centre, elles ont un peu moins d'élévation à leur sommet. Ils ont, l'un et l'autre, une hauteur qui est une fois et demie leur largeur.

J'ai remarqué que cette proportion du palmier était la plus agréable de toutes, soit dans les berceaux et les avenues formés par des arbres, soit dans les salons. Elle produit, par son élévation, le sentiment de l'infini. C'est celle qu'affectait l'architecture gothique de nos temples, dont les voûtes élevées, supportées par des colonnes sveltes, présentaient, comme la cime des palmiers, une perspective aérienne et céleste qui nous remplit d'un sentiment religieux. L'architecture grecque, au contraire, malgré la régularité de ses ordres et la beauté de ses colonnes, offre souvent, dans ses voûtes, un aspect lourd et terrestre, parce qu'elles ne sont pas assez élevées par rapport à leur largeur.

Enfin, les proportions du palmier se retrouvent dans l'homme même, qui réunit en lui les plus belles de la nature ; car ses bras étendus ont une longueur égale à sa hauteur, et sa tête ombragée d'une chevelure flottante imite en quelque sorte la cime ondoyante de ce bel arbre.

Si le palmier, dans son ensemble, présente la plus belle des proportions pour l'élévation et la largeur des voûtes, il offre également dans sa tige le plus beau modèle des colonnes qui doivent les supporter. Les Grecs, qui ont voulu s'approprier l'invention de tous les arts libéraux, ont prétendu qu'ils avaient imaginé les ordres toscan, dorique, ionique et corinthien; qu'ils avaient pris les proportions de la colonne ionique et des volutes de son chapiteau d'après la taille et la coiffure d'une fille ionienne, et le chapiteau corinthien, d'après une plante d'acanthe sur laquelle on avait posé par hasard un panier. Mais, bien long-temps avant eux, la nature en avait offert les divers modèles, dans le palmier-dattier, aux peuples de l'Asie, comme on le voit encore dans les ruines de Persépolis à Chelmina, dont les colonnes ont des chapiteaux à feuilles de palmier. Quant aux volutes et proportions de la colonne ionique, il est certain qu'elles n'ont aucun rapport à la coiffure d'une fille, ni à sa taille, qui n'a jamais été tout d'une venue.

Je ne rejette point les harmonies des végétaux avec l'homme, et celles de l'homme avec les végétaux : au contraire, j'en recueille autant que je peux; je suis même persuadé qu'il en existe un très-grand nombre que je ne connais pas; mais je n'en veux admettre aucune qui soit douteuse. Il est possible qu'en comparant la hauteur d'une jeune fille avec la largeur de son visage, on trouve que dans l'enfance elle ait sept fois ce diamètre, huit fois dans l'adolescence, neuf fois dans la jeunesse, et dix fois dans l'âge mûr. Il est possible encore qu'on ait rapporté ces proportions à celles des différents ordres; car, comme on sait, c'est le rapport de la hauteur de la colonne à sa largeur qui les constitue. Mais il est sans vraisemblance que des Grecs, nés au sein de la liberté et du goût, aient donné à une poutre verticale destinée à porter des fardeaux, les proportions d'une jeune fille; qu'ils aient cru imiter sa taille en formant un cylindre, les plis de ses vêtements par des cannelures, et les contours de sa coiffure par des volutes. Il est évident, au contraire, que la tige du palmier a donné le premier modèle de la colonne, par son attitude perpendiculaire et l'égalité de ses diamètres; celui des tambours cylindriques, dans l'ordre toscan rustiqué, par ses anneaux circulaires et annuels; des cannelures du fût, par les crevasses verticales de son écorce, qui portent à sa racine l'eau des pluies qui tombent sur ses feuilles; des volutes du chapiteau ionique, par les premières sphères de ses élatés; du chapiteau corinthien, par le feuillage de ses palmes; des proportions des divers ordres, par la hauteur de son tronc à différents âges; enfin, de l'accouplement même des colonnes, par la manière dont les palmiers se groupent naturellement.

La tige du dattier d'abord semble faite pour porter un grand fardeau, à cause de sa large cime, sinon pesante par elle-même, qui le devient au moins par les secousses des vents auxquelles elle est exposée. Elle ne se plaît que le long des ruisseaux, dans les déserts orageux de l'Arabie, où les vents élèvent des tempêtes de sable, qui ensevelissent quelquefois des caravanes entières. Il en est de même des autres espèces de palmiers, qui aiment tous les climats exposés au vent, tels que le cocotier qui croît sur les écueils de la mer, le latanier sur ses rivages, et le palmiste au sommet des montagnes. C'est sans doute par cette raison, que les tiges de toutes ces espèces, si différentes en productions, sont composées d'un paquet de fibres plus fortes à leur extérieur que dans leur intérieur, et que les feuilles dont elles sont couronnées sont, non-seulement ligneuses, mais élastiques et filamenteuses comme des cordes. Le dattier, ainsi que les autres espèces de palmiers, a, dès sa naissance, un diamètre qui ne change point, à quelque hauteur que sa tige s'élève ; tandis que celui des troncs des arbres croît avec eux. Ce diamètre, invariable dans le dattier, a donc déjà un rapport très-marqué avec le diamètre ou module de la colonne, qui ne varie jamais, et qui sert à fixer les proportions de sa hauteur. La colonne a sept fois son diamètre dans l'ordre toscan, huit dans le dorique, neuf dans l'ionique, dix dans le corinthien. Ce sont, je le répète, les seuls rapports de sa hauteur à sa largeur qui constituent les différents ordres. C'est par cette raison que les habiles architectes les réduisent à quatre, et rejettent le composite, parce que ses proportions sont les mêmes que celles du corinthien. Quant à ce nombre de quatre, auquel ils fixent leurs ordres, ils disent que la colonne paraît trop grosse au-dessous de sept modules, et trop menue au-dessus de dix ; mais ils n'en donnent pas la raison. Pour moi, je sens bien comme eux, par rapport aux colonnes isolées ; mais comme je suis persuadé que la raison de nos sentiments est toujours dans la nature, je crois avoir indiqué celle des différentes proportions de la hauteur de la colonne à sa largeur, dans les quatre ordres, en les rapportant à celle de la hauteur de l'homme à la largeur de sa tête, dans les quatre périodes de son accroissement.

Au reste, nous les trouverons bien marquées dans les développements même du dattier. En le supposant planté de semence dans le terrain et le climat qui lui sont les plus favorables, il n'a guère moins de deux pieds de diamètre à sa naissance au sortir de la terre. Il est d'abord près de sept ans à se former dans le sein de sa mère, et à acquérir deux à trois pieds de hauteur. Son tronc alors paraît à peine, et ne porte guère qu'une grosse touffe ; mais il croît ensuite avec plus de rapidité. A huit ans, il sort, pour ainsi dire, de l'enfance : il peut avoir six pieds de haut, ou la hauteur d'un homme. Il prend successivement, huit pieds à neuf ans, dix pieds à dix ans, douze pieds à onze ans, quatorze pieds à douze, seize pieds à treize, dix-huit pieds à quatorze, époque à laquelle il laisse paraître ses premiers régimes, et où une jeune fille commence à être nubile ; vingt pieds à quinze ans, âge où il porte des fruits fécondés par le dattier mâle ; et où une jeune fille a acquis ses plus belles proportions, et est propre au mariage. Homère a bien senti ces convenances virginales et conjugales, lorsqu'il fait dire par Ulysse à la princesse Nausicaa qu'il aperçoit au bord de la mer : « L'enchantement que j'éprouve à votre aspect, n'est comparable qu'à celui que je ressentis en voyant, à Délos, ce jeune et magnifique palmier qui s'était élevé tout-à-coup auprès de l'autel d'Apollon. »

C'est à l'âge où le palmier se trouve dans la fleur de sa jeunesse, qu'il offre le plus beau modèle de la colonne. Alors ses belles palmes, toujours vertes, prennent chaque jour de l'accroissement, et, s'élevant vers les cieux, malgré les tempêtes, elles deviennent les symboles de la gloire et de l'immortalité. C'est à cette élévation que les tourterelles, rassurées, viennent déposer leurs nids dans ses draperies, et que les architectes corinthiens fixèrent les hauteurs des colonnes dont ils décorèrent les temples des dieux et de la déesse des amours.

Des Italiens, en voyant une vigne chargée de pampres et de raisins, former d'agréables spirales autour du tronc nu du palmier, crurent imiter ses graces en tordant la colonne elle-même; mais ils ne produisirent qu'un monstre sur le premier des autels de Rome : on corrompit la nature en s'écartant de ses lois.

Le dattier continue d'élever sa tige, dans sa simplicité majestueuse, jusqu'au-delà de quarante pieds de hauteur. Cette proportion svelte présente dans ses accouplements de nouvelles beautés à l'architecture gothique. Perrault en avait entrevu les effets, lorsqu'en accouplant deux à deux les colonnes du péristyle du Louvre, il leur donna un demi-module de plus. Il sentit que chaque couple ne faisant, pour ainsi dire, qu'un seul corps, il fallait ajouter à sa hauteur une partie de ce qu'il acquérait en largeur.

Quant à l'ordre le plus agréable dans lequel on doit grouper les colonnes, il est le même que celui dans lequel les dattiers croissent naturellement. En effet, les palmiers ont beaucoup d'agrément lorsqu'ils forment une longue perspective sur les bords d'un ruisseau sinueux comme leur régime, rangés deux à deux, l'un rentrant, l'autre saillant : il semble alors qu'on en voie une forêt. C'est le même point de vue que présente une double colonnade circulaire, ou un péristyle dans sa longueur. Cette série d'accouplements fraternels est un des grands charmes de celui du Louvre. Il a encore quelques rapports qui ajoutent à sa beauté : nous en parlerons aux harmonies fraternelles et conjugales.

Si le dattier donne à l'homme en société des fruits sucrés, onctueux et farineux, réunis à toutes les commodités et à la magnificence de l'ameublement et du logement, les autres espèces de palmiers les lui présentent en détail. Dans toutes les parties de la zone torride, le cocotier, qui croît sur tous les rivages de cette zone, renferme du lait et de l'huile dans ses gros cocos; et le palmiste, habitant des montagnes, un chou excellent dans son sommet. Le latanier lui présente des éventails sur ses rochers marins. Il a cela de particulier en Afrique, dont le dattier paraît originaire, qu'il donne aux noirs du vin, du vinaigre et du sucre dans sa sève. Dans les îles de l'Asie, le sagou contient dans son tronc épais une farine abondante, et l'arec un aromate dans ses noix. En Amérique, le palmier marécageux de l'Orénoque, pendant les débordements périodiques de ce grand fleuve, offre à ses habitants des fruits succulents, et des asyles dans son feuillage. Tous ensemble fournissent à des tribus entières, des subsistances, des vêtements, des toits, des meubles, des outils de toutes les sortes, des tablettes pour écrire, des câbles, des voiles, des mâts, des bateaux pour voguer d'île en île. Il y a plus de soixante-dix espèces connues de palmiers, mais un grand nombre ne le sont pas. Quoique toutes ensemble elles ne forment, par des caractères qui leur sont communs, qu'un genre primitif qui appartient à la zone torride, elles diffèrent tellement par leurs fleurs et leurs fruits, qu'on peut les regarder comme des genres secondaires, harmoniés, d'une part, avec les différents besoins de l'homme en société dans les divers sites torridiens, et de l'autre, répartis, par leurs variétés, aux diverses tribus d'animaux qui y sont répandus. En effet, il y a des palmiers que j'appellerai solaires, parce qu'ils croissent sous l'influence la plus active du soleil, au sein des sables brûlants de l'Afrique, tels que les dattiers. Il y a des palmiers de montagnes, et en quelque sorte aériens par la longueur de leurs flèches, qui s'élèvent bien au-dessus des forêts, tels que les palmistes, qui ont quelquefois plus de cent pieds de hauteur. Il y en a d'aquatiques, qui croissent dans les marais d'eau douce, comme ceux de l'Orénoque; ou dans ceux de la mer, comme les cocotiers; ou sur les rivages et jusque dans les rochers, comme les lataniers et les vacoa. Entre les tropiques, par-tout où il y a de l'eau, soit douce ou salée, soit apparente ou souterraine, soit stagnante ou courante, il y croît une espèce particulière de palmier assortie à quelque besoin de l'homme pour ce site-là, et qui, dans chacune de ses variétés, nourrit au moins une espèce particulière de quadrupède, d'oiseau et d'insecte. C'est par cette raison que la nature a donné aux animaux qui en sont les habitants naturels, tels que les singes, de fortes dents canines, et aux perroquets des becs courbés et pointus, faits comme des tenailles, et capables de rompre les noix de toutes les espèces de palmiers nucifères. Enfin, comme les tribus de ces animaux sont infiniment variées, il ne faut pas douter qu'elles ne soient en rapport avec celles des palmiers : de sorte qu'on peut dire qu'il n'y a pas une seule île dans l'Océan indien, qui n'ait son palmier particulier, comme elle a son singe et son perroquet.

La nature, non contente de suspendre, dans la zone torride, ses bienfaits à ces magnifiques végétaux, les a versés dans le sein des humbles graminées avec non moins de profusion. Elle a mis le sucre tout pur dans la sève d'un roseau, et la farine dans les gros épis encapuchonnés du maïs, et dans ceux du riz et du millet, qui sont divergents. Elle a étendu ensuite ces substances primitives dans les blés des zones tempérées, qui, par leurs diverses fermentations, donnent des aliments farineux et des boissons vineuses, spiritueuses et cordiales. L'orge croît jusqu'au sein de la zone glaciale. Ainsi, les plus mobiles des herbes sont les premiers supports de la vie humaine et de celle des animaux.

Non-seulement la nature a satisfait à tous les besoins des êtres sensibles avec des graminées, gladiolées, palmifères, arondinacées, jonchées; mais elle y a encore pourvu par des végétaux de divers genres, dont les prototypes humains sont aussi dans la zone torride. Nous mettons au premier rang les lianes : leurs tiges en spirales et armées de crochets s'harmonient parfaitement avec les troncs perpendiculaires et raboteux des palmiers ou des autres végétaux. Telles sont celles du betel avec l'arec, du poivrier avec la canne à sucre, de la vanille avec le cacaotier, de la liane à eau avec le palmiste, et de la liane à vin, ou vigne, qui, dans nos climats se mariant avec l'orme, trouve des supports dans ses branches et des tonneaux dans son tronc.

D'autres genres de végétaux forment les arbres proprement dits, et, avec d'autres combinaisons, pourvoient à tous les besoins de l'homme, suivant les divers sites qu'il occupe. La terre est une vaste table, où la nature sert à ses convives plusieurs services dans des palais de différentes architectures: Elle leur présente, sous l'équateur, des substances farineuses dans le fruit à pain du rima, et dans le pain-d'épice du courbari; des sucs rafraîchissants dans l'orange et le citron; des crêmes parfumées dans l'atte, le jacq et le durion; des melons dans la papaye; des confitures, des gelées et des conserves dans les litchis, les mangoustans, les rangoustans, les mangues, les abricots de Saint-Domingue; des fondans dans les corossols et les pommes d'acajou; des onctueux échauffants dans les amandes du badanier; des stomachiques dans le café et le cacao; des cordiaux dans les épiceries du cannellier, du muscadier, du giroflier, et du ravinsara qui en réunit toutes les saveurs. De tous ces arbres, il n'y en a pas un qui se ressemble par ses feuilles, ses fleurs, ses fruits, sa verdure et son attitude. Dans ce magnifique banquet, les buffets et la vaisselle sont variés comme les mets : je n'en nomme cependant que la plus petite partie. Il n'y a pas moins de prodigalité dans l'habitation de l'homme; c'est un palais garni de tous ses ameublements. Il trouve des urnes de toutes les grandeurs suspendues au calebassier; une citerne entière au sein des sables brûlants d'Afrique, dans le tronc caverneux du baobab; un parasol capable de couvrir la plus nombreuse famille, dans la feuille du tallipot; une laine blanche et légère, propre à ses vêtements et à son lit, dans les gousses du cotonnier; des appartements entiers de verdure, avec leurs cabinets, leurs salons, leurs galeries, sous les arcades du figuier des Banians ; une multitude de fruits agrestes dans ces arbres et dans leurs diverses espèces, pour captiver les animaux domestiques par des bienfaits qui ne lui coûtent rien ; et une foule d'arbres et d'arbrisseaux épineux, armés de poinçons, d'alênes, de lancettes, de hallebardes, pour servir de remparts à son habitation et en éloigner les animaux sauvages.

Ces mêmes prévoyances se présentent, avec d'autres combinaisons, dans les arbres des zones tempérées. La nature les proportionne à nos besoins suivant le cours des saisons. Dans les chaleurs ardentes de l'été, les tribus nombreuses de cerisiers, de pruniers, d'abricotiers, de pêchers, nous donnent des fruits rafraîchissants et fondants ; et celles des mûriers et des figuiers, des aliments sucrés et pectoraux. Toutes ces productions sont fugitives comme les beaux jours : mais lorsque le soleil s'éloigne de nous avec elles, elles sont remplacées par d'autres, qui sont stationnaires, et qui suppléent à son absence par leurs sucs réchauffants et nourriciers. Les poiriers et les pommiers nous présentent, vers la fin de l'été, leurs fruits vineux. Quand l'automne voile de ses brouillards froids l'astre de la lumière et de la chaleur, les chênes verts et les châtaigniers se hâtent de nous donner leurs glands farineux et substantiels ; les pistachiers, les oliviers, les amandiers, les noisetiers, les noyers, leurs huiles savoureuses; et les vignes, dans le jus fermenté de leurs grappes, les plus puissants des cordiaux. Les épiceries même apparaissent dans l'arbre de Winster, au détroit de Magellan; si toutefois on peut mettre dans la zone tempérée ce climat, désolé toute l'année par les vents, les brumes et les neiges. Enfin, les frênes, les tilleuls, les saules, les ormes, les hêtres, les chênes, et une foule d'arbres de divers genres, qui nous ont donné sous leurs charmants feuillages des abris contre les ardeurs de l'été, nous fournissent, dans leurs rameaux et leurs vastes flancs, des toits, des charpentes, des foyers contre les rigueurs de l'hiver.

Souvent les dons que la nature a suspendus aux arbres, sont déposés sur de simples herbes; soit que celles-ci soient des consonnances des genres arborescents, comme les graminées le sont des palmiers, et que la nature les ait destinées à croître sur des sols qui ont peu de profondeur ; soit plutôt qu'elles forment une seconde table de réserve, à l'abri des injures des éléments. En effet, un arbre est plusieurs années à donner ses premiers fruits, et quelquefois un âge d'homme à parvenir à sa dernière hauteur, tandis que l'herbe atteint à sa perfection dans le cours d'une année. Si l'un et l'autre sont détruits par des incendies ou des ouragans, il y a un intervalle immense entre leur reproduction. Il faut un siècle pour former une forêt, et un seul printemps pour faire croître une prairie. C'est sans doute par cette raison que la nature a quelquefois attaché sous terre, à de simples racines, des fruits qu'elle avait suspendus aux rameaux les plus élevés dans la région des tempêtes.

Quoique nous ayons observé que les espèces des herbes étaient plus nombreuses que celles des arbres dans les zones tempérées, leurs prototypes croissent dans la zone torride, où sont réunies toutes les richesses de la puissance végétale, ainsi que celles des autres puissances. On trouve des farineux sucrés dans la bulbe de la patate et de l'igname; des épiceries dans les pates du gingembre; des huiles dans les capsules souterraines de la fausse pistache, remplies d'amandes très-savoureuses lorsqu'elles sont grillées. Ces mêmes substances se montrent en évidence dans les aromates des graines du cardamome et de l'anis, dans les semences farineuses et huileuses d'une multitude d'herbes à fleurs papilionacées et cruciées. Les teintures bleues se manifestent dans la couleur glauque de l'herbe de l'indigo; on peut trouver encore des vases dans les cucurbitées, des retraites et des habitations dans quantité d'herbes sarmenteuses; des haies et des remparts dans les épines des tribus nombreuses des nopals, des raquettes, des aloès, des cactus, qui forment des forêts dans le

Mexique. Ce genre épineux de végétaux, aussi étendu que celui des palmiers, semble appartenir aux arbres par son élévation; il s'élance à des hauteurs prodigieuses, et végète pendant des siècles. Mais comme il est dépourvu de branches, qu'il n'a que des fils et des pulpes dans ses tiges, et qu'il croît sur les sols les moins profonds, nous le plaçons au rang des herbes. Lui seul pourrait suffire aux principaux besoins de l'homme; car il lui donne des espèces de figues dans les pommes de raquettes, un fruit délicieux dans l'ananas, qui semble être une espèce d'aloès, et des fils de pite très-forts dans les feuilles de l'aloès de la grande espèce. Ce genre est très-répandu dans l'Amérique.

Nous retrouverons quelques productions des arbres torridiens, dans les herbes annuelles et bisannuelles de nos climats. Le goût du fruit de l'arbre à pain se retrouve dans celui du cul d'artichaut; le melon du papayer et la courge du calebassier rampent sur les couches de nos jardins; la pulpe fondante et parfumée du corossol reparaît dans la fraise qui tapisse nos bois, et celle du litchi dans le framboisier. Les saveurs aromatiques des épiceries se font sentir dans nos piments, nos sarriettes, nos thyms, nos basilics. Mais qui pourrait nombrer les substances farineuses des pommes de terre, aphrodisiaques de la truffe, alcalines de l'ognon, sucrées et pulpeuses des carottes et des betteraves, huileuses du colza; et toutes les herbes qui servent à nos aliments, à nos vêtements et à notre industrie, comme les légumineuses, les chanvres, les lins, les garances, les chardons même épineux et les orties piquantes? Il semble que l'Abondance a épuisé une de ses cornes dans nos jardins et dans nos campagnes.

Cependant, il ne faut pas s'imaginer que les contrées boréales soient dépourvues de végétaux. J'ai vu croître en Finlande, au-delà du soixante et unième degré de latitude, plusieurs plantes légumineuses et potagères de nos climats, telles que les choux et les pois. J'y ai même vu cultiver le tabac, et le cerisier y porter des fruits. On y récolte l'avoine et l'orge. Il n'est pas douteux qu'un grand nombre de nos plantes annuelles pourraient y venir à l'abri et dans les reflets de ses roches. Nos climats s'enrichiraient à leur tour des végétaux qui leur sont indigènes, entre autres, du chou-rave d'Archangel, dont la pomme solide, colorée en dehors des plus vives teintures de la pourpre et du vermillon, renferme au dedans la saveur de l'artichaut. Plusieurs arbrisseaux et arbres même de nos montagnes y perfectionnent leurs qualités. Le genévrier aromatique y parvient à plus de douze pieds de hauteur : ses rameaux hérissés de feuilles piquantes, et ses grains noirs glacés d'azur, contrastent de la manière la plus agréable avec le sorbier au large feuillage et aux grappes écarlates. Tous deux conservent leurs fruits au sein des neiges, et dans les plus grandes rigueurs de l'hiver; et ils offrent à l'homme, par leur harmonie, le premier, dans l'aromate de ses grains, le second, dans le jus de ses baies, une eau-de-vie qui est un puissant et salutaire cordial. Les bois y sont tapissés de fraisiers. On croit y reconnaître le fruit de la vigne dans la baie bleue et vineuse du mirtille, et celui du mûrier dans celle blanche et pourpre du kloukva, qui rampe au pied des roches, au sein d'un feuillage du plus beau vert. Si ces baies n'égalent pas en qualité celles dont elles imitent les formes et les couleurs, elles les surpassent en durée; car, lorsque l'hiver les a frappées de froid et ensevelies sous les neiges, elles s'y conservent jusqu'au printemps avec toute leur fraîcheur.

Si nos arbres fruitiers semblent expirer vers le Nord, ceux de ses forêts y prennent une nouvelle vigueur. La puissance végétale s'y montre à-la-fois dans une jeunesse toujours verdoyante, et dans la sombre majesté de l'âge avancé. Toutes les tribus des peupliers, dont le vaste bouleau paraît le chef, y contrastent avec celles des pins et des sapins, dont le cèdre est le prototype. Les premiers, à la cime étendue, au feuillage ondoyant, exhalent en été les parfums de la rose, et fournissent des eaux sucrées, du papier, des chaussures, des vases, des tonneaux, des nacelles imperméables à l'humidité. Les seconds donnent en hiver des fruits huileux, des flambeaux odorants dans leurs branches résineuses, des matelas dans les longues mousses qui en pendent jusqu'à terre, et nous offrent des toits sous leurs hautes pyramides. Si le palmier des zones torrides a sa tête en parasol hémisphérique pour donner de l'ombre, des palmes ligneuses pour résister aux vents, une tige nue pour donner passage à l'air si nécessaire dans les pays chauds; le sapin, au contraire, a des branches qui se relèvent par leurs extrémités, et laissent tomber leurs folioles à droite et à gauche, en forme de toit, pour faire glisser la neige. Il porte les plus basses à deux fois la hauteur de l'homme, pour lui faciliter le passage dans les forêts; mais il les élève quelquefois à plus de cent pieds, et les neiges forment autour de sa circonférence, un rempart contre l'âpreté de l'atmosphère. Le sapin du nord est vert ainsi que le palmier du midi. Si le sapin avait une cime large et touffue comme le palmier, il serait accablé par le poids des neiges, qui y séjourneraient; si le palmier portait la sienne en pyramide de feuilles comme le sapin, il serait renversé par la violence des ouragans, si terribles dans la zone torride. Cependant il y a des arbres dans cette zone, dont la forme est pyramidale, tels que le badanier; et il en est dans la zone glaciale, dont la cime est hémisphérique, comme le pin nautique; mais les étages du badanier sont évidés et assez semblables à ceux d'un roi d'échecs, et la cime du pin est à jour, et n'est formée à sa base que de branches nues, disposées en parasol. Ainsi la nature a proportionné les feuillages et le port des arbres aux contrées où ils devaient croître.

Nous avons vu que les peuples du Midi avaient trouvé les proportions et les ornements de leur architecture dans les palmiers : ceux du Nord en pourraient trouver une plus convenable à leur climat, dans les sapins; elle ne manquerait pas d'agréments. Si le tronc du palmier a fourni aux premiers de hautes colonnes d'un diamètre égal, celui du sapin en donnerait aux seconds d'un diamètre qui irait toujours en diminuant de bas en haut, et augmenterait leur élévation par la perspective. Si les architectes grecs ont orné de palmes le chapiteau corinthien, s'ils y ont ajouté quelquefois les toiles à réseau de leurs bases, et les nids qu'y forment les colombes; les architectes du Nord pourraient couronner de même leur colonne de sapin de ses propres rameaux, les garnir de leurs mousses naturelles, et y figurer les écureuils qui les habitent, avec leurs queues relevées en forme de plumet sur leurs têtes. Si la colombe est le plus aimable des oiseaux, l'écureuil est le plus agréable des quadrupèdes.

Le Nord aurait donc un ordre d'architecture à lui, puisque c'est le rapport de la hauteur de la colonne à sa largeur qui le constitue. C'est par cette raison que les habiles gens rejettent l'ordre composite, parce que sa colonne a les mêmes proportions que le corinthien. L'ordre septentrional, au contraire, varierait celles de sa colonne dans chacun de ses diamètres, suivant l'angle déterminé par la nature dans la diminution du tronc des sapins : j'en ignore la valeur, qui, ce me semble, est facile à connaître, si, comme je le crois, il est invariable. J'appellerais cet ordre conique ou pyramidal, comme on pourrait appeler cylindriques les quatre ordres grecs, d'après les formes de leurs colonnes; mais j'aime mieux trouver les choses que d'en chercher les noms, car la nature est très-abondante, et la langue stérile.

Au lieu de disposer ces colonnes en longs péristyles, comme celles des Grecs, sans doute d'après l'ordre où sont rangées les dattes sur les grappes du palmier; je les grouperais en rotondes coniques, dans le même ordre où les semences du sapin sont rangées dans leur cône. Pour cet effet, je donnerais une élévation progressive aux colonnes du centre de la rotonde ; ce qui en augmenterait l'étendue en perspective, par celles de la circonférence, qui seraient plus courtes et d'un moindre diamètre. Si le péristyle est favorable à la fraîcheur dans les pays chauds, parce qu'il offre une libre circulation ; la rotonde conique ne l'est pas moins à la chaleur dans les pays froids, parce qu'elle la concentre au dedans, et qu'elle arrête le cours du vent au dehors. L'intérieur et l'extérieur de sa voûte figureraient les mailles et la forme ovoïde, si agréable, de la pomme de pin. Les neiges y trouveraient une pente facile, et ne s'y arrêteraient pas, comme sur les toits plats de Pétersbourg, où l'on a adopté l'architecture méridionale, si peu convenable aux pays froids.

Les Grecs avaient entrevu les beautés qui pouvaient résulter des proportions et des productions du sapin, puisqu'ils les avaient ajoutées à la colonne imitée du palmier. Ils diminuaient le diamètre de celle-ci aux deux tiers de sa hauteur, afin d'accroître sans doute son élévation en perspective. Ils employaient fréquemment la pomme de pin pour ornement dans leur architecture, et sur-tout sur les tombeaux; ils donnaient même à leur rotonde la forme elliptique ou de cône, si agréable. Les Égyptiens adoptèrent la forme entière du sapin dans leurs pyramides et leurs obélisques. Quant aux Chinois, depuis long-temps ils donnent à leurs riches pavillons des troncs de sapin pour colonnes, et à leurs toits la forme d'un de ses rameaux, relevés aux extrémités. Dans leurs jardins, ils ornent l'entrée de leurs grottes, de cet arbre majestueux, dont la verdure est éternelle; et ils le regardent comme le symbole de l'immortalité.

C'est sous les ombrages de ce bel arbre, dans son atmosphère odorante et aux doux murmures de ses rameaux, que j'ai passé, dans la solitaire Finlande, des moments paisibles, souvent regrettés. Mes yeux se promenaient avec délices sur les sommets arrondis de ces collines de granit pourpré, entourées de ceintures de mousses du plus beau vert, et émaillées de champignons de toutes les couleurs. Ces productions spontanées fournissent des mets exquis à ses habitants, dont rien n'égale l'innocence et l'hospitalité. Elles s'étendent vers le nord, bien au-delà de la région des sapins. Les mousses croissent sur les rochers les plus arides, et nulle part on n'en trouve en si grande abondance et d'espèces si variées, que dans les contrées les plus septentrionales. J'entrais jusqu'aux genoux dans celles qui tapissent le sol des forêts de la Russie; tandis que je n'ai trouvé que des lianes rampantes sur celui des bois de l'Ile-de-France. Il y a en Laponie plusieurs espèces de mousses comestibles, farineuses, sucrées, parfumées. La nature a mis dans ces climats un animal à cornes ramifiées, qui en tourne les substances aux principaux besoins de l'homme. Le renne moussivore offre au Lapon, dans ses quatre mamelles, un lait plus épais que celui de la vache; dans sa toison, une fourrure plus chaude que celle de la brebis; et dans sa course, un service plus rapide que celui du cheval. Il y a, de plus, dans les lacs de la Laponie, une multitude d'oiseaux aquatiques et de poissons. J'ai vu dans ceux de la Finlande, qui en font partie, des quantités prodigieuses de canards et d'oies sauvages. Au printemps, l'air est rempli de ces oiseaux, ainsi que de bécasses et de cygnes qui vont faire leurs nids dans ces parages, et qui retournent, aux approches de l'hiver, vers des climats plus méridionaux.

Que dis-je! au-delà de ces rivages, où toute végétation terrestre disparaît, des algues innombrables et de toutes sortes de formes sortent du fond des mers. Ces plantes pélagiennes peuvent, sans doute, fournir quelques subsistances à l'homme. Les Japonais savent tirer des aliments de celles de leurs îles. C'est dans les mers voisines des pôles, que des navigateurs ont pêché le fucus giganteus, qui a plus de deux cents pieds de longueur. Les rivages du Groënland, du Spitzberg et de la Nouvelle-Zemble, sont tapissés d'herbes marines, où viennent s'échouer, comme sur des litières, les chevaux et les lions marins; semblables, par la mollesse et l'abondance de leur graisse, à des outres pleines d'huile. C'est dans les flancs de ces amphibies, que les Lapons et les Samoïèdes puisent les provisions de leurs lampes et de leurs foyers. Il en est parmi eux d'assez hardis, pour aller les chercher au sein des mers et des glaces marines. C'est là qu'un simple pêcheur, dans un petit canot qu'il peut porter sur ses épaules, ose harponner l'énorme baleine, longue comme un vaisseau de guerre. En vain, dans sa douleur, elle bouleverse la mer de sa large queue et de ses grands ailerons; en vain elle se réfugie dans les rochers flottants de glaces, qu'elle rougit de son sang : il vogue à sa suite, attaché à elle par une simple ligne; et lorsqu'elle a perdu ses forces, il la remorque après lui, et l'amène sur le rivage, aux applaudissements de tous ses compatriotes. Ils trouvent des aliments dans sa chair, des huiles délicieuses à leur palais dans sa graisse, la matière de leurs foyers dans ses crottons, des vêtements dans ses intestins, la charpente de leurs canots dans ses fanons, et celle de leurs toits dans ses grands os. Le harponneur lapon, plus audacieux que tous les héros de l'antiquité, seul, au sein du plus terrible des climats et des éléments, d'un coup de trait perce un colosse formidable, et procure l'abondance à toute sa tribu.

Mais c'est la nature seule qui est digne de nos louanges et de notre admiration. C'est elle qui a fait vivre le plus grand des animaux aux lieux où expire la puissance végétale, et qui a renfermé sous le cuir de la baleine tout ce qui était nécessaire aux besoins de l'homme, afin qu'il n'y eût pas sur le globe un point où un être intelligent et sensible ne pût jouir de ses harmonies. Le Groënlandais, arraché par l'avare et dur navigateur à son climat qui nous paraît affreux, devenu un objet de curiosité à la cour des rois, soupire, sous leurs lambris dorés, après les campagnes de neige, les montagnes de glace et les aurores boréales de sa patrie : et s'il entend par hasard les cris d'un nourrisson dans les bras de sa mère, il lève vers le ciel des yeux baignés de larmes, au souvenir de sa compagne fidèle et de ses chers enfants, qui l'appellent en vain sur les rivages brumeux et retentissants de son île fortunée.

Ce ne sont donc pas seulement les harmonies physiques qui nous attachent à la vie; les morales nous y lient bien davantage, en nous élevant vers les cieux. Ce sont elles qui donnent tant de charmes aux jouissances physiques, en se confondant avec elles. Elles ordonnent et elles assemblent toutes les harmonies des diverses puissances ; et leur effet est si sensible, que les botanistes, qui n'ont point aperçu les rapports élémentaires, animaux et humains de la puissance végétale, en ont caractérisé les genres par des rapports moraux, comme nous l'allons voir.

Nous avons vu que l'harmonie fraternelle se manifestait dans chaque végétal par ses feuilles;

ses fleurs, et ses semences, divisées pour l'ordinaire en deux parties égales, afin qu'elles pussent s'entr'aider. Elle reparaît encore dans les agrégations de ses rejetons ou de ses plants, dont elle forme des touffes ou des bocages. Enfin elle se montre dans ses espèces diverses, qui ne sont que des consonnances et, pour ainsi dire, des fraternités du même genre. Mais les genres aussi s'unissent entre eux par leurs contrastes même ; et c'est leur harmonie qui donne tant de charmes aux paysages. Dans la zone torride, un grand nombre d'arbres ont leur tronc perpendiculaire, et dépouillé de branches à leur partie inférieure et presque jusqu'à leur sommet, afin de n'être pas trop en prise aux ouragans. D'un autre côté, il y a une très-grande variété de lianes grimpantes, qui revêtissent de leurs feuillages les tiges nues des arbres. Les unes et les autres forment les plus charmants contrastes ; car, feuilles, fleurs, fruits, attitudes, n'ont rien qui se ressemble. Je suis porté à croire que chaque genre d'arbre a son genre de lianes. Nous avons déjà dit qu'aux Indes, la plante sarmenteuse du betel tournait en spirale autour du palmier-aréc ; mais ce qu'il y a de particulier, c'est que la feuille du betel et la noix de l'aréc produisent, par leur mélange, une saveur très-agréable aux Indiens. Ils en font un mâchicatoire dont ils usent sans cesse. Il en est de même de la canne à sucre et de la liane du poivre, qu'ils groupent souvent ensemble, et dont ils aiment également à mêler les saveurs. Les Indiens occidentaux retrouvent ces harmonies dans le cacaotier et la vanille.

Mais la terre est couverte de genres de végétaux fraternisants. En Italie, la vigne et l'orme ; dans nos campagnes, les blés et les légumineuses ; dans nos prairies, les graminées et les trèfles ; sur les bords de nos rivières, les saules argentés et les aunes au vert sombre ; au sein des ondes, les roseaux perpendiculaires et les nymphœa aux feuilles horizontales ; dans nos forêts, les chênes et les châtaigniers ; dans celles du nord, les sapins pyramidaux et les bouleaux à la large cime ; sur les rochers de la Finlande, les champignons et les mousses ; enfin sur ceux même du stérile Spitzberg, le cochléaria vert et l'oseille rouge ; et une infinité d'autres, forment, jusqu'au fond des mers, par la fraternité de leurs genres, la plus agréable et sans doute la plus utile des harmonies végétales. Linnæus l'avait entrevue, lorsqu'il a donné le nom d'adelphie ou de fraternité à l'assemblage des anthères dans les fleurs ; mais il aurait dû l'étendre à celui des fleurs mêmes, des familles, des espèces et des genres, puisqu'elle y est encore plus apparente. Il n'a fait qu'une application particulière d'une loi générale. Ce que j'en dis n'est pas pour diminuer son mérite. La gloire d'une découverte appartient plus à celui qui aperçoit en mer la première pointe d'une île inconnue, qu'à celui qui en achève le tour. Pour moi, j'en côtoie seulement çà et là quelques rivages.

L'harmonie conjugale des genres est encore plus caractérisée que l'harmonie fraternelle, dans la puissance végétale, et n'en a pas moins été long-temps méconnue. On sait aujourd'hui qu'elle divise les végétaux, ainsi que les animaux, en deux grands genres, masculin et féminin, réunis à la vérité pour la plupart dans le même individu, et souvent dans la même fleur. Les pommiers, les pêchers, les pruniers, les vignes, les légumineuses, les graminées, et beaucoup d'autres, offrent dans leurs fleurs la réunion parfaite des deux sexes. Les cucurbitées, les noisetiers, les châtaigniers, etc., en présentent la division sur les rameaux du même individu; enfin les palmiers-dattiers, les lataniers, les papayers, et dans nos climats les pistachiers, les ormes, les chanvres, les lychnis, en montrent la séparation totale sur des tiges isolées, et souvent fort éloignées les unes des autres. Il est aisé de sentir pourquoi la nature a réuni les deux sexes d'un végétal dans sa fleur. On voit que, n'étant pas susceptibles de déplacement, et privés d'ailleurs d'intelligence, ils ne pouvaient ni se chercher ni se rapprocher. Quant aux sexes qui sont séparés sur les branches du même végétal, ou qui sont même tout-à-fait isolés, j'avoue que j'en ignore la raison. Elle existe sans doute, et elle doit être très-curieuse à découvrir. L'exception d'une loi générale est souvent, dans la nature, le fondement d'une loi nouvelle. Quoi qu'il en soit, la fécondation des plantes qui se conjuguent de loin, n'est pas moins assurée que celle des sexes qui se conjuguent au sein des mêmes pétales. Ce sont les courants de l'air qui en sont les intermédiaires, comme ceux des eaux le sont du frai des poissons : ils portent le pollen des mâles aux stigmates des femelles, et en fécondent les ovaires. Au défaut des zéphyrs, plus inconstants que les ondes, les insectes ailés, et sur-tout les mouches garnies de poils, se chargent de cette poussière fécondante, en picorant les glandes nectarées des fleurs mâles, et vont les déposer au loin, au sein des fleurs femelles. Souvent l'abeille sans sexe est involontairement la médiatrice de leurs amours. Au reste, malgré tant d'intrigues, les caractères conjugaux des genres sont inaltérables. On voit quelquefois des espèces métisses résulter d'espèces différentes. On cultive dans nos jardins l'abricot-pêche et la prune-abricotée ; mais jamais on n'a vu dans nos forêts le chêne, voisin du châtaignier, porter des marrons ; ni l'orme, le soutien de la vigne, des raisins. Linnæus a senti toute l'étendue de l'harmonie conjugale des végétaux, et il en a tiré les caractères principaux de son système botanique, divisé en vingt-quatre classes. Il détermine les treize premières par le nombre des étamines, ou parties mâles, qu'il appelle *andrie*, du mot grec ἀνήρ, ἀνδρός, qui signifie mari. Telle est la classe de la monandrie, ou des fleurs qui n'ont qu'un mari ; celle de la diandrie, ou de deux maris ; de la triandrie, ou de trois maris, etc., ainsi jusqu'à la treizième, qu'il appelle polyandrie, parce que ses fleurs renferment un grand nombre d'étamines. Il rapporte ensuite ses quatorzième et quinzième classes à la dynamie ou puissance génératrice, qui appartient aussi à l'harmonie conjugale, à moins qu'on ne veuille l'attribuer à l'harmonie maternelle, qui en est le résultat. Les seizième, dix-septième et dix-huitième sont comprises dans l'adelphie, ou fraternité; mais comme il n'applique cette harmonie qu'à l'agrégation des étamines, ou des maris, on sent qu'elle est encore du ressort de la conjugale. Il en est de même de la dix-neuvième classe, qu'il nomme syngénésie, qui veut dire *cum gigno*, j'engendre avec, parce que les parties mâles sont jointes ensemble ; ainsi que de la vingtième, qu'il appelle gynandrie, de γυνή, femme, et d'ἀνδρός, mari, de la réunion des parties mâles aux femelles. Il donne à la vingt et unième et à la vingt-deuxième le nom commun d'*œcie*, de οἰκία, maison ; et il les divise en monœcie et en diœcie, parce que les mâles y sont sur un seul et même pied dans la première, et sur des pieds différents dans la seconde. Il fait de la vingt-troisième une polygamie, de πολὺς, plusieurs, et de γάμος, noces, parce que les mâles et les femelles y sont réunis dans les mêmes fleurs. Enfin la vingt-quatrième classe est la cryptogamie, de κρύπτω, je cache, γάμος, les noces, parce que la génération s'y fait d'une manière cachée. On voit donc que Linnæus a rapporté toutes ses classes, sans exception, à l'harmonie conjugale et à ses diverses modifications.

L'harmonie maternelle des genres se retrouve dans les fruits ou les semences. Elle caractérise la prévoyance de la nature pour leur conservation, leur transport et leur développement. Ils sont revêtus de balles, comme les grains des graminées; de capsules, comme ceux des légumineuses; de cuir, comme les pepins; de coques pierreuses, comme les noyaux; d'étoupes solides ou cuirs, comme les cocos; de brou et de coques ligneuses, comme les noix; de cuirs et d'enveloppes épineuses, comme les châtaignes, etc. Les uns sont armés d'aigrettes, ou de volants, pour traverser les airs et se ressemer sur toutes les hauteurs, depuis celle d'une taupinière jusqu'à celle du mont Liban : telles sont les semences du pissenlit et du cèdre. D'autres sont renfermés dans des espèces de bateaux, pour voguer et se replanter le long des ruisseaux, des rivières, et des rivages de la mer, tels que la noisette, la noix et le coco. Quelques fruits, au lieu d'avoir leurs formes carénées, les ont arrondies, afin de s'éloigner, en roulant, de la tige maternelle, et de pouvoir se reproduire sans obstacle : telles sont les pommes, les oranges, etc.; mais la plupart de ces rapports sont en quelque sorte élémentaires, quoique établis par une Providence très-attentive à la reproduction de ses ouvrages. Il en est encore de plus maternels, ce sont les cotylédons. Le cotylédon est la feuille nourricière de l'embryon ; c'est la mamelle de la jeune plante. Elle ne reste point attachée au sein maternel, comme dans les animaux : elle accompagne le fœtus, et émigre avec lui. Les graminées et les palmiers n'ont qu'un cotylédon dans leurs semences, qui, pour cette raison, s'appellent monocotylédones; celles des légumineuses en ont deux, et se nomment dicotylédones; d'autres en ont plusieurs, et sont appelées polycotylédones; d'autres n'en ont point du tout, et sont dites acotylédones : telles sont celles des mousses, des champignons et de tous les cryptogames. Peut-être peut-on ranger dans ce dernier genre les aloès vivipares, et les rapporter à celui des champignons, comme les palmiers monocotylédons aux graminées. Quoi qu'il en soit, ces caractères maternels des cotylédons ont fourni aux célèbres botanistes Ray, Haller et Jussieu, la première et principale division de leurs systèmes. Tournefort en a tiré d'autres des fruits mêmes. On peut concevoir encore d'autres harmonies maternelles dans la protection que des genres robustes donnent à des genres faibles, qui, par leurs disproportions, ne peuvent se rapporter aux fraternelles et aux conjugales. Telles sont celles des buissons épineux avec les violettes qui croissent à leur abri, comme si elles craignaient d'être foulées aux pieds. Telles sont encore celles des grands arbres avec les herbes, sur-tout avec celles appelées improprement parasites. J'ai remarqué, dans mes Études, que chaque arbre avait son espèce particulière de champignon. Celui de l'aune, arbre des fleuves, ressemble à un coquillage; les vieux troncs des peupliers portent souvent des touffes de scolopendre; ceux des pommiers, le gui aux perles argentées. Chaque arbre a aussi sa mousse. Le chêne donne souvent des supports au chèvrefeuille, au lierre et à plusieurs autres plantes rampantes. Ce sont ces harmonies maternelles du genre le plus fort au plus faible, et du plus élevé au plus humble, qui répandent tant de charmes dans nos antiques forêts.

L'harmonie spécifiante des genres est celle qui produit des genres secondaires, qui diffèrent des espèces proprement dites : ainsi, par exemple, le genre primitif des graminées donne les genres secondaires des joncs, des glaïeuls, des roseaux, des palmiers. Ceux-ci, à leur tour, produisent des espèces diverses, telles que les joncs de montagnes creusés en gouttières, et ceux des marais, qui sont pleins; les glaïeuls, les iris, les balisiers, les bananiers, les roseaux, les typha, les bambous, les palmiers, les dattiers, les cocotiers, etc. Les espèces donnent des variétés primitives et secondaires. Chacun de ces genres, chacune de ces espèces et de ces variétés, peut se classer de la manière la plus exacte, en fixant d'abord son prototype à un des besoins de l'homme, et ses dérivés à ceux des animaux, et en les rapportant ensuite à chacune des harmonies, physique et morale. C'est ainsi que Linnæus rapporte au genre des pruniers, non-seulement les pruniers proprement dits; mais les pêchers, les abricotiers, et je crois même aussi, les cerisiers. Ce qu'il y a de certain, c'est que Jean-Jacques m'a fait observer, au bas des feuilles de tous les fruits à noyau, deux petits tubercules, qui les caractérisent; ils diffèrent cependant essentiellement les uns des autres par leurs couleurs, leurs formes, leurs parfums, leurs saveurs, leurs qualités. On ne peut en établir les différences que par les moyens harmoniques que j'ai indiqués. Au reste, il n'y a point de genre primitif qui n'ait ses dérivés en grand nombre, et qui ne les étende dans tous les sites, depuis la Ligne jusqu'aux pôles, pour les besoins de l'homme et de tous les animaux. Je conçois donc, comme je l'ai déjà dit, que le seul genre des graminées suffirait pour revêtir magnifiquement tous les théâtres de la végétation sur le globe, et y offrir des aliments, des boissons, des vêtements, des litières, des toits, des foyers, des pelouses et des bocages.

L'harmonie générique des genres dans la puissance végétale, est celle qui résulte des contrastes de ses genres primitifs. Nous avons vu que le mot de genre vient d'engendrer. Le genre est donc une création primitive, qui renferme une génération d'espèces harmoniées aux divers besoins des animaux, et dont le prototype se rapporte à un des besoins principaux de l'homme. L'homme étant lui-même un être harmonique, ses besoins viennent d'excès ou de défaut dans chacun de ses tempéraments. Ainsi, par exemple, dans les pays méridionaux, tantôt le sang est trop échauffé, tantôt il ne l'est pas assez : la nature a placé, d'une part, les fruits rafraîchissants et acides, comme les oranges et les citrons, et, d'une autre part, les échauffants, comme les sucrés et les aromatiques. On compose de leurs jus différents des sorbets délicieux. Les végétaux qui les produisent contrastent, comme leurs qualités, en feuillages, en fleurs, en fruits et en attitudes. Nous avons entrevu ces harmonies dans les palmiers et les lianes, les bouleaux et les sapins, les graminées et les légumineuses, et jusque dans les mousses et les champignons du Nord. Il y en a un grand nombre d'autres qui n'ont pas été observées, quoiqu'elles soient sous nos yeux. On peut assurer que toutes les fois que nous éprouvons un sentiment extraordinaire de plaisir, à la vue d'une touffe de plantes diverses ou d'un bosquet d'arbres différents, il y a harmonie de genres. On en peut conclure que la même harmonie qui est dans leurs formes opposées, existe aussi dans leurs productions, de manière qu'il résulte de leur union, ou un aliment salutaire, ou un parfum agréable, ou une riche teinture. C'est ainsi que le cochléaria aux feuilles arrondies en cuiller, et l'oseille rouge aux feuilles pointues, qui croissent ensemble sur les rivages brumeux du Spitzberg, fournissent aux marins, par leur mélange, le plus puissant des antiscorbutiques. Quelle jeune fille n'a pris plaisir, au printemps, à former un bouquet de primevères éclatantes et de sombres violettes qui croissent, le long des bois, dans les mêmes touffes ? Leurs doux parfums s'harmonient comme leurs couleurs et leurs formes. C'est sans doute avec des fleurs contrastantes, que Glycère composait ces charmantes guirlandes qui immortalisèrent les tableaux de son amant. Ces harmonies de genres se rencontrent fréquemment dans nos prairies, où se confondent les amourettes ondoyantes avec les trèfles empourprés ; les paquerettes, les orchis, les scabieuses au bleu mourant, et les adonis, ainsi appelés peut-être, parce que leurs petites fleurs ovales, fugitives, et d'un rouge vif, sont semblables aux gouttes de sang que versa sur l'herbe le beau favori de Vénus. Le bluet et le coquelicot produisent ensemble une teinte pourpre dans le jaune doré de nos moissons. Ces harmonies se montrent de toutes parts sur les lisières des forêts et autour de leurs clairières, dans les rubus et les épines blanches, les cornouillers et les genêts dorés, et dans une multitude de buissons qui entremêlent leurs rameaux. Elles décorent les ravins, les précipices, les bords des eaux, les rochers, et toutes les aspérités de la terre. Mais elles s'élèvent vers les cieux avec les hautes tiges harmoniées des frênes et des ormes, des pommiers sauvages et des châtaigniers, des peupliers et des sapins, des hêtres et des chênes. Rien n'égale la paix, la grace et la magnificence de ces retraites. On n'y entend que les doux murmures des vents, et les chants des oiseaux. Ici, de vastes pelouses invitent aux danses les bergères ; là, de longues galeries, de sombres portiques appellent aux douces rêveries les amants, les poëtes et les philosophes. Ici et là, des temples majestueux de verdure, élevés par les siècles sur des troncs couverts de mousse, dominent au-dessus de la forêt. Chaque arbre a son expression, et chaque groupe son concert. Des sentiments confus d'amour et de respect, de gaieté et de protection, de volupté et de mélancolie religieuse, semblent sortir de leurs flancs, et se succèdent tour-à-tour dans le cœur de tout être qui a aimé et souffert. Ces harmonies varient avec celles du soleil : elles sont autres à son aurore, à son midi, à son couchant. Elles diffèrent encore plus aux clartés silencieuses de la lune. Elles se manifestent cependant au sein même des nuits les plus obscures, lorsque les feuillages des arbres se confondent avec les constellations, et que leurs rameaux semblent porter des étoiles. Mais ce ne sont là que les harmonies d'un coin de terre, aperçues par un seul homme. Chaque site a les siennes qui lui sont propres, et les sites eux-mêmes sont variés comme elles dans toute la sphéricité du globe.

L'harmonie sphérique des genres, dans la puissance végétale, s'étend depuis l'équateur jusqu'aux pôles, et depuis le sommet des plus hautes montagnes jusqu'au fond des mers. Ce sont les harmonies de tous les genres, de toutes les espèces et de toutes les variétés. Aucun œil humain n'en a vu l'ensemble ; mais quelques voyageurs en ont entrevu des portions, et nous en ont donné des esquisses pleines d'intérêt. Le marin Dampier, et son compatriote Cook qui a marché sur ses traces, nous en ont présenté quelques-unes de ravissantes, quoique prises au hasard sur les simples rivages de quelques îles désertes. Elles font le charme de leurs relations. Ces harmonies sont répandues dans l'intérieur de tous les continents, lorsqu'elles n'ont pas été altérées par la main des hommes. Pagès a vu dans celui du Mexique, et au sein de ses forêts solitaires, des arbres monstrueux, tout couverts de longues mousses grises, appelées barbes d'Espagnol, qui descendaient depuis le sommet de leurs branches jusqu'à terre. Ils ressemblaient à de grandes tours couvertes de crêpes, et ils étaient groupés sur le bord des fleuves, qui en reflétaient les images vénérables. D'un autre côté, il a trouvé, dans des lieux secs et arides de ces mêmes contrées, des cierges qui s'élevaient comme des obélisques de fleurs et d'épines, à plus de trente pieds de hauteur. Le paysage en était couvert en entier. Pagès dit que l'aspect si nouveau de ces forêts le comblait d'admiration et de plaisir, et le dédommageait, dans un instant, de toutes les fatigues de son voyage. Il l'avait entrepris seul et presque sans moyens, dans l'intention de connaître l'homme dans l'état de nature. Il y rencontra, en effet, des familles d'Indiens logées entre les troncs de ces gros arbres, qu'ils abattaient par le moyen du feu. Elles fuyaient le joug des Espagnols, et recueillaient de la cochenille sur les cactus. Leur vie était pleine d'innocence et de bonne foi, et elles exercèrent la plus généreuse hospitalité à l'égard de cet Européen, qui devait leur être suspect bien des titres. Pour moi, j'ai vu aussi des végétaux dont les genres opposés étaient groupés par la seule nature, et je n'ai pas été moins sensible à leurs magiques effets. J'ai vu des portions de forêts de la Finlande et de l'Ile-de-France avec toutes leurs beautés virginales ; et je ne sais à laquelle des deux harmonies, de celle du Nord ou de celle du Midi, j'aurais donné la préférence. La partie de la Finlande que j'ai visitée, lorsque j'étais ingénieur au service de Russie, est celle qui est au nord de Wibourg, et qui est connue sous les noms de Lapland, de Carélie et de Savalascie. Elle est comprise entre le 60e degré et le 61e et 1/2 de latitude nord ; tandis que l'Ile-de-France est vers le 22e degré de latitude sud. Il y a environ deux mille cent lieues de différence en latitude ; et je puis dire n'avoir pas vu dans leurs végétaux indigènes deux brins d'herbes semblables. Tout y diffère, jusqu'aux pierres et au sol du pays. En Finlande, ce sont, comme je l'ai dit ailleurs, des collines ovales de granit, dont les têtes chauves sont entourées de ceintures de mousses et de champignons, et dont les vallons sont remplis de bouleaux et de sapins. Ces genres de végétaux formaient, par leurs contrastes parfaits, les plus charmantes harmonies. On les retrouvait dans les chemins même de démarcation qui séparent la Suède de la Finlande russe ; car ces routes sont si peu fréquentées; et les arbres du Nord y croissent si vite, que nous fûmes obligés, pour les parcourir, de quitter nos voitures, et d'envoyer en quelques endroits faire des abattis, afin d'y passer à cheval. Ainsi, non-seulement la nature a ordonné les harmonies végétales, mais elle s'occupe sans cesse à les entretenir, malgré les travaux des hommes. Elle réunit, par elles, les contrées qu'ils cherchent en vain à se partager. Nous apercevions souvent, entre les troncs sombres des sapins et blancs des bouleaux, un lac avec ses îles; ou bien nous entendions de loin les bruyantes cataractes, dont les eaux se précipitaient du nord au sud, comme toutes celles de ce pays, qui élève ses divers plans vers le pôle. L'Ile-de-France m'a offert des aspects tout différents. J'en ai fait le tour à pied, le long de la mer. Je marchais par un sentier frayé, au milieu d'une prairie d'un vert glauque, formée d'un chiendent maritime, dont les tiges rampantes, semblables à des paquets de ficelle, sont terminées par des houppes de feuilles dures et piquantes. Cette herbe, très-propre à résister à la violence et à l'âpreté des vents de mer, forme une grande lisière autour de l'île, où elle n'est interrompue que par des bocages de lataniers, qui y donnent de l'ombre, et présentent la même résistance aux tempêtes. Les forêts de l'intérieur de l'île ne croissent pas à plus d'un quart de lieue du rivage.

Souvent je les côtoyais, et j'y distinguais des groupes de benjoins et de tatamaques, de bois de fouge et de bois d'olives, de bois de ronde et d'ébéniers, et d'une multitude d'autres arbres dont les noms m'étaient inconnus. Des palmistes élevaient au milieu d'eux leurs longues flèches, surmontées de leurs panaches toujours mobiles, tandis que des lianes, grosses et longues comme des câbles, tapissaient leurs lisières de vastes courtines de feuillages, et s'enlaçant avec leurs troncs, les défendaient contre la fureur des ouragans. Des rivières qui descendaient en torrents des montagnes à travers ces bois, y ouvraient çà et là de profondes avenues d'eaux mugissantes sous de magnifiques arcades de verdure. Elles alimentaient des végétaux jusqu'à leur embouchure, souvent obstruée par des mangliers qu'agitaient les flots de la mer, tandis que des veloutiers voisins contrastaient avec eux au sein aride des roches. Plus d'une fois, assis au pied d'un arbre dans ces vastes forêts, je me suis livré aux plus douces méditations, à la vue de leurs rameaux couverts de fruits bercés par les brises marines, et peuplés de singes et d'oiseaux de toutes les couleurs. Ces murmures forestiers, ces cris et ces chants de joie et de reconnaissance, me disaient d'une manière bien intelligible : Il y a ici un Dieu prévoyant.

HARMONIES VÉGÉTALES

DU SOLEIL ET DE LA LUNE.

Si les rayons du soleil et de la lune sont réfractés par l'air, reflétés par les eaux, réfléchis par la terre ; s'ils sont réverbérés même par les simples murs des jardins et des maisons, de manière que l'atmosphère des villes en est sensiblement réchauffée ; il n'est pas douteux que leur chaleur ne doive s'accroître considérablement par les feuilles des végétaux, disposées par plans innombrables dans les herbes et dans les arbres. J'ai observé, en effet, que lorsque notre hémisphère se couvre de ces réverbères végétaux, au mois d'avril, l'accroissement de la chaleur est beaucoup plus rapide que dans les mois qui le précèdent et dans ceux qui le suivent. Cet adoucissement subit de température a fait donner à ce mois le nom d'avril, du mot latin *aperire*, ouvrir, et le surnom de doux, à cause de sa chaleur, qui le rend singulièrement remarquable au sortir de l'hiver. Il la doit à ce nombre infini de feuilles réverbérantes qui sortent toutes à-la-fois de leurs bourgeons, et qui réfléchissent les rayons du soleil par leurs plans. Nous avons remarqué, dans nos Études, que les arbres du Nord, tels que les sapins, avaient leurs tiges pyramidales et leurs feuilles vernissées, pour augmenter cette réverbération, et que la plupart des arbres à tête horizontale de la zone torride les avaient ternes en dessous pour l'affaiblir.

J'attribue à l'effet des premières une partie de la chaleur des étés du Nord; je l'ai trouvée si considérable en traversant les forêts de la Russie, de Moscou à Pétersbourg, que je ne doute pas qu'elle ne surpasse celle de la zone torride, que j'ai traversée deux fois. Je ne suis point surpris qu'un physicien anglais ait prétendu prouver, par les observations du thermomètre, que la somme de la chaleur était la même sous l'équateur et sous les cercles polaires. Elle est, sans contredit, plus grande au Nord en été, si l'on compare la température d'un lieu pris dans une forêt de sapins, à celle d'un lieu pris en pleine mer sous l'équateur, parce que les plans réverbérants des feuilles lustrées des sapins ont une bien plus grande étendue que la surface de l'Océan, dans un horizon de la même grandeur. Il serait très-curieux de calculer la somme et la différence; on pourrait en conclure celle de leur température. On sait que ce fut par le simple effet de miroirs plans dirigés vers un seul point, qu'Archimède brûla les vaisseaux des Romains les uns après les autres. Certainement on ne peut attribuer les chaleurs excessives de Pétersbourg, en été, à la simple action du soleil, qui n'est pas plus de vingt heures sur l'horizon. Il faut donc y ajouter quelque cause réverbérante, et on la trouvera dans les feuilles lustrées de ses forêts.

Il n'est pas douteux que les reflets de la terre n'augmentent la chaleur du soleil. Une île est plus chaude que la mer qui l'environne ; celle qui est montueuse l'est plus que celle qui est unie, et celle qui est boisée que celle qui est nue. Il semble que la lumière sorte des végétaux éclairés du soleil en plein midi. Alors les sommités des épis d'un champ et des graminées d'une prairie paraissent toutes lumineuses ; la végétation des plantes s'accroît par leurs reflets. Un épi de blé mûrit plus tôt dans une moisson qu'isolé, et les barbeaux fleurissent plus vite parmi les blés, qu'en bordure dans les jardins.

Mais ces effets de la réverbération sont surtout sensibles dans les fleurs. Ce sont des réverbères qui renvoient les rayons solaires de toutes parts. Elles paraissent proportionnellement plus grandes que le reste du végétal qui les porte. Voyez un rhododendron ou un rosier fleuri, vous croiriez qu'une flamme est attachée à chacune de leurs fleurs ; une lumière sensible s'en fait apercevoir au loin. Il est impossible qu'il ne sorte pas aussi quelque chaleur des fleurs, façonnées

façonnées en miroirs plans, concaves, paraboliques, et quelquefois vernissées, comme celles de nos bassinets. Elles produisent encore plus fortement que les simples feuilles, les effets des murs et des ados de nos jardins.

Il est possible qu'il y ait des fleurs entièrement patronnées sur le soleil. Nous en trouvons dans les orchis, qui imitent la forme d'une abeille, d'autres des figures humaines, et sont, pour cet effet, appelées personnées. Pourquoi n'y en aurait-il pas qui, dans leur intérieur, contiendraient une topographie de l'astre du jour, qui a sur elles tant d'influence? Les asters sont rayonnants comme des astres, dont ils portent le nom. La marguerite, comme nous l'avons vu, imite dans son disque entouré de pétales et couvert de fleurons, un des hémisphères de la terre avec son équateur et ses genres de végétaux disposés en spirale. Il est possible qu'une fleur renferme dans son sein le plan même du soleil, que nous refusent nos télescopes. Pourquoi n'y en aurait-il pas où seraient figurés les premiers linéaments de cet astre, lorsqu'il y en a tant qui nous représentent des figures d'insectes, d'oiseaux, et de têtes d'animaux et d'hommes? C'est aux botanistes qu'appartient le soin de ces recherches curieuses, quoique plusieurs fois ils aient foulé aux pieds les vérités les plus communes, sans les apercevoir.

Nous avons vu, aux harmonies du soleil avec les végétaux, qu'ils en tiraient presque toutes leurs qualités; que les fleurs de quelques-uns, exposées tout le jour à la lumière, devenaient phosphoriques la nuit; telles que celles de la capucine bisannuelle; que c'était à lui, d'une part, et à l'homme de l'autre, que leurs genres étaient ordonnés; que leurs fruits lui devaient en grande partie leurs couleurs et leurs saveurs; que leurs bois étaient des espèces d'éponges qui s'imbibaient de ses rayons pendant l'été, et nous les rendaient en feu, l'hiver, dans nos foyers; que c'était à ces mêmes rayons qu'étaient dues leurs lueurs phosphoriques, lorsqu'ils se décomposent d'eux-mêmes; et qu'enfin ils portaient des marques évidentes des influences du soleil, par les couches annuelles dont ils se revêtent chaque année. Nous ne récapitulons ici ces harmonies passives, que pour réunir toutes celles de la puissance végétale avec le soleil. Nous en agirons de même pour celles qu'elle a avec les autres puissances.

Les végétaux ont aussi, comme nous l'avons vu ailleurs, des rapports très-marqués avec la lune. J'ai parlé des cercles concentriques des racines de quelques plantes, qui expriment le nombre de leurs mois lunaires, comme ceux des arbres celui de leurs années solaires. Je vais ajouter ici une observation que j'ai faite depuis peu sur les harmonies luni-solaires des arbres mêmes.

J'ai remarqué dans un morceau de planche de bois d'orme, bien poli, douze rangées de fibres parallèles dans chacun des faisceaux qui composaient la coupe longitudinale des couches annuelles de son tronc. Sept ou huit de ces rangées de fibres étaient d'une largeur très-sensible du côté de l'intérieur de l'arbre, et les quatre ou cinq du côté de l'extérieur l'étaient à peine. J'en ai conclu que ces douze rangs marquaient les douze lunes de chaque année dans la couche annuelle solaire du tronc; que les sept ou huit intérieurs, les plus sensibles, avaient été produits par les lunes du printemps, de l'été et de l'automne, pendant lesquelles la végétation a beaucoup d'activité; et que les quatre ou cinq rangs extérieurs, à peine sensibles du faisceau, étaient l'ouvrage des lunes inertes de l'hiver. Cette observation est certaine. Je ne doute pas qu'on ne la vérifie, non-seulement sur le bois d'orme coupé dans sa longueur, mais aussi sur les fibres de beaucoup d'autres espèces de bois. Elle prouve évidemment que les influences lunaires de chaque mois s'harmonient avec les influences solaires de chaque année, et qu'elles ne sont pas moins sensibles dans les troncs des arbres, que dans les racines et les bulbes de plusieurs plantes que j'ai alléguées en preuve. Telles sont celles des ognons, des carottes, des betteraves, etc., composées de couches qui sont toujours en nombre égal à celui des mois lunaires pendant lesquels ces végétaux ont vécu. Il serait à souhaiter que de semblables observations se fissent sur des bois de la zone torride, où la végétation est en activité toute l'année. Peut-être trouverait-on dans les couches annuelles de quelques genres les douze rangées lunaires de fibres, bien distinctes. Peut-être seraient-elles confondues dans d'autres. Les couches annuelles ne paraissent presque point dans le bois d'ébène, dont l'aubier est tout blanc et le cœur tout noir. J'en ai vu une espèce à l'Ile-de-France, dont le blanc et le noir sont mêlés, non par cercles, mais par plaques irrégulières. Cependant les cercles annuels, avec leurs fibres mensales, sont très-marqués dans les bois d'acajou et de rose.

Au reste, les feuilles et les fleurs de la plupart des végétaux reflètent les rayons de la lune comme ceux du soleil. C'est même particulièrement sous leur influence, que la belle-de-nuit et le convolvulus nocturne des Indes ouvrent leurs pétales, qu'ils ferment pendant le jour. J'ai éprouvé, une nuit, un effet enchanteur de ces reflets lunaires des végétaux. Quelques dames et quelques jeunes gens de mes amis, firent un jour avec moi la partie d'aller voir le tombeau de Jean-Jacques à Ermenonville : c'était au mois de mai. Nous prîmes la voiture publique de Soissons, et nous la quittâmes à dix lieues et demie de Paris, une lieue au-dessus de Dammartin. On nous dit que de là à Ermenonville, il n'y avait pas trois quarts de lieue. Le soleil allait se coucher lorsque nous mîmes pied à terre au milieu des champs. Nous nous acheminâmes, par le sentier des guérets, sur la gauche de la grande route, vers le couchant. Nous marchâmes plus d'une heure et demie, dans une vaste campagne, sans rencontrer personne. Il faisait nuit obscure, et nous nous serions infailliblement égarés, si, par bonheur, nous n'eussions aperçu une lumière au fond d'un petit vallon. C'était la lampe qui éclairait la chaumière d'un paysan. Il n'y avait que sa femme, qui distribuait du lait à cinq ou six petits enfants de grand appétit. Comme nous mourions de faim et de soif, nous la priâmes de nous faire participer au souper de sa famille. Nos jeunes dames parisiennes se régalèrent avec elle de gros pain, de lait, et même de sucre dont il y avait une assez ample provision. Nous leur tînmes bonne compagnie. Après avoir bien reposé notre ame et notre corps par ce festin champêtre, nous prîmes congé de notre hôtesse, aussi contente de notre visite que nous étions satisfaits de sa réception. Elle nous donna pour guide l'aîné de ses garçons, qui, après une demi-heure de marche, nous conduisit à travers des marais, dans les bois d'Ermenonville. La lune, vers son plein, était déjà fort élevée sur l'horizon, et brillait de l'éclat le plus pur dans un ciel sans nuages. Elle répandait les flots de sa lumière sur les chênes et les hêtres qui bordaient les clairières de la forêt, et faisait apparaître leurs troncs comme les colonnes d'un péristyle. Les sentiers sinueux où nous marchions en silence, traversaient des bosquets fleuris de lilas, de troënes, d'ébéniers, tout brillants d'une lueur bleuâtre et céleste. Nos jeunes dames, vêtues de blanc, qui nous devançaient, paraissaient et disparaissaient tour-à-tour à travers ces massifs de fleurs, et ressemblaient aux ombres fortunées des Champs Élysées. Mais bientôt émues elles-mêmes par ces scènes religieuses de lumière et d'ombre, et sur-tout par le sentiment du tombeau de Jean-Jacques, elles se mirent à chanter une romance. Leurs voix douces se mêlant aux chants lointains des rossignols, me firent sentir que s'il y avait des harmonies entre la lumière de l'astre des nuits et les forêts, il y en avait encore de plus touchantes entre la vie et la mort, entre la philosophie et les amours.

HARMONIES VÉGÉTALES

DE L'AIR.

Si la puissance végétale augmente la chaleur du soleil en la réverbérant, comme on n'en peut douter, elle doit étendre aussi son influence sur les couleurs de l'atmosphère, en y réfléchissant sa verdure. Je suis porté à attribuer à la couleur verte des végétaux qui couvrent, en été, une grande partie de notre hémisphère, cette belle teinte d'émeraude que l'on aperçoit quelquefois, dans cette saison, au firmament, vers le coucher du soleil. Elle est rare dans nos climats; mais elle est fréquente entre les tropiques, où l'été dure toute l'année. Je sais bien qu'on peut rendre raison de ce phénomène par la simple réfraction des rayons du soleil dans l'atmosphère, ce prisme sphérique de notre globe. Mais, outre qu'on peut objecter que la couleur verte ne se voit point en hiver dans notre ciel, c'est que je peux apporter à l'appui de mon opinion, d'autres faits qui semblent prouver que la couleur même azurée de l'atmosphère n'est qu'une réflexion de celle de l'Océan. En effet, les glaces flottantes qui descendent tous les ans du pôle nord, s'annoncent, avant de paraître sur l'horizon, par une lueur blanche qui éclaire le ciel jour et nuit, et qui n'est qu'un reflet des neiges cristallisées qui les composent. Cette lueur paraît semblable à celle de l'aurore boréale, dont le foyer est au milieu des glaces mêmes de notre pôle, mais dont la couleur blanche est mélangée de jaune, de rouge et de vert, parce qu'elle participe des couleurs du sol ferrugineux et de la verdure des forêts de sapins qui couvrent notre zone glaciale. La cause de cette variation de couleurs dans notre aurore boréale est d'autant plus vraisemblable, que l'aurore australe, comme l'a observé le capitaine Cook, en diffère en ce que sa couleur blanche n'est jamais mélangée que de teintes bleues, qui n'ont lieu, selon moi, que parce que les glaces du pôle austral, sans continent et sans végétaux, sont entourées de toutes parts de l'Océan, qui est bleu. Ne voyons-nous pas que la lune, que nous supposons couverte en grande partie de glaciers très-élevés, nous renvoie, en lumière d'un blanc bleuâtre, les rayons du soleil, qui sont dorés dans notre atmosphère ferrugineuse ? N'est-ce pas par la réverbération d'un sol composé de fer, que la planète de Mars nous réfléchit en tout temps une lumière rouge ? N'est-il pas plus naturel d'attribuer ces couleurs constantes aux réverbérations du sol, des mers, et des végétaux de ces planètes, plutôt qu'aux réfractions variables des rayons du soleil dans leurs atmosphères, dont les couleurs devraient changer à toute heure, suivant leurs différents aspects avec cet astre? Comme Mars apparaît constamment rouge à la terre, il est possible que la terre apparaisse à Mars comme une pierre brillante des couleurs de l'opale au pôle nord, de celles de l'aigue-marine au pôle sud, et tour-à-tour de celles du saphir et de l'émeraude dans le reste de sa circonférence. Mais, sans sortir de notre atmosphère, je crois que la terre y renvoie la couleur bleue de son océan avec des reflets de la couleur verte de ses végétaux, en tout temps dans la zone torride, et en été seulement dans nos climats, par la même raison que ses deux pôles y réfléchissent des aurores boréales différentes, qui participent des couleurs de la terre ou des mers qui les avoisinent.

Peut-être même, notre atmosphère réfléchit-elle quelquefois les formes des paysages, qui annoncent les îles aux navigateurs bien long-temps avant qu'ils puissent y aborder. Il est remarquable qu'elles ne se montrent, comme les reflets de verdure, qu'à l'horizon et du côté du soleil couchant. Je citerai, à ce sujet, un homme de l'Ile-de-France qui apercevait dans le ciel les images des vaisseaux qui étaient en pleine mer; le célèbre Vernet, qui m'a attesté avoir vu une fois dans les nuages les tours et les remparts d'une ville située à sept lieues de lui ; et le phénomène du détroit de Sicile, connu sous le nom de Fée-Morgane. Les nuages et les vapeurs de l'atmosphère peuvent fort bien réfléchir les formes et les couleurs des objets terrestres, puisqu'ils réfléchissent dans les parélies l'image du soleil, au point de la rendre ardente comme le soleil lui-même. Enfin les eaux de la terre répètent les couleurs et les formes des nuages de l'atmosphère : pourquoi les vapeurs de l'atmosphère, à leur tour, ne pourraient-elles pas réfléchir le bleu de la mer, la verdure et le jaune de la terre, ainsi que les couleurs chatoyantes des glaces polaires ?

Au reste, je ne donne mon opinion que comme mon opinion. L'histoire de la nature est un édifice à peine commencé ; ne craignons pas d'y poser quelques pierres d'attente : nos neveux s'en serviront pour l'agrandir, ou les supprimeront comme superflues. Si mon autorité est nulle dans l'avenir, peu importera que je me sois trompé sur ce point : mon ouvrage rentrera dans l'obscurité d'où il était sorti. Mais s'il est un jour de quelque considération, mon erreur en physique sera plus utile à la morale, qu'une vérité d'ailleurs indifférente au bonheur des hommes. On en conclura avec raison qu'il faut être en garde contre les écrivains même accrédités.

Si les couleurs atmosphériques reçoivent des modifications de la puissance végétale, la nature même de l'atmosphère n'en éprouve pas de moins sensibles. Les forêts servent d'abord de remparts contre les vents, dont elles détournent quelquefois le cours. Des bois plantés ou abattus peuvent changer la température d'une grande contrée; mais lorsqu'au printemps tous les végétaux se couvrent de feuilles, que les herbes des prairies et les blés des guérets imitent les flots de la mer par leurs ondulations; lorsqu'un océan de verdure, si je puis dire, se répand sur une grande partie de notre hémisphère, et que les vents chargés de ses émanations les portent jusqu'au sein de l'océan aquatique, alors les qualités de l'atmosphère même se revêtent de nouveaux caractères. L'air méphitique des marais se trouve converti en air pur, comme l'ont prouvé des expériences utiles et curieuses. L'air pur se remplit de qualités balsamiques, qui produisent d'heureuses révolutions dans tous les êtres sensibles qui le respirent. C'est alors que l'air seul des campagnes, et sur-tout celui des montagnes, guérit les maladies chroniques, et fortifie tous les convalescents; c'est alors que tous les animaux s'enflamment des feux de l'amour. J'attribue les ardeurs de cette passion, qui les embrase la plupart au printemps, bien plus aux influences végétales dont l'air est pénétré, qu'à l'action même du soleil. L'augmentation de la simple chaleur ne suffit pas pour les faire naître. Les oiseaux, naturellement amoureux, tels que les serins et les tourterelles, passent l'hiver dans des poêles très-chauds sans s'accoupler et sans faire leurs nids. Mais quand le soleil a rallumé les feux de la végétation, que les fleurs et les feuillages odorants exhalent de toutes parts leurs parfums : c'est alors que les premières étincelles de la vie sont disséminées dans les airs, que tous les êtres les respirent avec volupté, et qu'elles allument les feux de l'amour dans tous les cœurs. C'est aussi à l'époque où la plupart des plantes abandonnent aux vents les dépouilles de leurs tiges, que la plupart des animaux périssent, ou vont chercher un air végétal et de nouvelles amours dans l'autre hémisphère, où le soleil rallume les feux de la végétation. Ils naissent, aiment et meurent avec les plantes auxquelles ils sont ordonnés. Les carnivores seuls font exception à cette loi, car ils s'accouplent en hiver dans la saison où périssent tant de frugivores, comme si la décomposition de ceux-ci produisait dans leur sang des émanations appropriées à leur nature. C'est peut-être par cette raison que l'homme, qui vit de végétaux comme les uns, et de chair comme les autres, est seul soumis, dans tout le cours de l'année, à l'empire de l'amour et à celui de la mort.

Nous avons vu, aux harmonies aériennes des

végétaux, qu'ils étaient en rapport avec l'air par leurs trachées; par la souplesse ou la roideur de leurs tiges, par des racines, des ailerons, des griffes, et même par des lianes accessoires qui les maintenaient contre les tempêtes. Nous avons observé aussi, dans le développement de la puissance végétale, qu'un grand nombre de ses genres étaient ordonnés particulièrement à l'air par la légèreté de leurs semences, ou par les volants qui les accompagnent, afin de les ressemer au loin. Enfin, nous avons remarqué que non-seulement les végétaux changeaient l'air méphitique en air pur, mais qu'ils le transformaient en leur propre substance, comme le démontre leur décomposition par la fermentation ou par le feu. On ne peut donc nier qu'ils ne tirent de l'air leur principale nourriture. Souvent j'ai vu des arbres dont les racines serpentaient dans de stériles rochers, porter jusqu'aux nues leur cime touffue et verdoyante. C'est sans doute pour recueillir leurs aliments dans l'atmosphère, que les forêts y élèvent divers étages de feuilles, qui, comme autant de langues et de poumons, y pompent des sucs nourriciers en abondance. Je tirerai de cette observation une conséquence que je crois importante à notre économie rurale, c'est que les arbres tirant de l'air plus de nourriture que de la terre, un arpent de forêt doit rapporter beaucoup plus de bois au bout d'un siècle, que ses coupes réglées n'en produisent tous les dix ou vingt-cinq ans. Si on peut juger des grands effets par de petites expériences, je rapporterai ici celle que j'ai faite moi-même à Essonne sur un vieux peuplier, de l'espèce de ceux que les paysans appellent peupliers du pays, dont les jeunes branches, souples comme l'osier, servent aux mêmes usages, et rendent, par cela même, cet arbre bien préférable aux fragiles peupliers d'Italie. Cet arbre, planté sur le bord de la rivière, il y a sans doute plus d'un siècle, avait été étêté, dès sa jeunesse, comme un saule, et produisait, tous les ans, un moyen fagot de menues branches de six à sept pieds de hauteur. Lorsque je fus devenu son propriétaire, je résolus de lui rendre sa crue naturelle, en sacrifiant chaque année tous ses rejetons, à l'exception de celui du milieu. En trois ans, ce rejeton unique est devenu une tige de cinq pouces de diamètre par le bas, et de quinze pieds de hauteur, toute garnie de longues branches plus fortes et plus nombreuses, à elles seules, que toutes celles que le tronc aurait fournies dans le même espace de temps. Si sa tige continuait de s'élever avec la même vigueur, et si le peuplier entier croissait dans les mêmes proportions depuis sa plantation, il est hors de doute que non-seulement ses branches produiraient à-la-fois plus de fagots que toutes les petites coupes qu'on a faites annuellement sur sa tête, mais que le tronc lui-même donnerait dix fois plus de bois : car cet arbre vient à quatre-vingts et cent pieds de hauteur Les végétaux tirant par leurs feuilles leur principale nourriture de l'air, plus ils s'élèvent, plus ils profitent. C'est donc une très-mauvaise économie de couper les forêts en taillis; un pareil système nous prive des étages multipliés de bois que nous donneraient les arbres parvenus à leur hauteur naturelle, et les réduit à une simple coupe de buissons. Si on mettait bout à bout celles qui se font tous les dix ans dans nos taillis, pourraient-elles être comparables à celles des troncs des arbres de haute futaie, au bout d'un siècle ? Je ne parle pas des autres avantages des forêts, des sous-bois qui croissent sous leurs ombrages, des abris qu'elles donnent contre les vents, et de la fraîcheur qu'elles conservent aux terres et aux ruisseaux.

HARMONIES VÉGÉTALES

DE L'EAU.

Nous avons parlé, aux harmonies aquatiques des végétaux, de leurs feuilles, qui font l'office de poumons et de langues pour aspirer et recueillir les eaux aériennes; des formes carénées d'un grand nombre de leurs fruits, pour se ressemer au loin, en voguant sur les eaux rapides; de leurs racines, qui leur servent de suçoirs pour pomper les eaux souterraines. Nous verrons comme l'eau, changée en sève, se transforme ensuite, par la médiation du soleil et de l'air, en feuilles, en fleurs, en fruits, en écorce, et en bois solide. Nous avons démontré comment l'ordre harmonique avait distribué les végétaux en une multitude de genres, dont un grand nombre appartient particulièrement aux eaux, tels que les peupliers et les saules; aux neiges, tels que les sapins et les cèdres; aux eaux en évaporation, comme les champignons et les mousses; aux eaux pluviales, tels que les pins et les chênes; aux eaux de la mer, tels que les littoraux maritimes et les plantes sous-marines, comme les algues et les madrépores même, si toutefois ceux-ci sont des végétaux.

La puissance végétale, après avoir reçu des eaux une partie de ses développements, étend à son tour sur elles son influence. Elle les change d'abord en bois, qui, par sa décomposition, devient ensuite terre végétale. C'est à l'accroissement progressif de cette terre, qu'il faut attribuer la diminution successive des eaux sur toute la surface du globe; c'est dans les vallées et dans leurs couches profondes qu'il faut chercher les anciens fleuves qui les remplissaient autrefois. Ils sont maintenant ensevelis dans leur humus. Semblables aux habitants de l'antique Égypte, qui ne présentent plus que des momies immobiles, pénétrées d'aromates, les grands fleuves et les bras de mer qui ont sillonné le globe, gisent maintenant, transformés en terre végétale, au fond des vallons qu'ils ont creusés, et au pied des rochers qu'ils ont escarpés. On n'y voit plus d'eaux vivantes; on n'y voit que des ruisseaux vagabonds, semblables à ces hordes d'Arabes, errantes aujourd'hui en petit nombre sur les tombeaux des nations populeuses qui élevèrent les pyramides.

La puissance végétale s'accroît de jour en jour aux dépens de l'Océan; elle en végétalise le bassin. Elle a formé, par ses débris, les sables mouvants et les grands bancs de vase qui sont à l'embouchure des fleuves et au sein des mers, tels que les hauts-fonds du golfe de Mexique, le banc de Terre-Neuve, et celui des Aiguilles près du cap de Bonne-Espérance. J'ai navigué dans la Manche, la Méditerranée, la mer Baltique, l'Océan atlantique et l'Océan indien, et j'ai remarqué que la plupart des sondes que l'on y prenait aux attérages, même hors de la vue de terre, amenaient du fond une vase onctueuse et verdâtre, qui devait évidemment son origine aux végétaux. Ce sont leurs dissolutions sulfureuses et bitumineuses qui, se dégageant, au fond des eaux, des parties ignées du soleil et des molécules de l'air qui les ont formées dans l'origine, entretiennent sur les rivages les tremblements de terre et les feux des volcans. Que dis-je! cet humus maritime se couvre à son tour d'une infinité de plantes, dont la plupart sont inconnues à nos botanistes. A certaines saisons, elles se détachent du fond des mers en si grande quantité, que toutes les grèves en sont jonchées. J'en ai vu l'Océan atlantique couvert pendant plus de quatre-vingts lieues, entre l'Amérique et l'Afrique. Il y en a de plus septentrionales, qui fournissent des fourrages aux bestiaux des habitants de l'Islande et des Orcades; quelques-uns fournissent aussi des sels de soude, et toutes, un excellent engrais aux terres. Ainsi, l'Océan a ses prairies sous-marines; et ce sont les tempêtes qui les fauchent pour les besoins de l'homme.

Mais il est inutile d'aller chercher au fond des eaux, des preuves de l'accroissement annuel de leur lit par les intermèdes des puissances végétale et aquatique. Il y en a d'évidentes dans nos continents. L'Égypte s'agrandit chaque jour par les alluvions du Nil, et la plage d'Aigues-Mortes, par celles du Rhône. Les marais de la Hollande, du Labrador, et des vastes embouchures de l'Orénoque et de l'Amazone sont encombrés des débris de différents genres de végétaux destinés à ces atterrissements : que dis-je ! une île peut naître d'une noix. Cook et Forster ont vu, au sein de la vaste mer du Sud, des îles naissantes s'élever au-dessus de son niveau par de simples cocos échoués sur des écueils de madrépores. Ces cocos y avaient produit des palmiers, qui, par la chute de leurs feuilles et de leurs fruits, couvraient chaque année leur sol aride d'une couche légère d'humus.

On pourrait, par le seul moyen de la puissance végétale, rendre, d'une part, aux sommets nus de nos montagnes l'humus dont ils sont dépouillés, et les anciennes sources de leurs fleuves, et d'autre part, assécher et assainir les marais de leurs embouchures. Les arbres montagnards, tels que les sapins, les mélèzes, les cèdres, et tous ceux du genre des pins, sont très-propres à attirer et à recueillir, par leurs folioles réunies en pinceau, les vapeurs de l'atmosphère des montagnes, et à en couvrir le sol par leurs débris. D'un autre côté, les arbres aquatiques, tels que les saules, les aunes, les peupliers, sont par leurs racines autant de machines hydrauliques. Ils pomperaient sans bruit l'eau des marais, en changeraient le méphitisme en air pur, et par leurs dépouilles annuelles en transformeraient le sol ingrat en terre féconde. Bien des arbres pourraient servir à-la-fois à ces deux usages. On a trouvé que l'évaporation du feuillage d'un grand chêne montait à des milliers de tonneaux par an : son aspiration dans les montagnes doit être égale à son expiration dans les vallées.

Si l'eau était toujours dans son état naturel de glace, elle serait un obstacle perpétuel à la puissance végétale; mais elle en est le plus grand véhicule dans l'état de fluidité, qu'elle doit à la chaleur du soleil. En vapeurs, elle gonfle les semences et les fait germer; en gouttes de pluie, elle coule depuis les feuilles des végétaux jusqu'à leurs racines, qui s'en imbibent; en nappes, elle en reflète les images dans son sein; en ruisseaux et en fleuves, elle voiture leurs fruits, et les transporte sur les rivages lointains; enfin, en océan, elle les fait circuler par ses courants, et les ressème jusqu'aux extrémités du monde. Les courants de l'Océan indien charient des cocos et une multitude d'autres semences, jusque sur les écueils de la mer du Sud. C'est d'après l'émigration annuelle de ces fruits, que j'ai posé les premiers fondements de la théorie du mouvement des mers. C'est à leur exemple, que j'ai invité les navigateurs à hasarder quelques projectiles pour étendre les communications du genre humain par tout le globe. Je puis encore citer ces deux bouteilles, dont la première, jetée par un Anglais dans la baie de Cadix, fut pêchée sur les côtes de Normandie, avec une lettre adressée à Londres; et dont la seconde, mise à la mer à cent vingt lieues de la côte d'Espagne, a atterri sur le cap Prior avec une lettre à mon adresse. J'ai appris qu'une troisième bouteille avait été jetée, il y a plusieurs années, à deux cents lieues au nord de l'Ile-de-France, et qu'elle avait abordé dans cette île. Le billet qu'elle renfermait y est déposé dans les archives de l'intendance.

Mais pourquoi ne nous servirions-nous pas des courants réguliers de l'Océan atlantique, qui descendent alternativement des pôles, pour transporter, jusque sur nos rivages dépouillés de bois, les arbres des forêts qui se perdent dans le nord de l'Europe et de l'Amérique? Pourquoi n'exécuterions-nous pas en grand ce que nous faisons tous les jours en petit? Le Rhin, la Néva, la Seine, sont chargés tous les ans de grands trains de bois, que les courants de ces fleuves voiturent depuis leurs sources jusqu'à leurs embouchures. J'ai vu en Hollande, sur un de ces trains, composé de bois de charpente, des maisons entières avec leurs familles. Pourquoi n'en hasarderions-nous pas de semblables sur l'Océan atlantique, dans le milieu de l'été, lorsque cet océan descend du nord comme un fleuve paisible et majestueux ? On a envoyé autrefois des charpentiers couper à grands frais le bois de teinture de la baie de Campêche, et le préparer pour le commerce. Des pêcheurs vont tous les ans, à travers mille périls, harponner la baleine jusque dans les glaces du Nord. Que dis-je ! il y a quelques années, on a vu un vaisseau anglais aller faire un chargement de glace sur le banc de Terre-Neuve, parce que cet objet de luxe, en été, était rare à Londres. Ne serait-il pas bien plus utile et plus aisé de couper, dans le nord de l'Amérique, tant d'arbres qui pourrissent en vain dans ses forêts ? On peut y tailler les troncs des sapins et des chênes tout entiers, avec leurs écorces brutes, les lier en trains avec les branches longues et souples des bouleaux, et les abandonner au cours des fleuves jusqu'à la mer, dont les courants les amèneraient sur nos rivages. Il ne faudrait que quelques chaloupes à voiles pour les remorquer. Ces trains mobiles sont peut-être plus propres à résister aux agitations des flots, qu'un assemblage solide de charpente. Les Russes en font des ponts flottants très-durables sur les cataractes des fleuves. J'ai traversé, sur un pont semblable, celle de Nislot, aussi agitée qu'une mer en tourmente. Ainsi nous pourrions voir les arbres de l'Amérique remonter la Seine, et nous apporter, du Nord et du sein des eaux, la matière du feu.

HARMONIES VÉGÉTALES

DE LA TERRE.

Si la puissance végétale réfléchit et augmente la chaleur du soleil; si elle végétalise l'atmosphère et les eaux, elle n'a pas moins d'influence sur le globe solide de la terre, dont elle étend la circonférence d'année en année. Nous avons vu, aux harmonies terrestres des végétaux, qu'ils étaient pourvus de racines de diverses configurations, dont les unes, divisées en filets, étaient propres à pénétrer dans les sables; d'autres, en longs cordons et en pivots, à s'enfoncer dans les terres solides; d'autres, en formes de ventouses et de plaques, à se coller aux roches et à en tirer leur nourriture. Nous avons observé aussi que les végétaux étaient ordonnés en genres et en espèces aux divers sites du globe; les uns aux monts Éoliens, d'autres aux montagnes littorales, fluviatiles ou maritimes, d'autres aux plaines; que leurs semences étaient proportionnées à ces différents sites, les unes étant fort légères ou garnies de volants, pour s'élever sur les hauteurs; d'autres de formes carénées, pour voguer dans le lit des fleuves et des mers, et aborder sur leurs rivages ; d'autres enfin arrondies, pour rouler sur une surface, et se ressemer loin de la tige qui les a produites. Nous avons vu enfin que la puissance végétale, par ses débris, étendait de jour en jour des couches d'humus, depuis les sommets des plus hautes montagnes jusqu'au fond du bassin des mers.

Nous retrouvons ces couches dans l'intérieur du globe, à plus de deux cents pieds de sa surface. Les lits de tourbe et les couches de charbon de terre s'enfoncent dans sa profondeur. Ce ne sont cependant que des tritus de plantes ou des débris d'anciennes forêts, recouverts de fossiles. Il y a en Hollande de ces terres végétales souterraines, qui ne sont composées que de plantes des Indes ; on y distingue encore les feuillages des palmiers. Telle est celle qui s'étend depuis les environs d'Amsterdam jusqu'à ceux de Maestricht, et dans le voisinage de laquelle on a trouvé des oursins de mer et des mâchoires de crocodiles, incrustés dans la pierre. Quelle révolution subite du globe les a ensevelies dans le sein de la terre ? N'est-ce pas, comme nous l'avons vu, le mouvement en spirale de l'Océan, qui en laboure la surface ? Les débris fossiles de la puissance animale sont incomparablement plus nombreux que ceux de la végétale, comme on peut le voir à la profondeur des carrières de pierre calcaire et de marbre, formées par les coquillages et les madrépores broyés par les mers et amalgamés par les siècles. Ce sont des pièces toujours croissantes de ce grand sarcophage du globe, qui s'accroît chaque année des squelettes de ses habitants.

Mais si la mort est permanente sur la terre, la vie, comme un fleuve, descend perpétuellement des cieux. Aristote avait défini la matière brute, celle qui est formée par juxta-position, et la matière organisée, celle qui est assemblée par intussusception. Quoique la première définition puisse s'appliquer aux cylindres qui revêtent chaque année les troncs organisés des arbres, il n'en est pas moins vrai que la seconde ne convient qu'aux corps vivants. Par exemple, il semble qu'une ame végétale, descendue du ciel, s'introduise dans la semence contenue dans l'ovaire, la développe ensuite, et l'accroisse de dedans en dehors, jusqu'à ce que, parvenue au dernier terme de sa grandeur et de sa durée, elle retourne aux lieux d'où elle est partie. Si notre ame raisonnable pouvait voir le ciel intellectuel, peut-être verrions-nous les formes animées et les premiers patrons des végétaux en descendre parmi les rosées, les pluies et les orages qui doivent les revêtir, et qui tombent du ciel physique. Quoi qu'il en soit, il est bien certain que chaque plante laissé sur le globe une dépouille solide et permanente, et que c'est de la somme totale de ces débris de végétaux, que le globe augmente annuellement sa circonférence. Si on pouvait percer sous la Ligne un trou jusqu'au noyau de granit qui paraît former son intérieur, on trouverait son enveloppe composée de couches fossiles végétales et animales, disposées comme les couches annuelles qui entourent le tronc des arbres.

Les couches d'humus doivent croître plus vite dans les zones torridiennes, où la végétation dure toute l'année, que dans les tempérées, où elle n'a d'action que pendant six mois. Elles s'étendent sur la surface de la zone torride terrestre, au moyen de ses fleuves, dont la plupart, débordés et repoussés par la mer dans la saison pluvieuse, couvrent la terre et l'exhaussent par leurs alluvions : tels sont l'Amazone, l'Orénoque, le Nil, le Sénégal, le Zaïre ; et la plupart de ceux des contrées torridiennes de l'Asie et de l'Afrique. D'un autre côté, la zone torride aquatique remplit chaque jour son bassin de madrépores, espèce de végétaux pierreux animalisés. Les zones torrides du globe croissent, d'année en année, en solidité et en élévation. L'équilibre se maintient entre elles et avec les autres zones, au moyen des zones glaciales. L'hémisphère boréal, chargé du plus grand poids des continents, s'incline cinq ou six jours de plus vers le soleil, de manière que son été est plus long que son hiver. Il est probable qu'il resterait stationnaire dans cette position, si l'hémisphère austral, surchargé à son tour d'une plus grande coupole de glace par l'absence prolongée du soleil, n'obéissait à ce levier mobile, et ne se rapprochait de l'astre du jour. Des deux mouvements versatile et alternatif des zones glaciales, se forment, chaque année, le mouvement des saisons, et, sans doute, celui qui change, avec les siècles, les pôles de la terre, pour y étendre de plus en plus la puissance végétale.

Il est évident que notre globe a été formé d'abord pour porter des végétaux. Si sa surface était trop compacte, les tendres racines des herbes ne pourraient la percer; et si elle était trop légère, les gros troncs des arbres n'y auraient point de solidité. Si elle était tout unie, comme auraient dû l'engendrer les seules lois de la rotation, les vents y souffleraient trop fort, les eaux la couvriraient en entier; et en supposant qu'une zone sèche s'élevât au-dessus d'elle par la force centrifuge, les végétaux n'y trouveraient ni ados ni abri. Si, d'un autre côté, notre terre n'était pas ronde; si, par exemple, elle était carrée, elle aurait beaucoup d'endroits que le soleil n'éclairerait jamais; si, étant ronde, elle ne tournait pas sur elle-même chaque jour, un de ses hémisphères serait toujours plongé dans la lumière, et l'autre dans les ténèbres; si elle ne circulait pas obliquement autour du soleil, chaque année, les végétaux auraient toujours la même saison dans chaque hémisphère; enfin, si ses pôles ne variaient pas avec les siècles, l'Océan, obstrué à la longue par les débris des végétaux, se trouverait de niveau avec les continents. Il est à présumer que les terres planétaires que nous apercevons dans les cieux, sont soumises à des harmonies semblables. La puissance végétale doit s'étendre dans tous ces mondes, comme la puissance solaire. Elle doit, de siècle en siècle, en accroître les sphères et en varier les pôles. Elle est un arbre de vie, dont les racines sont dans le soleil, les tiges dans les planètes, les branches dans leurs satellites, et dont les plus petits rameaux s'étendent jusqu'aux comètes invisibles qui parcourent les extrémités du système de l'astre du jour.

HARMONIES VÉGÉTALES
DES VÉGÉTAUX.

Nous avons vu que chacune des puissances élémentaires s'harmoniait avec elle-même et avec les autres : l'air est en équilibre de température et de niveau avec l'air, l'eau avec l'eau. Toutes les parties de la terre se supportent comme celles d'une voûte, en pesant toutes ensemble vers un centre commun. Chacun des trois éléments parcourt la sphère des douze harmonies physiques et morales par des contrastes et des consonnances, d'où résultent les genres et les espèces diverses des vents, des mers et des montagnes. Il en est de même de la puissance végétale.

La plus importante de ses harmonies est, sans contredit, la conjugale. Elle ne divise pas les végétaux, comme les animaux, en deux grandes moitiés de mâles et de femelles; mais elle réunit, dans la plupart des végétaux, la faculté reproductive, de manière qu'elle est inhérente à leur tronc même. Nous avons considéré ailleurs les fibres de la tige d'un végétal comme autant de plantes particulières réunies sous la même écorce. Nous sommes portés à croire que ces fibres sont mâles et femelles dans les végétaux qui ont les deux sexes, et que de leur union résulte la faculté qu'ils ont de se reproduire par des boutures. Ce qui nous porte à adopter cette opinion, c'est que cette faculté n'existe pas toujours dans les végétaux dont les sexes sont séparés, comme les palmiers-dattiers; car, si on en coupe la tête, le tronc périt, sans pousser même de rejeton. Notre idée paraîtra tout-à-fait vraisemblable, si l'on considère que les animaux dont les sexes sont séparés, ne peuvent se régénérer par boutures; leurs parties divisées perdent la vie sur-le-champ; tandis que les hermaphrodites la conservent, tels que les vers de terre ou lombrics, dont les tronçons, comme les végétaux bisexes, deviennent des êtres parfaits, et se reproduisent, suivant les expériences de Deleuze et de Bonnet. Il semble donc que la flamme de la vie et de l'amour soit attachée à la réunion de la fibre mâle et femelle, comme la flamme d'une lampe à sa mèche, composée de fil et de coton. Les végétaux et les animaux hermaphrodites nous en montrent la preuve. Cette harmonie existe momentanément dans la réunion de ceux dont les sexes sont séparés, non-seulement pendant leur vie, mais même après leur mort.

L'Ancien Testament dit que David, devenu

vieux, couchait avec une jeune fille, uniquement pour se ranimer ; et Plutarque rapporte qu'à Rome les brûleurs de corps dans les funérailles, mettaient un corps de femme sur dix ou douze d'hommes, pour les mieux faire flamber.

Il y a électricité entre la fibre mâle et la fibre femelle, dans toutes les puissances de la nature. C'est sans doute parce que l'une et l'autre sont réunies dans la plupart des végétaux, qu'ils se reproduisent non-seulement par leur semence, mais par leurs tiges, leurs branches et même leurs feuilles. Par cette fécondité conjugale, active dans toutes ses parties, ils forment entre eux un immense réseau, qui enveloppe le globe, et s'étend des espèces aux espèces et des genres aux genres. Qui n'a pas senti, à la vue d'une forêt ou d'une simple prairie, qu'il existait d'autres lois que celles de la végétation ? Ici, le chèvre-feuille rampant embrasse de ses guirlandes de fleurs le tronc rond et raboteux du chêne, et là, une vigne a reçu des mains pour se joindre aussi d'une union sororiale à l'ormeau rameux. Les herbes mêmes des prairies offrent entre elles des accords ravissants ; leurs fleurs, variées de tant de couleurs, sont des couches conjugales. Leurs semences aigrettées, qui volent dans les airs, résultent de l'harmonie maternelle. Leurs familles s'emparent des sites les plus âpres, et se réunissent en tribus et en légions, pour se supporter mutuellement contre les vents. Les espèces des végétaux consonnent avec leurs espèces, et leurs genres contrastent avec leurs genres. La nature nous montre les plantes par vastes amphithéâtres, et la botanique dans des pots. Mais une graminée n'a pas les harmonies d'une prairie, ni un arbre isolé celles d'une forêt. C'est dans l'ensemble des végétaux que sont répandus les sentiments de grâce, de majesté, d'immensité que nous font naître les paysages. Qui n'a étudié les plantes que brin à brin, ne connaît pas plus la puissance végétale, que celui qui n'aurait observé qu'un homme isolé, ne connaîtrait les rapports des familles, des tribus, des nations, du genre humain.

L'homme seul, sans aucun besoin physique, est touché des harmonies mutuelles des végétaux. L'insecte aux yeux microscopiques cherche sa pâture sur cette feuille, qui lui semble une vaste prairie; le bœuf aux grands yeux mugit de plaisir à la vue du pâturage ondoyant, qui ne lui apparaît que comme une seule feuille : l'un et l'autre ne sont mus que par leur appétit; ils n'admirent dans les plantes, ni les canaux séveux qui ravissent d'étonnement les naturalistes, ni les bouquets qui font palpiter le sein des bergères ; mais l'homme est sensible à toutes leurs harmonies, et ce sentiment se développe en lui avec le fil de ses jours. Enfant à la mamelle, il sourit à la vue des fleurs ; dès qu'il peut marcher, il aime à courir sur le pré qui en est émaillé ; dans l'adolescence, il assortit pour sa maîtresse le jasmin et la rose ; dans la jeunesse, il groupe pour elle en berceaux les ébéniers, les lilas : ce sentiment harmonique augmente en lui avec les années et la fortune. Est-il riche et joint-il à ses richesses les lumières que lui ont acquises les Le Vaillant, les Jussieu et les Linnæus ; il lui faut chaque jour des espèces et des genres nouveaux. Il voudrait mettre toutes les fleurs de l'Asie dans son jardin, et toutes les forêts de l'Amérique dans son parc. Mais les plaisirs que donne la botanique aux savants riches, n'approchent pas de ceux que donne la nature aux ignorants pauvres, mais sensibles.

Le piéton qui part dès le point du jour, admire le paysage que l'aurore développe peu-à-peu devant lui. Ses regards se reposent tour-à-tour avec délices sur des prairies tout étincelantes de gouttes de rosée, sur des forêts agitées par les vents, sur des rochers moussus, et jusque sur les arbres ébranchés des grandes routes, qui apparaissent de loin comme des géants ou des tours. Souvent son chemin l'intéresse plus que le lieu où il doit arriver, et le paysage plus que les habitants. Ce sont ces réminiscences végétales qui nous rendent si chers les jours rapides de notre enfance, et certains sites de cette terre que nous parcourons comme des voyageurs. Nous en transportons par-tout les ressouvenirs avec les images. Des prairies toutes jaunes de bassinets, bordées de pommiers couverts de fleurs blanches et roses, me rappellent les printemps et les prairies de la Normandie; des algues brunes, vertes, pourprées, suspendues à des rochers de marne tout blancs, les falaises du pays de Caux; des aloès et des caroubiers, les collines blanches et stériles de l'île de Malte; des bouleaux au feuillage léger, entremêlés de sombres sapins, les forêts silencieuses et paisibles de la Finlande; des palmistes et des bambous murmurants, l'Ile-de-France et ses Noirs gémissants dans l'esclavage; enfin, à la vue d'un fraisier dans un pot sur une fenêtre, je me rappelle l'époque fortunée où, persécuté par les hommes, je me réfugiai dans les bras maternels de la nature.

Ce charme des harmonies végétales s'étend à tous les temps, à tous les lieux, à tous les âges. Il inspira dans des jardins les premières leçons de la philosophie à Pythagore, à Platon, à Epicure. Il accompagne les hommes jusque dans le sein de la mort: beaucoup de mourants ne s'entretiennent que des voyages qu'ils veulent faire à la campagne; des ames cruelles même en sont émues: Danton, complice des massacres du 2 de septembre, s'écriait en soupirant dans son cachot: Ah! si je pouvais voir un arbre! Malheureux ! puisque ce sentiment naturel subsistait encore dans ton cœur, tu n'étais donc pas tout-à-fait dépravé !

Si le globe de la terre offre dans chacun de ses horizons plusieurs paysages, il est probable que les autres planètes en ont aussi qui leur sont particuliers, et dont les végétaux diffèrent plus des nôtres, que ceux du nouveau Monde ne diffèrent des végétaux de l'ancien. Chaque planète, tournant sans cesse sur elle-même, doit présenter dans sa circonférence de nouvelles modifications de la puissance végétale, éclairées par des aurores, des printemps, des étés, de quelques jours, de quelques mois, de plusieurs années : toutes les harmonies de la végétation doivent s'y montrer à-la-fois et successivement. Elles se présentent toutes ensemble avec leurs disques, leurs lunes et leurs anneaux émaillés de fleurs et de verdure, comme des pierreries étincelantes de mille et mille couleurs. Toutes circulent autour du soleil, formant une harmonie céleste et éternelle pour ses heureux habitants. Tantôt disséminées dans les cieux, elles composent une couronne autour de l'astre du jour et de la vie ; tantôt rangées à la file les unes des autres, elles représentent une longue guirlande dont il est le chef ; vous diriez d'un chœur de nymphes parées d'habits toujours divers, qui célèbrent une fête éternelle autour d'un frère, d'un époux et d'un père. Mais que dire des végétaux qui décorent le globe même du soleil ? Aucun œil sur la terre ne les a jamais vus, et aucune langue humaine ne pourrait en exprimer la magnificence.

HARMONIES VÉGÉTALES

DES ANIMAUX.

Nous avons donné, au commencement de cette harmonie, un aperçu des rapports que les végétaux avaient avec les animaux par la variété de leurs espèces, dont les genres prototypes étaient destinés particulièrement à l'homme. Nous allons présenter ici les relations que les animaux ont avec les végétaux par les organes de la vue, de l'ouïe, de l'odorat, du marcher, du goût et des sécrétions. Nous parlerons, aux harmonies animales des végétaux, de la souplesse et de l'élasticité des herbes, qui fournissent tant de litière aux animaux; des cimes feuillées et des rameaux des arbres, qui leur présentent de toutes parts des toits et des abris. En général, les petits végétaux sont ordonnés aux quadrupèdes, et les grands aux oiseaux, par une harmonie qui lie les extrêmes dans la nature. Les harmonies végétales des animaux, dont nous allons parler, devraient être rapportées à la puissance animale, et les animales des végétaux à la puissance végétale, dont nous nous occupons ici : mais ces deux puissances se croisent, afin de se maintenir et de se fortifier l'une par l'autre. Sans la végétale, les animaux ne subsisteraient pas; sans l'animale, les végétaux s'étoufferaient par leur propagation même. Elles composent, pour ainsi dire, dans leur réunion, une riche étoffe, dont la végétale est la chaîne, et l'animale la trame. Je n'en présente ici que l'envers avec ses fils, afin de montrer l'industrie de leur tissu : j'espère en montrer plus tard le dessus dans toute sa fraîcheur.

Les végétaux ont beaucoup de rapports qui paraissent étrangers à leur végétation. Ils portent, en général, bien plus de graines qu'il ne leur en faut pour les reproduire. Un grand nombre de semences sont entourées de pulpes superflues à leur germination. Les graminées ont une mollesse qui les rend incapables de résister longtemps aux vents, et sur-tout aux hivers. Elles seraient plus fortes et plus durables, si elles étaient ligneuses. Pourquoi une herbe n'est-elle pas de bois comme un petit arbre ? Pourquoi, parmi les genres des arbres, y en a-t-il sur le même sol qui restent toujours faibles et humbles, comme ceux des arbrisseaux et des buissons, tandis que d'autres s'élèvent à des hauteurs prodigieuses ? Pourquoi enfin y en a-t-il qui sont hérissés d'épines ? La nature, qui ne fait rien en vain, semble ici s'écarter de sa sagesse, et se livrer à des caprices et à des excès; mais ces superfluités sont des prévoyances et des pierres d'attente dans l'édifice de sa puissance. Les végétaux sont destinés aux animaux, auxquels il fallait des aliments, des litières, des toits et des forteresses.

C'est pour leur faire apercevoir de loin les fruits des végétaux dans leur maturité, que la nature les fait contraster alors de couleur avec les feuilles qui les ombragent. Chaque espèce de végétal même a ses teintes, qui invitent l'espèce d'animal à laquelle elle est destinée, à s'en rapprocher, et qui forment avec elle des contrastes du plus grand agrément. Ainsi, le merle noir vole en sifflant vers la cerise pourprée; et le taureau, semblable à un rocher, mugit de joie et hâte son pas pesant, à la vue des prairies en fleur. C'est pour saisir de loin ces convenances végétales, que les animaux ont des yeux, dont la portée s'étend à de grandes distances par la médiation de la lumière de l'astre du jour.

Les nuits mêmes sont favorables à leurs recherches, par le moyen des vents. Les sons que plusieurs fruits mûrs rendent dans leur chute, sont en harmonie avec l'ouïe des animaux. En Amérique, les siliques brunes et résonnantes du canneficier, appellent, par leur cliquetis, les oiseaux qui ne peuvent les voir de loin. Au sein même de l'obscurité la plus profonde, le fruit noir du genipa, qui fait en tombant le bruit d'un coup de pistolet, invite à la pâture les crabes, qui ne voyagent que de nuit; et dans nos forêts, la chute des faînes et des glands fait accourir les sangliers sous les hêtres et sous les chênes.

Mais c'est principalement par les odeurs que les plantes attirent les animaux. C'est pour eux qu'elles étendent leurs émanations à des distances prodigieuses, et c'est par l'organe de l'odorat qu'ils distinguent l'aliment qui leur est propre. Tout animal flaire ce qu'il veut manger: la théorie de sa botanique est dans son odorat. Ce sens exquis est l'avant-coureur du goût; aussi la nature l'a-t-elle placé immédiatement au-dessus. Il est remarquable que la vue, l'ouïe, l'odorat et le goût, sont distribués dans la tête, dans le même ordre que les éléments sur le globe; c'est-à-dire, la lumière, l'air, les vapeurs aquatiques et la terre; et que ces sens forment, comme les éléments auxquels ils correspondent, une progression descendante en étendue, et ascendante en jouissances. La vue s'étend le plus loin, mais le goût jouit de plus près. La vue ne saisit que la surface des corps; le goût en pénètre l'intimité, annoncée par l'odorat. Nous observerons cependant que la nature, qui a compensé toutes choses, n'a donné qu'un odorat très-faible aux oiseaux, qu'elle a doués d'ailleurs d'une vue perçante, et de la facilité de s'élever sur les arbres;

afin de voir de loin. Au contraire, elle a donné aux quadrupèdes, qui vivent à terre et dans les herbes, une vue assez bornée, mais elle y a joint un odorat très-subtil. Un oiseau granivore ne juge guère de ses aliments que par leurs formes et leur couleur. Une poule ne flaire pas son grain ; mais s'il lui est étranger, elle l'éparpille avec son bec et ses pates, et le considère de tous côtés avant de l'avaler : c'est peut-être par cette raison qu'elle ne mange pas pendant la nuit. Le cheval, au contraire, se repaît dans l'obscurité comme à la lumière ; mais lorsqu'on lui présente son avoine, il ne manque pas de la flairer ; et si l'odeur lui en déplaît, il s'en abstient. Le chat, dont l'odorat est bien plus subtil, comme celui de tous les animaux carnassiers, parce qu'ils ne cherchent leur proie que la nuit, ne reçoit pas même la nourriture immédiatement de la main de son maître ; il semble qu'il craigne de confondre les odeurs de l'une et de l'autre ; il faut la lui mettre à terre, afin qu'il puisse l'odorer à part, et juger de ses convenances avec son estomac.

Mais c'est le goût qui assure à l'animal que son aliment est analogue à ses humeurs. Par le plaisir qu'il excite dans ses papilles nerveuses, il en fait jaillir une liqueur savonneuse, appelée salive, qui est le plus puissant des digestifs. Avant d'entrer dans quelque analyse à ce sujet, nous observerons que c'est pour ce sens si varié dans les animaux, que les végétaux ont des saveurs innombrables, auxquelles sont attachées, si je puis dire, toutes les modulations de la vie. La plupart des plantes ne se distinguent que par des nuances de verdure qui souvent se confondent à nos yeux ; mais elles diffèrent toutes par des odeurs, et sur-tout par des saveurs très-variées qui déterminent leurs vertus. Il est bien étonnant que la botanique n'ait employé jusqu'ici que la vue pour en étudier les caractères apparents, souvent variables et incertains, tandis que le goût en distingue une infinité qui en constituent la nature. Un docteur, avec la meilleure loupe, ne voit, qu'une espèce de prune dans tous les pruniers du monde, mais un enfant, fût-il aveugle, en différencie toutes les espèces avec son palais.

D'ailleurs, c'est au sens du goût que tous les sens élémentaires aboutissent. Si ceux de la vue, de l'ouïe, de l'odorat, annoncent aux animaux leurs aliments, celui du mouvement les y transporte. Le marcher des quadrupèdes n'est pas seulement ordonné à la terre, mais aux herbes qui y croissent. C'est pour les pâturer qu'ils ont, non-seulement de longues jambes, mais aussi de longs cous, afin qu'ils puissent incliner leur bouche jusqu'à elles. Le voler des oiseaux frugivores n'est pas seulement destiné à leur faire traverser les airs, mais à les conduire à l'arbre dont ils, mangent les fruits. Ils ont pour cet effet des pates courtes, armées de trois doigts en avant et d'un en arrière pour en saisir les branches. Ceux qui cherchent leur nourriture à terre et ne perchent pas, n'ont point de doigts en arrière : telles sont les autruches. Les insectes ont des moyens de progression et d'adhésion encore plus ingénieux, à cause de leur légèreté, qui les expose à être enlevés par les vents. La fourmi, avec ses six pates armées de crochets, monte au sommet des plus hauts cyprès pour en manger les graines. La chenille rampante grimpe, avec douze anneaux garnis de griffes, sur le tronc des arbres, et se fixe avec des fils sur leurs feuilles mobiles. Le lourd limaçon parvient au même but avec la glu de sa membrane musculeuse et ondoyante. La sauterelle voyageuse franchit les herbes des prairies par le ressort de ses deux longues jambes; mais la cochenille, faible et sédentaire, émigre, au sortir de l'œuf, d'un nopal à l'autre, au moyen des fils que les araignées y tendent comme des ponts de communication; puis elle se fixe, pour toute sa vie, sur sa feuille épaisse, où elle enfonce sa trompe fragile. C'est sans doute pour la mettre en sûreté contre les oiseaux, que la nature a couvert ce végétal de pointes déliées, fines comme des aiguilles. Une herbe n'est pas moins inaccessible aux oiseaux par ses épines, qu'un cèdre aux quadrupèdes par sa hauteur.

Enfin, le nager même des poissons est coordonné à leurs aliments, c'est-à-dire à des végétaux ou à leurs dissolutions, même dans les ichthyophages. C'est pour en recueillir les débris aux embouchures des fleuves, que tant de poissons y abondent : les uns, alongés pour passer entre les détroits des rochers, tels que les merlans, les congres, les murènes ; les autres, aplatis pour barboter dans les vases ou les sables, comme les plies, les limandes, les carrelets, les fletans ; et d'autres, comme les baleines armées d'une large queue, remontent en hiver jusqu'aux extrémités de la mer du Nord, et pâturent au fond de ses baies, où les courants du sud déposent les alluvions des mers du Midi. Là, elles reposent leur vaste corps sur de grandes prairies de glaïeuls, couvertes d'insectes marins qu'elles brisent dans leurs fanons. Elles y bravent le choc des glaces flottantes de l'été, au moyen du lard épais dont une nourriture abondante les a matelassées.

Il était bien juste que la nature donnât à chaque genre d'animal des moyens de progression divers, puisqu'elle avait placé les aliments de chacun d'eux sur différents sites et à différents étages. Ils sont répandus au sommet des montagnes et au fond des vallées, dans l'épaisseur de la terre et dans la profondeur des mers, sur des racines, des mousses, des herbes et des arbres. Il y a plus, chaque végétal nourrit dans chacune de ses parties des animaux de genres différents. Il alimente de sa sève les animaux microscopiques; de ses feuilles, les pucerons et les gallinsectes; de ses fleurs, les mouches et les papillons; de ses semences, les oiseaux; de ses tiges, les quadrupèdes; de ses débris, les vers-tarières et les fourmis; de ses décompositions, les poissons. Si nous joignons à ces animaux frugivores les carnivores, qui vivent de ceux-ci, et dont les genres sont peut-être aussi nombreux en insectes, en oiseaux, en quadrupèdes et en poissons, nous trouverons que la plus petite plante est le centre d'une sphère vivante d'animaux dont chaque rayon nourrit des genres différents. Ainsi, la plus petite mousse peut fort bien nourrir un insecte dans son sein, un quadrupède par ses agrégations, et un cétacée par ses décompositions. Telle est sans doute celle dont le renne se paît dans le Nord. Elle donne un asyle au taon terrible qui le persécute : mais, précipité par les vents au sein des mers, il y devient peut-être lui-même la proie de la baleine. Comme chaque harmonie d'un élément avec le soleil a ordonné sur chaque site de la terre plusieurs genres et plusieurs espèces de végétaux, chaque harmonie d'un végétal avec le soleil a ordonné à son tour plusieurs genres et plusieurs espèces d'animaux, qui, par conséquent, sont beaucoup plus nombreux que les premiers. Il y a cinq ou six mille espèces de mouches en France, et il n'y a pas deux mille espèces de végétaux.

Il n'est aucun animal qui manque d'organes nécessaires à son genre de vie, ou qui en ait de superflus. Les oiseaux aquatiques, qui barbotent dans les vases des rivières pour y chercher des racines ou des vers, ont le bec large et aplati, tels que les canards, les oies, les cygnes. Les frugivores, qui vivent de fruits mous, comme les sansonnets et les merles, ont un bec long et pointu. Il est court, à large base, un peu voûté, et tranchant sur les côtés pour casser les graines, dans les granivores, tels que les serins et les chardonnerets. Il est aigu et courbé comme les mordants d'une tenaille, dans les oiseaux qui vivent de semences renfermées dans des coques très-dures, tels que les perroquets. Il est très-remarquable que le nombre cinq, qui forme la première division proprement dite du cercle, et en ramène la circonférence à un centre, se trouve employé dans les cinq pétales des fleurs en rose, si communes, parce qu'elles réunissent le plus de rayons de soleil à leur foyer; et dans la division de la main de l'homme en cinq doigts, comme la plus propre à rassembler, à contenir et à saisir un objet; il est, dis-je, très-remarquable que ce même nombre cinq se retrouve dans l'organe du toucher des oiseaux. A la vérité, ceux qui ne perchent pas, n'ont que trois doigts à chaque pate, et ceux qui perchent en ont quatre ; mais les uns et les autres saisissant pour l'ordinaire leur nourriture avec la pate et le bec, on peut dire que leur bec est le cinquième doigt, en le considérant comme divisé en deux dans les oiseaux à trois doigts, et comme unique dans ceux qui en ont quatre. Ce rapprochement est d'autant plus sensible, que le bec des oiseaux est d'une matière cornée comme celle des ergots de leurs doigts ; qu'il est de la même teinte et dans les mêmes proportions de forme et de longueur. Les uns et les autres sont crochus dans les oiseaux de proie, épatés dans les oies, longs dans les bécasses, et courts dans les moineaux. Les doigts des oiseaux forment donc une véritable main, et leur bec en est en quelque sorte le pouce. La même division se rencontre aussi dans les crabes si voraces : le P. Du Tertre en compare avec justesse les huit pates et les deux pinces à deux mains ambulantes, adossées l'une à l'autre. Les animaux herbivores quadrupèdes ont des lèvres épaisses, pour saisir l'herbe et l'arracher, et un double rang de dents pour la broyer. D'autres, tels que le bœuf et la chèvre, n'ont qu'un seul rang de dents pour la hacher ; mais ils ont un double estomac pour ruminer et remâcher des herbes mal broyées. Qui pourrait nombrer et décrire les organes du goût dans les insectes ? Les uns ont des tarières, comme le ver de bois qui en porte le nom ; d'autres, des mâchoires quadruples, qui agissent à-la-fois de droite et de gauche, et de haut en bas, comme celles de la sauterelle herbivore. Ils ont des râpes, des rabots, des pompes, des dissolvants, des ventouses, des ciseaux, des gouges, des limes, des burins, etc., etc., qui leur servent à extraire leur nourriture de toutes les parties des végétaux. Qu'on ne nous vante plus l'ingénieux Dédale, qui inventa la scie pour réduire en planches les troncs noueux des arbres; les insectes, avec de plus faibles outils, les réduisent en poudre.

Enfin les animaux rendent, par leurs excréments sulfurés, la fécondité aux plantes dont ils se nourrissent; souvent ils en ressèment les graines avec eux. Si le buisson donne à l'oiseau un asyle fortifié dans ses rameaux épineux, et des vivres dans ses baies pierreuses, l'oiseau, à son tour, ressème les semences indigestibles du buisson. Ainsi la nature entretient les harmonies de ses puissances les unes par les autres.

Nous observerons que les chemins sont bordés de plantes qui conviennent tellement à la plupart de nos animaux domestiques, qu'on s'en sert pour les élever, les engraisser et les guérir. La renouée, qui étend ses cordons noueux le long des sentiers les plus battus, et croît, pour ainsi dire, sous les pieds des passants, plaît singulièrement aux porcs, qui cherchent volontiers leur vie le long des voies publiques : ils préfèrent cette herbe succulente aux graminées, et même au blé. C'est à cause de cette préférence, que les paysans appellent la renouée l'herbe au porc. Au reste, les bœufs en mangent avec plaisir, et j'en ai vu faire de bons et verts pâturages sur des coteaux secs et arides. L'ortie, qui croît si vigoureusement le long des murs des métairies, plaît aux poules d'Inde au point que, lorsqu'elle est hachée, elle est la meilleure nourriture que l'on puisse donner à leurs poussins. L'anserina potentilla, si aimée des canards et des oies, tapisse de ses fleurs jaunes les bords des mares, où ces oiseaux se plaisent à barboter. Le chardon, qui vient dans les terrains les plus négligés, fait les délices de l'âne solitaire. L'herbe au chat, qui croît d'elle-même dans nos jardins, attire, la nuit, autour d'elle, par son odeur forte de menthe, les chats du voisinage ; ils se roulent dessus, la caressent et en mangent avec un plaisir extrême. Le chiendent, ainsi appelé parce que le chien le mange pour se purger, croît par-tout : mais ce végétal cosmopolite sert encore à des animaux aussi utiles à l'homme : les chèvres le broutent avec délices, et leur toison en devient plus belle. Ce n'est point à l'air d'Angora qu'il faut attribuer la finesse, la longueur et l'éclat des poils de chèvre dont les Turcs font leurs magnifiques camelots, ainsi que l'ont dit quelques naturalistes, ni à ses rochers, qui n'existent point, quoique j'y en aie supposé moi-même, dans mes Études de la Nature; mais au chiendent long et soyeux que produisent uniquement ses vastes plaines. C'est au voyageur Busbeck que je dois cette observation; et il faut en croire cet aimable philosophe, auquel l'Europe est redevable du lilas, qu'il apporta d'Orient.

Les plantes cosmopolites croissent en général le long des grands chemins. Ce sont des espèces d'hospices que la nature y a établis pour les animaux domestiques voyageurs. Il y a apparence qu'ils en ressèment eux-mêmes les graines indigestibles à leurs estomacs; mais, d'un autre côté, ils les empêchent, en les broutant, de se propager avec trop d'abondance. La fleur femelle ouvre ses pétales à l'insecte, qui la féconde par les poussières d'une fleur mâle. L'herbe se met en touffe pour la bouche du quadrupède, qui en ressème les grains dans ses excréments; l'arbre ensemencé par l'oiseau se divise en rameaux pour lui offrir des asyles : mais l'insecte, à son tour, dépose un ver rongeur dans le sein de la fleur; le quadrupède, en tondant les prés, les empêche de grener, et ouvre des voûtes dans les forêts, en broutant leurs branches inférieures; enfin l'oiseau sème les arbres en mangeant leurs fruits. Les puissances végétale et animale se mettent en équilibre par des flux et des reflux : j'en citerai ici un exemple frappant. Tous les gens de lettres connaissent la charmante description de l'île de Tinian, faite par le chapelain de l'amiral Anson. Cet écrivain élégant et exact nous a représenté les forêts de cette île entremêlées de grandes clairières où paissaient de nombreux troupeaux de bœufs tout blancs ; elles étaient arrosées de ruisseaux qui, descendant des montagnes lointaines, allaient se rendre à la mer après avoir arrosé des plaines couvertes d'une multitude de coqs et de pigeons, qui remplissaient l'air de leurs chants et de leurs roucoulements. Il nous représente cette île solitaire comme une riche métairie au sein de la mer du Sud. Des voyageurs modernes dignes de foi, entre autres le capitaine Marchand, traitent aujourd'hui cette description de fabuleuse ; ils n'ont trouvé à Tinian qu'une forêt impénétrable et des marais fangeux, sans troupeaux et sans volatiles. Ces voyageurs, anglais et français, ont également raison. Lorsque Anson aborda à Tinian, cette île était peuplée de bœufs sauvages, qui broutaient les branches inférieures des arbres, leurs plants naissants, les tiges des herbes, et entretenaient dans ses forêts des avenues, des pelouses et des clairières. Les navigateurs, et sur-tout les Espagnols des îles voisines, ont détruit ces animaux par des chasses qui étaient déjà fréquentes du temps d'Anson. Alors les arbres ont poussé de toutes parts; les herbes ont grené, et leurs débris, non pâturés, ont obstrué les ruisseaux; les belles clairières et les pelouses ont disparu. Ainsi les animaux pâturants répriment le luxe de la puissance végétale; ils sont les premiers jardiniers de la terre, qu'ils fécondent et qu'ils embellissent sans le savoir : mais leurs harmonies végétales ne sont pas encore comparables à celles de l'homme.

HARMONIES VÉGÉTALES

DE L'HOMME.

Nous avons montré, dans le premier aperçu de la puissance végétale, que les genres des végétaux avaient été ordonnés aux quatre tempéraments de l'homme, et à ses principaux besoins dans les différentes latitudes de la terre, en raison inverse des influences du soleil. Nous allons développer ici, dans un plus grand détail, les harmonies végétales de l'homme, auxquelles nous joindrons les harmonies humaines des végétaux, afin de les réunir toutes dans le même tableau. Nous les présenterons successivement aux puissances élémentaires et organisées, suivant notre ordre harmonique ; et nous verrons se développer les rapports actifs et passifs des végétaux avec tous les sens de l'homme, et sur-tout avec la nutrition, qui leur est particulièrement ordonnée. Nous les verrons en proportion avec sa taille, son marcher, son repos, son berceau et son tombeau. Il nous suffira, aux harmonies humaines proprement dites, de récapituler ses rapports généraux avec les puissances de la nature, pour nous donner la plus juste idée de son ensemble, dont ces paragraphes ne sont que des études particulières.

Qui n'est pas ému des harmonies que les végétaux forment avec les éléments par rapport à nous? En commençant par celles de la lumière, quels charmants effets l'aurore ne produit-elle pas sur les fleurs des prairies et dans les feuillages des forêts! Elles ressemblent alors à d'immenses voûtes de verdure, supportées par des colonnes de bronze antique. Lorsque le soleil, au milieu de sa carrière, embrase les campagnes de ses feux verticaux, les arbres nous offrent de magnifiques parasols. Il est très-remarquable que, de toutes les couleurs, la verte est la plus amie de la vue. C'est une couleur harmonique, formée de la couleur jaune de la terre et de la bleue du ciel: aussi la nature en a couvert les plaines, les vallons, les montagnes et les végétaux, qui prêtent leurs ombrages au repos de l'homme. La nuit, malgré son obscurité, nous présente, avec eux, de nouveaux accords. Le lune éclaire les forêts de sa lumière tremblante, qui guide encore les pas du voyageur; les étoiles, à l'orient, se montrent tour-à-tour à l'extrémité de leurs rameaux, et viennent couronner leurs cimes: on dirait que les arbres portent des constellations. Ces bienfaits de la lumière sont communs aux animaux comme aux hommes. Le lever du soleil est le réveil de toute la nature, et celui d'une étoile est celui d'un oiseau de nuit ou d'un insecte nocturne, aussi bien que celui d'un chef d'escadre, ou d'un général d'armée. Mais voici le bienfait qui est particulier à l'homme dans le partage de la lumière : c'est pour lui seul que l'arbre renferme dans son bois l'élément du feu. Lorsque la nuit a couvert l'horizon de ses voiles, le pêcheur allume sa torche, et l'ouvrier sa lampe; les divers étages des maisons sont éclairés; une ville paraît, de loin, constellée comme une portion des cieux. Cependant l'homme, à cet égard, n'a aucun avantage sur quelques insectes : des mouches et des vers répandent, au sein des buissons, une lumière qui leur est propre. Mais le feu seul a donné l'empire de la terre à l'homme. C'est pour l'entretenir au sein des plus rudes hivers, que la Providence a couvert les contrées septentrionales d'arbres résineux, tels que les pins et les sapins; elle les a destinés aux besoins de l'homme, et non à ceux des animaux. Jamais l'ours blanc si vigoureux, ni le renard si subtil, n'en ont éclaté les troncs ou rompu des branches, pour en faire des torches flamboyantes et en réchauffer leurs tanières. La vue seule du feu épouvante ces enfants de la nuit au milieu de leurs glaces, tandis qu'elle y réjouit le Lapon et le Samoïède. La nature, en confiant à l'homme cet élément céleste émané du soleil, n'a remis qu'entre ses mains le sceptre de l'univers.

Les végétaux renouvellent l'atmosphère, en changeant l'air méphitique des marais en air pur, comme l'ont démontré les expériences du docteur Ingenhousz, et après lui, celles de plusieurs naturalistes. Ces avantages sont communs à l'homme et aux animaux; mais le premier en tire de particuliers, qui lui sont de la plus grande utilité. Les arbres lui donnent à-la-fois les moyens de se préserver du calme suffocant de l'air et de ses tempêtes. Ils lui fournissent, dans les pays chauds, des éventails, tels que les feuilles du palmier, qui en porte le nom. On en peut voir la forme sur les papiers peints des Chinois, qui en font un fréquent usage. Non-seulement les rameaux des arbres lui donnent des parasols et des ventilateurs, mais ils lui offrent, par leurs grands bosquets, des remparts qui abritent ses cultures de la fureur des ouragans. Au moyen du feu, il en détache des perches, des palissades, d'énormes poutres, et il en fabrique le toit où il se met à couvert avec sa famille. Les herbes et les plantes, telles que le cotonnier, le lin, le chanvre, lui fournissent des toiles propres, par leur légèreté et leur souplesse, à mettre son corps à l'abri de toutes les injures de l'air. Au moyen des voiles qu'il en fabrique, il se sert du vent, comme d'un esclave, pour faire tourner son moulin, ou pour faire voguer son bateau; quelquefois il se l'associe comme un ami, et, au moyen des cannes et des roseaux, il le fait soupirer ses amours dans les chalumeaux des flûtes et des hautbois.

Les forêts attirent les vapeurs de l'atmosphère au sommet des montagnes, et en entretiennent les sources qui en découlent : ce sont les châteaux d'eau des fleuves. Il y a aussi plusieurs végétaux qui semblent destinés à être les réservoirs des eaux de la pluie qui doit rafraîchir les lieux les plus arides. Dans nos climats, les aisselles des feuilles du chardon de bonnetier en contiennent un petit verre ; la feuille contournée en burette d'une espèce de balisier d'Amérique en renferme un grand gobelet ; une plante parasite, en forme de pomme d'artichaut, qui croît sur les pins de la baie saumâtre de Campêche, en tient une bonne pinte ; la liane à eau de roche des Antilles, étant coupée, coule comme une fontaine ; le baobad des sables marins de l'Afrique en conserve plusieurs tonneaux dans son tronc caverneux : c'est une citerne végétale. Mais toutes ces prévoyances de la nature semblent s'étendre aux animaux aussi bien qu'à l'homme. Il n'en est pas de même de la flottaison des arbres, qui ne paraît utile qu'à celui-ci. Quoique leurs bois soient plus solides que la pierre, et quelquefois durs comme le fer, ils sont plus légers que l'eau : s'ils étaient pesants comme les minéraux, ils couleraient à fond. De ce seul inconvénient, il s'ensuivrait que l'Océan ne pourrait être navigué, et que ses îles seraient sans habitants. Il est remarquable que les végétaux les plus légers, et par conséquent les plus propres à voguer, croissent sur les bords des fleuves : aux Indes, les bambous; dans nos climats, les saules et les peupliers; au Nord, les bouleaux. Quoique leurs tiges soient tendres comme celles des bois blancs, creuses comme celles des bambous, et qu'ils portent des cimes fort étendues, elles résistent, par leur élasticité, aux vents, qui rompraient des colonnes de granit du même diamètre et de la même hauteur. Mais, au moyen du feu, l'homme excave et façonne les troncs les plus durs; il en fait des vases, des tonneaux, des canots. C'est avec des pirogues qu'il a d'abord fait le tour du monde, et peuplé les îles et les continents qu'entoure le vaste Océan.

La puissance végétale couvre la terre d'arbres, d'herbes et de mousses, qui servent de toits et de litière aux animaux comme à l'homme. Elle tapisse même les flancs perpendiculaires des roches, de lianes, de lierres, de vignes vierges, de buissons, qu'elle présente, comme des échelles et des degrés, à plusieurs quadrupèdes ainsi qu'à l'homme. Mais l'homme est le seul qui varie à son gré les paysages de son horizon, au moyen du feu et de son intelligence. C'est un spectacle digne de l'attention d'un philosophe, de voir les défrichés d'une colonie naissante, au sein d'une île nouvellement découverte. C'est là que les cultures de l'homme contrastent de la manière la plus frappante avec celles de la nature. J'ai joui fréquemment de ces oppositions, dans un voyage que je fis à pied, en 1770, autour de l'Ile-de-France. Tantôt, en côtoyant les bords de la mer, sur une pelouse parsemée de lataniers, je traversais de sombres forêts de benjoins, de bois d'olive, d'ébéniers, de tatamaques; tantôt j'entrais dans des défrichés où les troncs monstrueux de ces arbres, renversés par la hache et quelquefois par la poudre à canon, gisaient sur la terre, où le feu les consumait, et exhalaient dans les airs d'épais tourbillons de fumée. Leurs cendres concrètes conservaient quelquefois une partie de leurs formes et de leurs masses; mais par-tout elles couvraient le sol à plus d'un demi-pied d'épaisseur, et lui préparaient, par des sels nouveaux, une longue et abondante fertilité. Sur les terrains précédemment défrichés du voisinage, on voyait toutes les cultures d'une habitation briller d'une verdure naissante. Une montagne, élevant dans l'atmosphère ses hautes et murmurantes forêts, où se rassemblaient les nuages, semblait dire : Je suis l'ouvrage de la nature ; et j'ai été ensemencée pour tous les animaux de cette île par la puissance végétale. La montagne voisine, sa sœur, moins élevée en apparence par la chute de ses arbres antiques, mais revêtue de champs nouveaux de maniocs, de patates, de caïfiers, de cannes à sucre, divisés çà et là par des haies de roses et d'ananas, semblait dire : Je suis l'ouvrage d'une Providence, amie particulière de tous les hommes blancs ou noirs, et j'ai été plantée par la puissance humaine.

Les arbres, par leurs harmonies propres, donnent les moyens de les escalader. S'ils croissaient par les simples effets de l'attraction, ou de la colonne d'air verticale, comme le prétendent plusieurs botanistes, ils ne produiraient que des tiges perpendiculaires et nues, telles que celles des blés ; mais la plupart, au contraire, se garnissent, depuis la racine jusqu'au sommet, de branches étagées et divergentes, afin de donner à l'homme particulièrement les moyens d'y monter. Les quadrupèdes frugivores grimpants, tels que les rats, les écureuils, les singes, n'ont besoin que de leurs ongles durs et crochus, qu'ils enfoncent dans l'écorce des arbres, pour en atteindre les sommets. Les palmiers, dont les cimes sont très-élevées, ont des troncs couverts de hoches, formées par la chute successive de leurs palmes, et l'homme s'en sert, comme nous l'avons dit, pour aller cueillir leurs fruits. C'est sans doute par cette raison de convenance avec lui, que les lianes sont si communes dans les pays torridiens, et qu'elles tournent en spirale autour des troncs des arbres, dépourvus, pour la plupart, de branches à une grande élévation. J'ai remarqué aussi dans ces climats que la plupart des végétaux qui produisent des fruits mous et d'un volume considérable, les portent appuyés sur leur tronc et à la hauteur de l'homme : tels sont les bananiers, les papayers, les jacquiers, et même les calebassiers. Les arbres fruitiers de nos vergers, dont les fruits tendres peuvent se briser en tombant, sont environnés d'une verte pelouse, et s'élèvent à une hauteur médiocre : tels sont les pommiers, les poiriers, les pêchers, les abricotiers, les pruniers, les figuiers. Ils présentent à-la-fois le fruit et l'échelle pour le cueillir. Mais l'homme, au moyen du feu, varie à son gré les harmonies des végétaux. Il brûle tous ceux qui lui sont inutiles, et qui, sans lui, resteraient long-temps sur la terre. Avec le feu, il abat les plus grands arbres, et en tire des perches pour supporter des plantes rampantes, et des cerceaux pour en faire des tonnelles. Par le feu, il convertit à ses besoins et à ses plaisirs un grand nombre de productions végétales âpres ou insipides dans leur origine; le café, par la torréfaction; le thé, par l'ébullition; le tabac, par la fumigation; les légumes, par la cuisson; le blé, par la panification. Enfin, l'homme est le seul des animaux qui exerce l'agriculture et les arts innombrables qui en dérivent; et c'est par le feu qu'il donne aux végétaux les harmonies extérieures qui lui conviennent, et qu'il en extrait celles que la nature y avait renfermées pour ses besoins intérieurs.

L'homme tourne encore à son avantage les harmonies végétales des animaux. C'est par les plantes qui leur plaisent qu'il en a subjugué plusieurs. Avec les trèfles, les graminées, les vesces, les orges, il a attiré et attaché à son domicile la chèvre, la vache, l'âne, le cheval, et jusqu'à des oiseaux, tels que la poule et le pigeon, qui, ayant des ailes, semblaient destinés à une liberté perpétuelle. S'il a attiré et fixé dans son habitation les animaux herbivores par des herbes bienfaisantes, il éloigne d'elle les animaux carnassiers par les végétaux épineux dont il l'environne. Il y a plus, il leur fait une guerre avantageuse avec des armes que lui fournit la puissance végétale, au moyen du feu. Jamais on n'a vu le singe, habitant des forêts, s'armer pour combattre ses ennemis; mais l'homme, avec le feu et son intelligence, coupe et façonne en massue la racine noueuse d'un arbre; il en courbe la branche en arc, et l'écorce en carquois; il en taille les jeunes plants en flèches, et les grands en lances. Avec ces armes végétales, il terrasse le lion et le tigre. Heureux si, en employant l'élément du soleil et une raison divine pour les fabriquer, il ne s'en fût jamais servi à la destruction de ses semblables!

Les harmonies végétales immédiates de l'homme sont bien plus étendues que toutes les précédentes.

Si la nature a mis à sa disposition les nourritures végétales des animaux domestiques, elle l'a mis lui-même en rapport direct avec une multitude de plantes alimentaires. Elle l'a placé d'abord au centre du système végétal, par son attitude et par sa taille. Ce n'est point pour voir le ciel, comme l'ont dit les poëtes, qu'elle l'a mis, seul des animaux, debout et en équilibre sur deux pieds. Les oies, les canards, et sur-tout les pingoins, jouissent du même avantage. Dans cette attitude, ses yeux ne sont dirigés que vers l'horizon ; et sa hauteur, qui est entre cinq ou six pieds, ne l'élève guère au-dessus de la terre. Mais il est très-remarquable que cette grandeur le met au centre de la puissance végétale ; de manière qu'il a autant de végétaux au-dessus de lui dans les arbres, qu'il en a au-dessous dans les herbes ; ainsi, il en aperçoit toutes les productions, au moyen de son attitude perpendiculaire et de la position horizontale de sa tête. Les oiseaux qui vivent dans les arbres, renversent aisément leurs têtes en arrière pour voir leur nourriture qui est au-dessus d'eux ; mais les quadrupèdes portent les leurs inclinées vers la terre, où ils trouvent leurs aliments. L'homme, dont la tête horizontale se meut en haut et en bas, à droite et à gauche, aperçoit à-la-fois l'herbe qu'il foule aux pieds, et les sommets des plus grands arbres.

Mais c'est sur-tout avec les arbres fruitiers

qu'il est dans un rapport parfait. Par tous pays, la plupart des fruits destinés à la nourriture de l'homme, flattent sa vue et son odorat. Ils sont, de plus, taillés pour sa bouche, proportionnés à sa main et suspendus à sa portée.

Dans une fable charmante de La Fontaine, le villageois Garo trouve mauvais que la citrouille ne soit pas portée par le chêne.

> C'eût été justement l'affaire :
> Tel fruit, tel arbre, pour bien faire.

Le raisonneur Garo s'endort au pied du chêne ; un gland tombe sur son nez. Il s'éveille en sursaut :

> Oh, oh ! dit-il, je saigne ; et que serait-ce donc
> S'il fût tombé de l'arbre une masse plus lourde,
> Et que ce gland eût été gourde ?

Il en conclut que tout est à sa place ; et il s'en va en louant la Providence d'avoir suspendu un petit fruit au haut d'un grand arbre.

Cette fable, dont la morale est si vraie, induit en erreur en histoire naturelle. L'enfant à qui on la fait apprendre par cœur, croit que les grands arbres ne portent point de fruits lourds ; et quand il vient ensuite à savoir qu'il y a aux Indes des palmiers de plus de soixante pieds de hauteur, dont le sommet se couronne de cocos qui pèsent jusqu'à trente livres, comme ceux des îles Séchelles, il est tenté de croire qu'il n'y a plus de Providence entre les tropiques.

Nous formons notre logique, et souvent notre morale, des premières notions que nous donne la nature. Ce sont elles, et non les raisonnements de la métaphysique, qui développent l'entendement humain. Il est donc essentiel de ne pas présenter à un enfant une erreur sur la nature, sur-tout lorsqu'elle est accréditée par l'autorité d'un de ses plus aimables peintres. L'erreur de La Fontaine consiste en ce qu'elle suppose à la Providence une fausse intention. Tout arbre n'est pas destiné à donner de l'ombre aux dormeurs ; mais il l'est à porter des fruits, qui d'abord doivent le reproduire, et ensuite nourrir des animaux. De plus, dans chaque genre de végétal il y a des espèces réservées pour l'homme, qui sont les prototypes ou patrons de leur genre même, ainsi que nous l'avons remarqué précédemment. Nous avons observé aussi que quand leurs fruits sont tendres, ils sont d'un petit volume et peu élevés, afin de ne pas se briser dans leur chute. Ceux qui sont tendres et d'une grosseur considérable, comme les jacqs et les durions des Indes, croissent à la hauteur de l'homme, immédiatement sur le tronc de l'arbre qui les appuie. Les gourdes pesantes du calebassier sont suspendues à quatre ou cinq pieds de terre, le long de ses branches grosses et longues, qui s'abaissent à mesure que leur fruit devient plus lourd. Notre citrouille peut croître à la même hauteur, et en tombe sans se briser. Elle est faite pour mûrir en l'air ; car elle est le fruit d'une plante grimpante, qui a des vrilles pour s'attacher aux arbres. J'en ai vu plus d'une fois, d'une grosseur considérable, suspendues, comme des cloches, à des perches transversales.

Quant aux fruits qui viennent aux sommets des grands arbres, ils sont, pour l'ordinaire, revêtus de coques dures et d'enveloppes molles ou élastiques, dont l'épaisseur est proportionnée à leur volume. Ainsi, la noix est revêtue de ses coquilles et de son brou ; la châtaigne et la faîne sont recouvertes d'une espèce de cuir et d'une capsule spongieuse et épineuse. Le gland est à demi-enchâssé dans un chaton ; qui le préserve de toute meurtrissure parmi les rameaux d'un arbre qui s'élève dans la région des tempêtes. Tous ces fruits tombent sans se briser. Les lourds cocos sont suspendus aux palmiers avec encore plus de précautions. Ils viennent en grappe, attachés à une queue commune, plus forte qu'un cordage de chanvre de la même grosseur. Ils sortent du sommet de leur palmier, et posent sur son tronc, qui les préserve en partie des secousses des vents. Ils ont des coques très-dures, revêtues d'un caire ou enveloppe filandreuse, à-la-fois compacte et élastique. Ils ne se rompent jamais en tombant.

Il y a plus; c'est que je pense que la nature n'a fait les fruits d'un volume considérable que pour croître sur le bord des eaux, où ils tombent sans se briser, et où ils flottent d'eux-mêmes. La citrouille grimpante me paraît de ce nombre; elle est plus volumineuse dans les lieux frais et le long des ruisseaux. Le cocotier est évidemment destiné à croître sur les rivages des mers torridiennes, car il ne prospère point dans l'intérieur des terres. On met, aux Indes, du sel marin dans les trous où l'on plante ses fruits, afin de les faire germer promptement. Ils se plaisent dans le sable des bords de la mer, dont ils se font une base solide au moyen d'une multitude de longs filaments qui composent leurs racines. Leurs formes carénées les rendent propres à voguer à de grandes distances du rivage, et jusqu'au sein des mers, où leur grosseur et leur couleur fauve les font aisément distinguer à la surface des flots azurés. D'un autre côté, le noyer, chez nous, aime à croître sur les bords des rivières, et l'humble coudrier sur ceux des ruisseaux. Sa noisette flotte et vogue ainsi que le coco. Tel rivage, tel arbre. Pour juger donc des harmonies d'un fruit, il faut connaître celles qu'il a avec le sol où il croît, le végétal qui le porte, les animaux et les hommes qui s'en nourrissent.

Si les fruits durs annoncent leur maturité par le bruit de leur chute, ceux qui sont mous la manifestent par leurs parfums. Les premiers n'ont presque point d'odeur, et les seconds, pour l'ordinaire, en ont beaucoup. La raison de cette différence vient, je crois, de ce que les premiers fruits peuvent rester long-temps sur la terre sans se pourrir; les seconds avertissent l'odorat qu'il faut se hâter de les cueillir. L'odorat est un goût anticipé; il juge, par des rapports incompréhensibles, si l'aliment convient à l'estomac; ses instincts sont plus sûrs que tous les raisonnements de la médecine. La botanique ne peut donc déterminer, par ses méthodes ordinaires, les qualités essentielles des plantes, c'est-à-dire, les rapports qu'elles ont avec notre vie, puisqu'elle n'appelle ni l'odorat ni le goût pour les caractériser.

Les dictionnaires botaniques manquent même de termes propres qui puissent exprimer les odeurs primitives. Elles sont cependant aussi variées que les couleurs, les formes, les mouvements et les sons, dont la nomenclature, d'ailleurs, est très-bornée. On détermine les couleurs primitives par les noms de blanche, de jaune, de rouge, de bleue, de noire; les formes génératrices, par ceux de linéaire, de triangulaire, de ronde, d'elliptique, de parabolique; les mouvements primordiaux, par ceux de perpendiculaire, d'horizontal, de circulaire, d'elliptique et de parabolique; les sons, qui ne proviennent que du mouvement de l'air agité, par les noms d'aigu, de grave, de fermé, de circonflexe et de muet. Nous les retrouvons dans les différents sons de l'*e*, ou plutôt des cinq voyelles, dont les formes, dans l'alphabet romain, à l'exception de l'E, sont semblables à celles des formes génératrices : mais les odeurs n'ont point de nom qui leur appartienne en propre ; car les expressions de suave ou de fétide, qui en sont les extrêmes, n'en caractérisent aucune. Pour les désigner, il faut les rapporter directement aux végétaux qui les produisent. Ainsi, on dit une odeur de lilas, de giroflée, de fleur d'orange, de jasmin, de rose. Pour l'ordinaire, elles tirent leurs noms des fleurs qui les portent ; il en est de même de celles du musc, de la civette, qui appartiennent aux animaux dont elles portent les noms. Nous observerons ici que les parfums les plus odorants, ainsi que les couleurs les plus vives dans les végétaux, sont attachés à leurs fleurs, comme au lit nuptial de leur amour. On les retrouve en partie dans les amours des êtres animés ; car le musc, la civette, le castoréum, proviennent des parties sexuelles des animaux du même nom. L'ambre, dont on ignore l'origine, paraît engendré par la baleine. Enfin, les couleurs des oiseaux sont plus éclatantes dans la saison où ils deviennent amoureux. Il y en a même alors un grand nombre qui se revêtent de plumages nouveaux, et qui sont décorés d'épaulettes pourprées, de queues veloutées, d'aigrettes brillantes, comme d'habits destinés à leurs noces ; ils brillent sur les arbres comme des fleurs. Mais nous nous occuperons, aux harmonies conjugales, des charmes dont s'embellissent les puissances de la nature à l'époque de leurs amours : ne sortons point ici de celles des végétaux et de l'homme. Quoique les parfums des fleurs soient d'une variété infinie, nous n'avons pu encore leur donner des noms primitifs. L'odeur de rose n'appartient pas seulement à la rose, mais à plusieurs sortes de bois, au fruit du jonc rosé, au scarabée capricorne, etc. Il y a un grand nombre d'odeurs qu'on ne sait comment désigner. Nos notions à l'égard de l'odorat sont semblables à celles des animaux, qui connaissent les choses sans leur donner de nom : ce n'est pas la pire manière de les étudier. Jean-Jacques me disait un jour qu'on pouvait être un grand botaniste sans savoir le nom d'une seule plante : on peut étendre cette idée bien plus loin. Il m'est arrivé, dans des promenades ou des sociétés nombreuses, de me lier d'amitié particulière avec des gens qui m'intéressaient, sans que j'aie jamais eu la curiosité de demander leurs noms : il me suffisait de connaître leur personne et leur visage. Ma réserve sur ce point venait aussi de prudence ; je ne voulais pas que la calomnie, si commune parmi nous, vînt flétrir dans mon cœur un sentiment d'estime et d'amitié : il suffit de mettre en évidence quelque affection secrète, pour en entendre dire du mal. Pour vivre heureux, il faut cacher ses jouissances. Je crois connaître assez bien un objet, quand il me donne du plaisir. J'étudie la nature et les hommes à la manière des animaux, avec mon seul instinct. Un chien, qui ignore souvent le nom de son maître, le connaît sous plus de rapports que ceux qui savent le mieux son nom. Il le suit à la piste, à travers les foules les plus épaisses, et il en distingue les émanations particulières d'avec celles des gens qui traversent son chemin. Quelques philosophes n'ont pas manqué, à cette occasion, d'exalter le chien aux dépens de l'homme, privé de cet avantage. Certainement un homme ne retrouverait pas son chien au milieu d'une meute par le simple flairer ; mais, d'un autre côté, l'odorat si subtil du chien est indifférent à une multitude de parfums auxquels l'homme est très-sensible. Je crois, au reste, que chaque espèce d'odeur est en rapport avec l'odorat de quelque espèce d'animal, dont elle réveille l'instinct, mais que l'homme, sans en ressentir l'influence d'aussi loin, est affecté de toutes, sans exception. Quoiqu'elles soient très-variées, peut-être pourrait-on les réduire à cinq primitives, dont les autres ne seraient que des mélanges et des combinaisons. C'est ainsi que les couleurs, les formes, les mouvements et les sons peuvent se rapporter à cinq termes élémentaires ; peut-être aussi les odeurs primitives sont-elles bien plus nombreuses ; peut-être sont-elles en rapport avec le cerveau, le sang, les nerfs, le suc gastrique et nos humeurs si variées. D'habiles anatomistes ont analysé les organes de la vue et de l'ouïe, et aucun, que je sache, n'a développé le mécanisme de l'odorat. Ce qui nous est le plus intime nous est le moins connu.

Ce que j'ai dit des odeurs doit s'appliquer aux saveurs, aussi peu déterminées dans leur nomenclature. Les expressions de douce, d'âpre, d'acide, ne les caractérisent point ; celles de salée, d'amère, de sucrée, ne dérivent point proprement des saveurs, mais des matières qui les produisent, telles que le sel, l'eau de mer, le sucre. On est obligé encore de les rapporter aux végétaux, qui les renferment toutes dans leurs fruits, comme ils renferment toutes les couleurs et toutes les odeurs dans leurs fleurs. Ainsi, on dit un goût de vin, de poivre, d'amande ; mais on serait bien embarrassé, s'il fallait donner des noms primitifs à la saveur même du vin, du poivre et de l'amande, dont les couleurs cependant sont déterminées par les noms généraux de blanc ou de rouge, de gris ou de noir, de fauve ou de blanc. Les saveurs sont aussi nombreuses que les odeurs, quoique celles-ci puissent se diviser en deux classes, dont les unes, comme les parfums des fleurs, n'affectent agréablement que le cerveau, et les autres, qu'on peut appeler comestibles, aiguillonnent le goût. Cependant il n'en est aucune, même des plus fortes, qui ne se retrouve dans les aliments les plus recherchés. Le durion aphrodisiaque, qui fait, aux Indes, les délices des hommes, et sur-tout des femmes, a une odeur d'ognon pourri. Le Groënlandais boit avec autant de plaisir l'huile infecte de baleine, que le Chinois des sorbets parfumés. Chez nous, combien d'hommes, dans un âge avancé, préfèrent le fromage le plus raffiné au laitage frais, qui faisait les délices de leur enfance! Chaque nation, chaque âge, chaque sexe, a ses goûts particuliers; mais on peut dire que l'homme réunit en lui tous ceux des animaux. Il s'approprie leurs aliments, et il les combine de toutes les manières pour en tirer des jouissances. Nous l'avons déjà dit, et nous ne saurions trop le répéter, les divers genres d'animaux n'ont que des rayons des divers genres de sensations; l'homme en a la sphère entière : c'est cette universalité qui le distingue d'eux, même physiquement, en l'harmoniant seul avec toute la nature.

La nature paraît avoir réuni dans l'organe du goût de l'homme, aussi peu connu que celui de son odorat, tous les moyens de dégustation et de digestion qu'elle a isolés dans les divers genres d'animaux. Il y en a qui ne prennent leur nourriture que par la succion d'une trompe, comme les mouches et quelques scarabées, qui se servent de liqueurs dissolvantes; d'autres la râpent en poudre, comme les carics; ou l'avalent sans mâcher et la digèrent par des sucs gastriques, comme les reptiles; ou la broient par des triturations, comme les oiseaux avec des gésiers remplis de petits cailloux; ou l'arrachent avec un seul rang de dents et la ruminent ensuite, comme le bœuf herbivore; ou la hachent avec deux rangs de dents incisives, comme les chevaux; ou la déchirent avec des dents canines, comme les chiens et les singes; ou l'écrasent avec une gueule pavée d'os convexes et raboteux, comme certains poissons qui vivent de coquillages. L'homme a, à lui seul, des lèvres, une langue, des sucs gastriques, des dents incisives, canines et molaires, un œsophage, un estomac, des intestins; et, par ces divers moyens réunis, il s'approprie et digère tous les aliments.

Nous allons à présent jeter un coup-d'œil sur les remèdes que la nature nous offre par toute la terre, pour guérir la maladie de la faim avec délices; nous parlerons ensuite de ceux qu'elle nous donne pour guérir agréablement les maladies par excès.

Nous commencerons par la zone torride, où le soleil répand toutes ses influences, et d'où l'homme a tiré son origine. Il est certain que c'est dans cette zone que se trouvent les fleurs les plus brillantes, les aromates les plus odorants et les fruits les plus savoureux. Je ne parlerai pas de ses mines d'or, d'argent, de rubis, d'émeraudes, de diamants, auxquelles les autres zones ne peuvent guère opposer que des mines de cuivre, de fer, de plomb et de cristal ; mais nous empruntons des productions torridiennes végétales, les noms des couleurs, des odeurs et des saveurs dont nous voulons caractériser celles de nos climats, qui sont les plus distinguées. C'est là qu'on trouve les couleurs primitives dans toute leur naïveté, et c'est des végétaux qui en sont teints que nous tirons leurs noms, tels que le blanc du coton, le jaune du safran, le rouge de la rose, le bleu de l'indigo, le noir de l'ébène. Il en est de même des odeurs, qui n'ont pas d'autres noms propres que ceux des végétaux qui les produisent, telles que l'odeur de rose dont les Indiens tirent des essences si précieuses, celles des jasmins et de l'encens d'Arabie, des bois d'aloès, de sandal, de benjoin, etc. ; c'est là que le soleil rend les parfums savoureux, et les saveurs odorantes dans le poivre, la cannelle, la muscade, le girofle, la vanille, etc. ; il les harmonie en mille façons dans une multitude de fruits comestibles, comme les oranges, les papayes, les ananas, les mangues, les pommes-dattes, les litchis, les mangoustans, tous supérieurs à nos confitures et à nos conserves les plus délicieuses. Les saveurs primitives alimentaires, ainsi que les odeurs, s'y retrouvent toutes pures, afin que l'homme en puisse faire à son gré de nouvelles combinaisons : tels sont l'acide du citron, le suc de la canne à sucre, l'amer du café, l'onctueux du cacao. Dans leur voisinage croissent une multitude de farineux, les uns sous terre, en racines d'une grosseur prodigieuse, comme les cambas, les ignames, les maniocs, les patates; d'autres plus apparents sur les herbes, comme les riz, les miels, les maïs, les blés, et les grains légumineux de toute espèce; mais elle a mis en évidence sur des arbres tout ce qui était utile et agréable à la vie humaine, déjà préparé et façonné : le pain dans le fruit à pain, le lait et le beurre dans la noix du cocotier; du sucre, du vin et du vinaigre dans la sève de plusieurs palmiers; du miel plus agréable que celui des abeilles, dans la datte; des toisons plus douces que celles des agneaux, dans les gousses du cotonnier; des vases de toute espèce sur le calebassier; enfin des logements inébranlables dans les arcades du figuier des Banians.

Les zones tempérées n'ont, pour ainsi dire, que la desserte de cette magnifique table. Nous sommes même obligés, en Europe, d'aider la nature par des travaux pénibles et assidus, tandis que les Indiens n'ont besoin que de laisser agir la terre, l'eau et le soleil. C'est même de la zone, où l'astre du jour exerce tout son empire, ou au moins de son voisinage, et des climats fortunés de l'Inde orientale, que sont sortis originairement les végétaux, soutiens de notre vie. C'est dans ses hautes montagnes que se trouvent encore la vigne, le figuier, l'abricotier, le pêcher, qui font les délices de Cachemire. C'est de là aussi que sont sortis nos arts, nos sciences, nos lois, nos jeux, nos religions. C'est là que Pythagore, le père de la philosophie, fut chercher parmi les sages brachmanes les éléments de la physique et de la morale. C'est de là qu'il rapporta en Europe le régime végétal qui porte son nom, et qui fait fleurir la santé, la beauté, la vie, et, en calmant les passions, étend la sagacité de l'intelligence. Quelques ennemis du genre humain ont prétendu que ce régime affaiblissait la force du corps et le courage. Ils ne voient plus d'hommes où ils ne voient pas des bouchers et des soldats. Mais faut-il être carnivore ou meurtrier pour braver les dangers et la mort ? Dans les animaux granivores ou herbivores, la caille, le coq, le taureau, le cheval, sont-ils moins forts et moins courageux que la fouine, le renard, le loup et le tigre, qui ne vivent que de carnage ? Ceux-ci, armés de dents tranchantes et de griffes, ne combattent que par ruses et par surprises, dans l'ombre des forêts ou les ténèbres de la nuit; ceux-là, quoique armés à la légère, se battent loyalement à la clarté du jour. Parmi les hommes, les Japonais, qui ne mangent jamais de viande, au rapport de Kempfer, leur meilleur historien, sont peut-être de tous les peuples les plus vigoureux, et ceux qui craignent le moins la mort. Ils se la donnent avec la plus grande facilité, dégoûtés souvent de la vie par un effet de leur éducation et de leur gouvernement, qui leur inspirent, dès l'enfance, les funestes et insociables préjugés de l'honneur. Cependant ils ne vivent que de végétaux et de coquillages, sur leurs rochers peu fertiles, entourés de mers orageuses. Mais ils ont trouvé l'art d'employer à leur nourriture quantité de plantes marines, que nous négligeons au point que la plupart des nôtres sont inconnues, même à nos botanistes. Elles ne nous servent qu'à engraisser nos champs, lorsque les tempêtes les ont jetées sur nos rivages. Toutefois, une multitude de plantes et de fruits qui font aujourd'hui nos délices, comme le thé, le café, le cacao et notre olive, ont des amertumes ou des goûts acerbes et insupportables, qu'ils ne perdent que par certaines préparations. Nous ne pourrions même user de nos légumes et de nos grains tels que la nature nous les donne, si nous ne les convertissions en aliments par la mouture, les levains, la boulangerie, l'ébullition, la cuisson et les assaisonnements. Puisque nous sommes obligés d'employer beaucoup d'apprêts pour manger les végétaux de la terre, pourquoi n'en tenterions-nous pas d'autres, comme les Japonais, pour faire usage de ceux de la mer? Mais nous n'avons pas besoin de ces ressources pour mener, dès à présent, une vie pythagoricienne très-agréable. Plusieurs hommes de la Grèce, illustres par leur courage, leur génie et leurs vertus, l'ont embrassée dans des temps où les richesses végétales de l'Europe étaient bien moins nombreuses qu'aujourd'hui. Tels ont été Ocetès, qui, le premier, trouva le mouvement de la terre autour du soleil; Architas, Tarentin, qui inventa la sphère, et qui fut si renommé en Sicile par la douceur de son gouvernement; Lysis, ami et instituteur d'Épaminondas; enfin, Épaminondas lui-même, le plus grand homme de guerre et le plus vertueux des Grecs. Pourrions-nous nous plaindre de la nature, à présent que toutes les parties du monde ont enrichi nos champs, nos jardins et nos vergers, je ne dis pas seulement de légumes savoureux, mais de fruits exquis? Nous y voyons paraître successivement les fraises des Alpes, les cerises du royaume de Pont, les abricots de l'Arménie, les pêches de la Médie, les figues de l'Hyrcanie, les melons de Lacédémone, les raisins de l'Archipel, les poires et les noix de l'île de Crète, les pommes de la Normandie, les châtaignes de la Sicile, et les pommes de terre de l'Amérique septentrionale. Flore et Pomone parcourent dans nos climats le cercle de l'année, et en enchaînent tous les mois autour de notre table par des guirlandes de fleurs et de fruits.

Mais quand nous serions relégués jusqu'aux extrémités du Nord, dans ces contrées où il n'y a plus ni printemps ni automne, les dons de Cérès et de Palès suffiraient encore pour y rendre notre vie commode et innocente. Je me souviens que lorsque je servais en Russie dans le corps du génie, en faisant la reconnaissance des places de la Finlande russe avec le général Du Bosquet, chef des ingénieurs, nous aperçûmes les débris d'une cabane et les sillons d'un petit champ au milieu des rochers et des sapins. C'était à une lieue de Wilmanstrand, petite ville située vers le 61.e degré de latitude nord. Mon général, qui connaissait beaucoup la Finlande, où il s'était marié, me raconta que ce champ avait été cultivé par un officier français au service de Charles XII, et ensuite prisonnier des Russes à la bataille de Pultawa. Cet officier avait fixé son habitation dans ce désert, où la terre, couverte de neige pendant six mois et de roches toute l'année, ne rendait à ses cultures qu'un peu d'orge, des choux et de mauvais tabac. Il avait une vache, dont il allait vendre le beurre tous les hivers à Pétersbourg. M. de La Chétardie, ambassadeur de

France, le fit inviter plusieurs fois à le venir voir, en lui promettant de l'emploi dans sa patrie, et de lui donner les moyens d'y retourner ; il se refusa constamment à ses invitations et à ses offres. Il avait oublié entièrement sa langue maternelle, mais il entendait toujours celle de la nature. Il avait épousé la fille d'un paysan finlandais, et il ne manqua à son bonheur que d'en avoir des enfants. Je savais déjà que beaucoup d'Européens avaient embrassé en Amérique la vie des sauvages, et que jamais aucun sauvage n'avait renoncé à l'Amérique pour adopter les mœurs des Européens. Mais, de tous ces exemples, je n'en ai trouvé aucun d'aussi frappant que celui d'un Français qui préféra la vie laborieuse et obscure d'un paysan de la froide et stérile Finlande, à la vie oisive et brillante d'un officier, sous le doux climat de la France. La pauvreté et l'obscurité sont donc bonnes à quelque chose, puisqu'en s'entourant d'elles nous pouvons trouver la liberté au sein d'un gouvernement despotique ; tandis que la fortune et la célébrité souvent nous couvrent de chaînes au milieu d'une république. Je l'avoue, les ruines de cette petite cabane, entourée de sillons moussus, m'ont laissé des impressions plus profondes et des ressouvenirs plus touchants que le palais impérial de Pétersbourg, avec ses huit cents colonnes et ses vastes jardins ; palais rempli, comme tous les palais du monde, de jouissances vaines et de soucis cruels. Je me représente encore cette petite habitation de la Finlande au milieu des roches, sur la lisière d'une forêt de sapins, près du lac de Wilmanstrand, n'offrant, dans un été fort court, que quelques gerbes d'orge à la bêche de son cultivateur, mais lui ayant donné en tout temps la liberté, la sécurité, le repos, l'innocence, et un asyle assuré à la foi conjugale.

Cependant, quelque stérile que soit une région où la terre laisse entrevoir ses fondements de granit au même niveau que les sommets des Alpes, j'y ai vu des cerisiers et des groseilliers y faire briller leurs rubis; les lisières même des bois y sont tapissées de fraisiers, de myrtilles, de kloukvas et de champignons comestibles. Combien d'arbres fruitiers de nos climats, et même de pays plus méridionaux, peuvent résister à ses hivers, puisque l'arbre au vernis du Japon, le mûrier à papier de la mer du Sud, et plusieurs autres des pays chauds, plantés dans nos jardins, n'ont pas succombé à des froids de 18 à 20 degrés, ainsi que nous l'avons éprouvé dans les rudes hivers de 1794 et de 1799! Comment la nature se refuserait-elle, en Finlande, aux essais des naturalistes, puisqu'elle a fait naître sous son ciel Linnæus, le plus éclairé de tous? Au reste, que de mets et de boissons se tirent des seules préparations des blés, dont chaque climat peut pro-

13.

duire au moins une espèce! L'orge vient en Finlande tout au plus en trois mois, par un été plus chaud que celui de l'équateur. Que de légumes et de grains exotiques pourraient y croître dans le même espace de temps!

Non-seulement la nature nous a donné des végétaux en harmonie avec tous nos besoins physiques, mais elle en a produit en rapport avec nos jouissances morales, et qui en sont devenus les symboles par la durée de leur verdure : tels sont le laurier pour la victoire, l'olivier pour la paix, le palmier pour la gloire. Elle en a fait croître dans tous les sites, qui, par leurs attitudes mélancoliques et religieuses, semblent destinés à nos funérailles. Je parle, non de ceux qui servaient au bûcher des morts chez les peuples qui les brûlaient, comme les Romains, car tous y sont propres, mais de ceux qui servaient, par leurs parfums, à les aromatiser; ou, par leurs formes, à décorer leurs tombeaux.

Dans les premiers, les Égyptiens employaient des sucs et des résines tirés de la myrrhe, du nard, du cinnamome et du baume même : d'où est venue l'expression d'embaumer. Ils sont parvenus, par ces moyens, à préserver de la corruption les corps de leurs aïeux, et à en faire des momies qui ont la solidité et la durée des rochers. Les Turcs mettent simplement des feuilles d'olivier dans les cercueils de leurs morts, et les peuples du Nord celles du genièvre; puis ils les laissent consumer à la terre, notre mère commune. Dans mon pays, les gens de campagne se servent, pour les mêmes usages, de la menthe aquatique, et quelquefois ils attachent à la porte des jeunes filles décédées un drap blanc parsemé des feuilles sombres du lierre. Un jour, je trouvai dans un pauvre village de la Basse-Normandie, devant une chaumière, un rond tout noir sur le gazon. Un voisin me dit en pleurant que celui qui l'habitait était mort depuis quelques jours, et que, suivant l'usage du pays, on avait brûlé la paille de son lit devant sa porte. En effet, c'est une image bien naïve de notre vie qu'un peu de paille brûlée. Le gazon en était consumé jusqu'à la racine, et son emplacement tout noir devait contraster long-temps avec celui qui verdoyait autour. C'était, au fond, une véritable épitaphe, empreinte sur la terre par la misère et l'amitié, mais plus expressive que celles qui sont gravées sur le bronze.

Dans notre riche et fastueuse capitale, nous n'employons, pour les funérailles, que quatre ais de sapin. On en fait, avec quelques clous, un coffre oblong où l'on renferme le corps de son parent, empaqueté dans un mauvais drap; on le transporte ensuite, sans convoi, à l'extrémité d'un faubourg, dans un fond de carrière où l'on a creusé une fosse vaste et profonde. C'est dans ce barathrum qu'on le précipite pour jamais, au milieu d'une foule de morts de tout sexe et de tout âge. Souvent, pendant la nuit, les fossoyeurs viennent le dépouiller de sa bière et de son suaire ; quelquefois ils prennent jusqu'à son corps, et le vendent à des élèves en chirurgie pour le disséquer. En vain des parents éplorés se consolent de la perte d'une fille chérie par le souvenir de ses vertus virginales; en vain sa mère infortunée la redemande à l'abyme qui l'a engloutie : elle est étendue sur le marbre noir d'un amphithéâtre, exposée sans voile aux regards d'une jeunesse sans pudeur. A quoi servent à une école des leçons anatomiques tant de fois et si vainement répétées, lorsqu'on lui fait perdre le sentiment de la honte ? Que peut profiter à une nation civilisée la science la plus sublime, lorsqu'on détruit chez elle le respect religieux que les peuples les plus barbares portent aux mânes de leurs pères ? Mais quand les morts resteraient dans la fosse commune où on les a déposés, la cupidité seule peut en approcher. Une vapeur infecte en sort sans cesse. Le fils vient y respirer la mort dans le sein de celui qui lui a donné la vie. Comment pourrait-il même le reconnaître parmi cette foule de cadavres confondus, recouverts d'un peu de terre ? A la vérité, on ne leur donne pas le temps de s'y consumer. Dans cette ville si populeuse, on fouille bientôt les anciennes fosses pour en faire de nouvelles. Les ossements paternels, les crânes chevelus, les osselets des mains qui ont donné et reçu les étreintes de l'amitié, gisent encore tout entiers sur la terre. Un cimetière de la capitale n'est qu'une voirie humaine. Lorsque la pâle clarté de la lune éclaire, dans l'obscurité des nuits, les collines dégradées et couvertes de chardons qui l'environnent, vous diriez de ces scènes magiques où les poëtes feignent des assemblées de sorcières.

Cependant ce globe, qui n'a que trop d'espace pour les hommes vivants, n'en doit pas manquer pour les morts. La nature a planté dans tous ses sites des végétaux propres à changer en parfum le méphitisme de l'air, et à servir de décoration aux tombeaux, par leurs formes mélancoliques et religieuses. Parmi les plantes, la mauve rampante avec ses fleurs rayées de pourpre, et l'asphodèle avec sa longue tige garnie de belles fleurs blanches ou jaunes, se plaisent à croître sur les tertres funèbres. La blanche ne vient guère que dans les parties méridionales de la France et de l'Europe, où, de tout temps, elle s'harmonie, ainsi que la jaune, avec la mauve. C'est ce que prouve cette inscription gravée sur un tombeau antique. « Au dehors je suis entouré de mauve et » d'asphodèle, et au dedans je ne suis qu'un ca- » davre. » L'asphodèle est du genre des lis, et elle s'élève à deux ou trois pieds de hauteur. Ses belles fleurs, qui méritent d'être cultivées, produisent des graines dont les anciens croyaient que les morts faisaient leur nourriture, et dont les vivants tirent quelquefois parti. Suivant Homère, après avoir passé le Styx, les ombres traversaient une longue plaine d'asphodèles. Quant aux arbres funéraires, j'en trouve de deux genres, répandus dans les divers climats : tous deux ont des caractères opposés. Ceux du premier laissent pendre jusqu'à terre leurs branches longues et menues, et on les voit flotter au gré des vents. Ces arbres paraissent comme échevelés et déplorant quelque infortune : tel est le casuarina des îles de la mer du Sud, que les naturels ont grand soin de planter auprès des tombeaux de leurs ancêtres. Nous avons chez nous le saule pleureur ou de Babylone : c'était à ses rameaux que les Hébreux captifs suspendaient leurs lyres. Notre saule commun, lorsqu'il n'est pas été, laisse pendre aussi l'extrémité de ses branches, et prend alors un caractère mélancolique. Shakespeare l'a fort bien senti et exprimé dans la *Chanson du saule*, qu'il met dans la bouche de Desdemona, prête à terminer ses malheureux jours. Il y a aussi, dans plusieurs autres genres d'arbres, des espèces à longues chevelures; j'en ai vu quelques-unes : tels sont certains frênes, un figuier de l'Ile-de-France, dont les fruits traînent jusqu'à terre, et les bouleaux du Nord. Le second genre des arbres funèbres renferme ceux qui s'élèvent en obélisque ou en pyramide. Si les arbres à chevelure semblent porter nos regrets vers la terre, ceux-ci semblent diriger, avec leurs rameaux, nos espérances vers le ciel : tels sont, entre autres, les cyprès des montagnes, le peuplier d'Italie et les sapins du Nord. Le cyprès, avec son feuillage flottant et tourné en spirale, ne ressemble pas mal à une longue quenouille chargée de laine, telle que les poëtes en imaginaient entre les mains de la Parque qui filait nos destinées. Les peupliers d'Italie ne sont autre chose, suivant l'ingénieux Ovide, que les sœurs de Phaéton qui déplorent le sort de leur frère, en élevant leurs bras vers les cieux. Quant au sapin, je n'en connais point de plus propre à décorer les tombeaux : c'est un usage auquel l'emploient fréquemment les Chinois et les Japonais. Ils le regardent comme un symbole de l'immortalité. En effet, son odeur aromatique, sa verdure sombre et perpétuelle, sa forme pyramidale qui semble fuir jusque dans les nues, et ce je ne sais quoi de gémissant que ses rameaux font entendre quand les vents les agitent, semblent faits pour accompagner magnifiquement un mausolée, et pour entretenir en nous le sentiment de notre immortalité.

Plantons donc ces arbres pleins d'expressions mélancoliques sur les sépultures de nos amis. Les végétaux sont les caractères du livre de la nature, et un cimetière doit être une école de morale. C'est là qu'à la vue des puissants, des riches et des méchants réduits en poudre, disparaissent toutes les passions humaines, l'orgueil, la cupidité, l'avarice, l'envie ; c'est là que se réveillent les sentiments les plus doux de l'humanité, au souvenir des enfants, des époux, des pères, des amis ; c'est sur leurs tombeaux que les peuples les plus sauvages viennent apporter des mets, et que les peuples de l'Orient distribuent des vivres aux malheureux. Plantons-y au moins des végétaux qui nous en conservent la mémoire. Quelquefois nous élevons des urnes, des statues ; mais le temps détruit bientôt les monuments des arts, tandis qu'il fortifie chaque année ceux de la nature. Les vieux ifs de nos cimetières ont plus d'une fois survécu aux églises qu'ils y ont vu bâtir. Ombrageons ceux de la patrie des végétaux qui caractérisent les diverses tribus de citoyens qui y reposent; qu'on voie croître sur les fosses de leurs familles ceux qui les ont fait vivre pendant leur vie, l'osier des vanniers, le chêne des charpentiers, le cep des vignerons; mettons-y sur-tout des végétaux toujours verts, qui rappellent des vertus immortelles, plus utiles à la patrie que des métiers et des talents; que les pâles violettes et les douces primevères fleurissent chaque printemps sur les tertres des enfants qui ont aimé leurs pères ; que la pervenche de Jean-Jacques, plus chère aux amants que le myrte amoureux, étale ses fleurs azurées sur le tombeau de la beauté toujours fidèle ; que le lierre embrasse le cyprès sur celui des époux unis jusqu'à la mort ; que le laurier y caractérise les vertus des guerriers ; l'olivier celles des négociateurs ; enfin que les pierres gravées d'inscriptions à la louange de tous ceux qui ont bien mérité des hommes, y soient ombragées de troënes, de thuya, de buis, de genevriers, de buissons ardents, de houx aux graines sombres, de chèvre-feuilles odorants, de majestueux sapins. Puissé-je me promener un jour dans cet élysée, éclairé des rayons de l'aurore, ou des feux du soleil couchant, ou des pâles clartés de la lune, et consacré en tout temps par les cendres d'hommes vertueux ! Puissé-je moi-même être digne d'y avoir un jour mon tertre, entouré de ceux de mes enfants, surmonté d'une tuile couverte de mousse ! C'est par ces décorations végétales que des nations entières ont rendu les tombeaux de leurs ancêtres si respectables à leur postérité. Dans ce jardin de la mort et de la vie, du temps et de l'éternité, se formeront un jour des philosophes sensibles et sublimes, des Confucius, des Fénélons, des Addissons, des Youngs. Là s'évanouiront les vaines illusions du monde, par le spectacle de tant d'hommes que la mort a renversés ; là renaîtront les espérances d'une meilleure vie, par le souvenir de leurs vertus.

HARMONIES VÉGÉTALES,

ou

LEÇON DE BOTANIQUE A PAUL ET VIRGINIE.

ÉGLOGUE DE VIRGILE.

Présidez aux jeux de nos enfants, charmante fille de l'Aurore, aimable Flore ; c'est vous qui couvrez de roses les champs du ciel que parcourt votre mère, soit qu'elle s'élève chaque jour sur notre horizon, soit qu'elle s'avance, au printemps, vers le sommet de notre hémisphère, et qu'elle rejette ses rayons d'or et de pourpre sur leurs régions de neige. Pour vous, suspendue au-dessus de nos vertes campagnes, portée par l'arc-en-ciel au sein des nuages pluvieux, vous versez les fleurs à pleine corbeille dans nos vallons et sur nos forêts ; le zéphyr amoureux vous suit, haletant après vous, et vous poussant de son haleine chaude et humide. Déjà on aperçoit sur la terre les traces de votre passage dans les cieux ; à travers les rais lointains de la pluie, les landes apparaissent toutes jaunes de genêts fleuris ; les prairies brumeuses, de bassinets dorés ; et les corniches des vieilles tours, de giroflées safranées. Au milieu du jour le plus nébuleux, on croirait que les rayons du soleil luisent au loin sur les croupes des collines, au fond des vallées, aux sommets des antiques monuments; des lisières de violettes et de primevères parfument les haies, et le lilas couvre de ses grappes pourprées les murs du château lointain. Aimables enfants, sortez dans les campagnes, Flore vous appelle au sein des prairies : tout vous y invite; les bois, les eaux, les rocs arides; chaque site vous présente ses plantes, et chaque plante ses fleurs. Jouissez du mois qui vous les donne : avril est votre frère; il est à l'aurore de l'année, comme vous à celle de la vie ; connaissez ses dons riants comme votre âge. Les prairies seront votre école, les fleurs vos alphabets, et Flore votre institutrice.

Nous n'appellerons point des docteurs pour enseigner la botanique aux enfants; c'est aux femmes qu'il appartient de leur parler de ce que les végétaux ont de plus intéressant; elles-mêmes ont avec eux les rapports les plus doux; les arbres semblent faits pour les ombrager, les gazons pour les reposer, les fleurs pour les parer. Qui sait mieux qu'elles en assortir des bouquets, et en composer des guirlandes, des couronnes, des chapeaux ? Ce fut à l'école de la Bouquetière d'Athènes que le peintre Pausias, son amant, se rendit si habile à faire des tableaux de fleurs. Les femmes sont elles-mêmes les fleurs de la vie, comme les enfants en sont les fruits; ce sont elles qui font le charme de nos sociétés, soit qu'elles forment entre elles des chœurs de danse, soit que chacune d'elles se promène avec son époux, ou entourée de nombreux enfants. Tout ce qu'il y a de plus agréable à la pensée, s'y présente sous des figures et des noms de femme. L'antiquité donna des formes et des noms féminins à l'Aurore; aux Heures, qui attelaient les chevaux du Soleil; à l'arc-en-ciel, qu'elle appela Iris; aux Naïades, aux Néréides, aux Oréades, aux divinités les plus aimables des airs, des eaux, de la terre, des forêts; aux Muses, aux Vertus, aux Graces, et à Vénus elle-même, qui réunissait en elle tous les charmes. Il est vrai que nous avons attribué aussi au même sexe tout ce qu'il y a de plus déplaisant sur la terre, tel que les maladies les plus cruelles du corps, de l'ame, et des sociétés politiques, comme la faim, la soif, les fièvres, les épidémies, la peste, la jalousie, l'envie, la calomnie, la haine, la fureur, la rage, la perfidie, la férocité, les Furies des enfers; enfin la guerre qui réunit tous les maux, sous la forme et le nom de Bellone.... Ce n'est pas que les femmes soient plus susceptibles de ces passions cruelles que les hommes; elles y sont moins sujettes, par leur nature douce et compatissante; mais lorsqu'elles se rencontrent en elles, elles y acquièrent quelque chose de plus dangereux : *corruptio optima pessimi*. Si les vertus sont encore plus belles dans un beau corps, les vices aussi y sont plus hideux. Les femmes atteignent en bien et en mal les deux extrêmes, et les inspirent alors aux hommes; les jouissances et les douleurs exquises leur appartiennent. C'est donc à elles à professer la science des plaisirs, puisqu'elles en ont une conscience plus intime. Il n'y en a point de plus aimable et de plus innocente que celle de la botanique. Si quelques-unes en ont extrait des poisons, une infinité d'autres en tirent des remèdes, des aliments, des boissons, des parfums, des parures, qui font nos joies et nos consolations. Si la coupe de Médée a coûté la vie à quelques infortunés, celle d'Erygone soutient et réjouit tous les jours le genre humain. Le moly de Minerve préserve des enchantements de Circé. Pour moi, je crois que si nos femmes ne se livrent pas, comme celles de l'antiquité, à l'étude ravissante de la botanique, c'est qu'elle est hérissée, parmi nous, de mots grecs, et que soumise, par nos systèmes, à une savante analyse, elle ne leur présente plus que des squelettes. Mais j'espère qu'en suivant la marche que nous leur avons indiquée, elles trouveront au moins dans les campagnes les fleurs revêtues des mêmes graces qu'elles leur donnent en les groupant sur leur tête et sur leur sein.

Nous voyons donc qu'une mère suffit pour apprendre aux enfants tout ce qu'il y a d'utile et d'agréable à connaître pour eux dans la botanique. Tout ce que j'ai dit des harmonies végétales est destiné principalement à parler à la raison déjà formée de l'instituteur; mais il faut parler autrement à celle des enfants. J'observerai, à cette occasion, qu'on a imaginé, pour développer leur raison, des livres ingénieux sur toutes sortes de sujets : il en résulte de grands inconvénients. D'abord, les histoires qu'ils renferment, soit imaginées, soit extraites de l'antiquité, ne sont point les mêmes que celles de nos sociétés, et les enfants ne font presque jamais d'application, dans la pratique, des principes et des exemples qu'on leur donne en théorie. Ils ne se déterminent, comme la plupart des hommes, que par ce qui se passe sous leurs yeux. Si ces ouvrages les ennuient, ce qui arrive souvent, ils ne les lisent point, ou, ce qui est encore pire, s'ils les lisent malgré eux, ils en conçoivent, pour le reste de leur vie, une grande répugnance pour la lecture. S'ils s'en amusent, ils croient que la raison et le plaisir ne sont que dans leurs livres. Les personnages de leurs dialogues leur paraissent plus intéressants que leurs camarades; et la gouvernante, ou la mère, qui y est supposée d'une humeur toujours égale, et qui leur débite des contes à chaque instant, leur semble meilleure et bien plus amusante que leur propre mère. Ainsi, les ouvrages faits pour les rapprocher de leurs familles et de la société, sont précisément ceux qui les en éloignent davantage. Je voudrais donc, et j'en ai déjà fait le vœu, qu'au lieu de livres, on ne leur montrât que les choses elles-mêmes, et qu'une mère fît des conversations avec ses enfants sur le premier sujet venu, comme Socrate avec ses disciples. Ce sont les événements personnels de notre enfance, accompagnés des leçons maternelles, qui se gravent le plus profondément dans notre mémoire, parce qu'ils pénètrent jusque dans notre cœur; ce sont les leçons de nos mères qui donnent tant de force à nos opinions religieuses pendant le cours de notre vie. Inspirées avec le lait, elles se perfectionnent avec notre raison; et, après avoir joué autour de notre berceau, dans l'âge de l'innocence, elles nous soutiennent dans l'âge des passions. Je voudrais donc que le sentiment de la Divinité, qui est inné dans l'homme, y fût d'abord développé, non par un précepteur, mais par une mère. Le Dieu d'une mère est toujours indulgent et bon comme celui de la nature : un précepteur enseigne, une mère fait aimer. Je voudrais que celle-ci donnât ses premières leçons, non dans une ville, mais à la campagne; non dans une église, mais sous le ciel; non d'après des livres, mais d'après des fleurs et des fruits.

Il y a une méthode facile aux plus ignorants pour s'instruire, c'est d'aller du simple au composé : on l'appelle synthèse ou composition. Elle est rejetée par nos docteurs, qui lui préfèrent l'analyse ou décomposition : celle-ci marche en sens contraire, c'est-à-dire, du composé au simple. La raison de cette préférence vient, à mon avis, de ce que l'analyse suppose un esprit d'une grande étendue, qui embrasse d'abord un objet dans tout son ensemble, pour le réduire à ses premiers éléments. Mais c'est par elle aussi que nos sciences finissent en éblouissement, suivant l'expression de Michel Montaigne. En effet, c'est par le moyen de l'analyse que nos philosophes modernes ont cru se démontrer que l'air n'est point un élément; qu'il y a environ quarante matières primitives et inaltérables dans les fossiles; que toutes les lois du mouvement et de la vie viennent de l'attraction; qu'enfin il n'y a point d'ame dans les animaux, ni de Dieu dans l'univers. La méthode analytique impose beaucoup à la multitude, qui révère toujours ce qu'elle ne connaît pas; mais cette marche de nos esprits forts est une preuve évidente de leur faiblesse; qui, ne pouvant embrasser plusieurs objets à-la-fois, tâche de les réduire à un seul, qui finit par leur échapper à son tour.

Il n'en est pas de même de la synthèse, qui, comme la nature dans ses productions, va du simple au composé. C'est par elle que nous généralisons nos pensées et les propriétés de chaque être. Pour donner une idée de ces deux méthodes, j'en ferai l'application au soleil lui-même, ce premier agent de notre monde. Je suppose qu'un docteur se soit mis dans la tête d'en connaître les propriétés ; il s'éloigne d'abord des brouillards qui couvrent la terre, et choisit le sommet de quelque haute montagne pour le lieu de ses observations. A mesure qu'il s'élève au-dessus de l'horizon, il voit disparaître successivement les prairies, les vergers, les forêts de sapins, et il parvient enfin à des rochers dépouillés de verdure, où l'eau, réduite, faute de chaleur, à son état naturel de congélation, se change autour de lui en énormes glaces, et où les dernières couches de l'atmosphère sont à peine respirables. Là, le soleil, dépouillé de ses rayons ardents et de ses brillantes réfractions, ne lui apparaît, en plein midi, que comme un petit globe de quelques pouces de diamètre, au milieu d'un ciel d'un bleu foncé. Voilà le résultat où l'a amené l'analyse de l'astre du jour. Supposons, au contraire, qu'un ignorant tel que moi, qui va du simple au composé, redescende humblement du sommet de cet orgueilleux observatoire : chaque pas qu'il fait vers les vallons lui découvre une qualité nouvelle du soleil. En entrant dans une atmosphère vaporeuse, il voit les rayons se tein-

14.

dre d'aurore et de pourpre, dilater l'air, faire souffler les vents, et fondre les glaciers en fleuves et en torrents : il en conclut que les rayons solaires se décomposent en couleurs, qu'ils sont chauds, puisqu'ils rendent les glaces fluides, et qu'ils allument en quelque sorte notre atmosphère, dès qu'ils se montrent sur notre horizon. En considérant ensuite leur action sur la terre, il pressent d'abord que le soleil l'attire, puisqu'elle tourne sans cesse autour de lui ; et il est porté à croire qu'une si puissante influence sur le globe doit se faire sentir dans son intérieur, et y produire peut-être l'or et les pierreries, qu'on ne trouve guère en effet que dans le sein de la zone torride. Parvenu aux flancs de la montagne, où reparaît la puissance végétale, il aperçoit de nouvelles propriétés du soleil ; il voit ses rayons, pénétrant les forêts, en développer les feuillages, en colorer les fleurs, en féconder les semences, et ajouter, chaque année, un cercle à leurs troncs majestueux. Plus bas, il les voit s'étendre dans les vergers, donner aux fruits leurs couleurs, leurs parfums, leurs saveurs ; et il doute si, en se fixant à leur surface en or et en vermeil, ils ne se conglomèrent pas au dedans en ambre et en sucre. Enfin, descendu avec la nuit au fond des vallées, il entend les oiseaux par leurs chansons, et les troupeaux par leurs mugissements, saluer les derniers rayons du soleil qui dorent les sommets des collines. Bientôt ils cessent de voir, de marcher, de sentir, et, pour ainsi dire, de vivre. Son absence les plonge dans un profond sommeil. On croirait que leur vie est une portion de cette flamme céleste qui éclaire et échauffe les airs, les eaux, la terre et les forêts. Le cours de leurs actions journalières est réglé sur les diverses heures du cours journalier du soleil, comme celui de leurs naissances, de leurs amours, de leurs générations et de leurs morts, sur les diverses phases de son cours annuel.

L'homme seul sait rappeler le feu du soleil au milieu des ténèbres, et y découvrir de nouvelles modifications. Il le fait sortir du tronc des arbres, où de longs étés l'ont fixé, et il le fait étinceler et flamber dans son foyer. Mais sa lueur céleste brille encore pour lui au haut des cieux, malgré l'obscurité des nuits. Il la voit réfléchie dans le firmament, par les planètes, accompagnées de leurs satellites nombreux. Il les voit tour-à-tour ascendantes, descendantes, à l'orient, à l'occident, sur des lignes horizontales, obliques, perpendiculaires, et formant entre elles des losanges, des carrés, des triangles. Ce télégraphe céleste lui parle sans cesse un langage mystérieux, qui lui annonce toutes les harmonies du temps, des secondes, des minutes, des heures, des jours, des semaines, des mois, des saisons, des années, des cycles, des siècles.

Il exprime encore toutes les époques de l'existence, des naissances, des adolescences, des pubertés, des virilités, des générations, des vieillesses, des décrépitudes, des morts. Quelquefois une comète chevelue, venant à traverser les cieux, apparaît comme un signal de destruction ou de création pour un globe ancien ou nouveau. Ainsi, si l'on peut comparer les imitations terrestres des hommes aux modèles célestes que leur offre la nature, nos machines mobiles élevées sur le haut de nos tours nous annoncent, par quelque signal extraordinaire, une défaite ou une victoire. Peut-être chaque étoile, comme un soleil, a ses signaux particuliers dans les mouvements des mondes auxquels elle donne la vie ; peut-être tous leurs télégraphes, agissant à-la-fois, se communiquent leurs expressions, et expriment à l'infini des pensées ineffables, qui ne sont comprises que par des êtres immortels. Pour notre soleil, il est pour l'homme le livre de l'immortalité ; c'est dans sa lumière qu'il puise ces sentiments de gloire, d'infini, d'éternité, qui accompagnent sans cesse les espérances de sa vie passagère.

Nous ne connaissons donc les qualités du soleil qu'en les combinant synthétiquement avec les autres puissances de la nature, et nous les faisons disparaître en les en séparant par l'analyse. Il en est de même des autres puissances. Nous ne connaissons les facultés de l'homme qu'en le mettant en rapport avec les éléments, les végétaux, les animaux, et sur-tout avec ses semblables. C'est par ces rapprochements que se démontre l'existence de son ame raisonnable. Il en est de même de la Divinité. Nous ne nous convainquons de sa puissance, de son intelligence, de son éternité, de sa bonté, qu'en rapportant ses attributs à ses divers ouvrages. Elles s'évanouissent dans les méditations du solitaire, qui les décompose dans son cerveau. Il n'y a point d'homme plus près du matérialisme que le métaphysicien, parce que l'analyse qui l'égare, est née de l'orgueil et de la faiblesse de l'esprit humain.

La botanique a été traitée par l'analyse comme les autres sciences. Les hommes, semblables aux enfants, ont effeuillé les plantes pour les connaître, et ils ont tiré à-peu-près les mêmes résultats. Mais si on rapporte les végétaux aux autres puissances de la nature, leurs fleurs au soleil, leurs tiges aux vents, leurs feuilles aux pluies, leurs racines à la terre, leurs fruits aux animaux et aux hommes, il en résulte mille connaissances agréables et utiles. Une prairie suffit pour donner aux enfants, au défaut du ciel, une idée de la puissance du soleil. Les fleurs lui montrent les diverses époques des heures, des jours, des saisons et des années. Si les astres, par leur grandeur et l'étendue de leur révolution, font naître des sentiments d'admiration, d'étonnement et de respect religieux, les fleurs en produisent de gaieté, d'innocence, de plaisir. Laissons même les enfants, au défaut de maîtres, imaginer leur botanique. S'ils trouvent que les pétales des roses ne sont concaves que pour être claqués sur leur front ; que les degrés de la tige de certaines graminées ne sont alternés que pour exprimer le degré de leurs amitiés, et que les volants des semences d'un pissenlit ne sont faits que pour être soufflés d'une seule haleine, qui dira que leur système ne vaut pas celui de Linnæus ? Les fleurs d'une prairie sont aussi bien créées pour leur servir de bouquets et de chapeaux, que pour être pâturées par les bêtes, ou disséquées par des savants. La plupart même d'entre elles ont des rapports de convenance avec les traits des enfants, par leur grandeur, leurs couleurs et leur naïveté. Les bluets sont semblables à leurs yeux bleus ; les boutons de rose à leurs lèvres vermeilles. Il en est de même des fruits : la pomme d'api, blanche et rouge, a des convenances avec leurs joues si riantes ; la pêche fondante et la fraise mamelonnée en ont également avec le sein des jeunes filles. On pourrait les étendre beaucoup plus loin.

C'est donc aux femmes, et sur-tout aux mères, à donner les premières notions de la botanique aux enfants, en allant du simple au composé. On peut remonter aisément d'un fraisier jusqu'à l'ordre de l'univers : j'en vais présenter la marche à l'institutrice, qui doit se considérer comme la mère des enfants, ainsi que l'instituteur est considéré comme leur père. Je voudrais même que l'une et l'autre en portassent les noms, afin qu'ils se rappellent sans cesse la bonté et l'indulgence qu'ils doivent à leurs élèves, et ceux-ci l'affection et la reconnaissance dues à des soins maternels.

Je suppose donc une mère avec deux enfants, une petite fille et un petit garçon, auxquels elle voudrait donner quelques idées de la nature et de son auteur. J'appellerai la première Virginie, et le second Paul. J'adopte ces noms d'autant plus volontiers, que j'ose dire y avoir attaché quelque intérêt. Beaucoup d'enfants les portent aujourd'hui : en cela, Dieu a comblé mes vœux et au-delà. Lorsque j'étais célibataire, et que je publiai les premiers volumes de mes Études de la Nature, j'y ai dit, sans me douter que je prophétisais, que *la génération future m'appartiendrait en quelque chose.* Je l'entendais des réformes de son éducation, dont je m'occupais; mais j'en suis en quelque sorte devenu le parrain. Je ne vais point dans une promenade, que je n'entende des mères, des bonnes, des frères et des sœurs appeler des Pauls et des Virginies. Je tourne souvent la tête, croyant que ce sont mes propres enfants; car j'ai aussi une Virginie et un Paul, qui forment la couronne de roses de ma vieillesse. Je me servirai donc de leurs noms avec d'autant plus de plaisir, qu'ils me donneront l'occasion de tracer une esquisse de leurs caractères qui commencent à poindre; j'y trouverai aussi celle de leur donner quelques leçons utiles pour l'avenir. Ma Virginie, qui a bientôt cinq ans, est déjà dans l'âge et dans le goût d'en profiter : pour mon Paul, il n'a guère qu'un an; mais il est de l'humeur la plus douce, et il répond déjà, par ses caresses, à la vive affection de sa sœur. Il n'y a que des âmes aimantes qui soient propres à l'étude de la nature.

LA MÈRE, VIRGINIE ET PAUL.

LA MÈRE.

Que le mois d'avril paraît doux, après un hiver aussi rude ! Reposons-nous au pied de ce chêne qui montre ses premières feuilles. Asseyons-nous sur ce gazon. Amuse-toi, ma fille, à cueillir des fleurs pendant que je tiendrai ton frère sur mes genoux.

VIRGINIE.

Je vais lui en faire un gros bouquet, et pour vous aussi, et pour moi aussi.

LA MÈRE.

Tiens, voilà des violettes.... au pied de ces églantiers.

VIRGINIE.

Oh! qu'elles sentent bon! Je croyais qu'elles ne venaient que dans les jardins. Maman, comment appelez-vous ces fleurs blanches qui viennent parmi les violettes? Elles sentent bon aussi.

LA MÈRE.

Ce sont des primevères.

VIRGINIE.

Et celles-là, qui sont au milieu du bois?

LA MÈRE.

Ce sont des jacinthes et des muguets.

VIRGINIE.

Ah! voici des marguerites dans l'herbe. Qu'elles sont jolies! En voilà d'à moitié ouvertes. Pourquoi ont-elles un petit étui vert qui les enveloppe à moitié?

LA MÈRE.

C'est pour défendre la fleur. On appelle cet étui un calice. Beaucoup de fleurs ont un calice. C'est comme le bourrelet que je mets autour de la tête de Paul, de peur qu'il ne se la casse en tombant.

VIRGINIE.

Mais les fleurs ne tombent pas.

LA MÈRE.

Non, mais elles se choquent les unes contre les autres quand il fait du vent.

VIRGINIE.

Et ces petites feuilles blanches de la marguerite qui sont toutes rouges par la pointe, à quoi servent-elles?

LA MÈRE.

A renvoyer les rayons du soleil sur le milieu de la fleur, à ce que dit ton papa. On les appelle des pétales.

VIRGINIE.

Qu'est-ce que c'est que ces petits boutons jaunes comme des têtes d'épingles, qui sont au milieu de la marguerite?

LA MÈRE.

Ce sont des fleurons. Ils ont besoin de chaleur pour fleurir : voilà pourquoi la plupart des fleurs se tournent vers le soleil. Mais je ne suis pas assez savante; ton père t'expliquera cela un jour.

VIRGINIE.

Pourquoi n'est-il pas venu avec nous? Il aurait eu bien du plaisir.

LA MÈRE.

Oui, il aime le bois de Boulogne. Il s'y est souvent promené avec Jean-Jacques.

VIRGINIE.

Qu'est-ce que Jean-Jacques? Je ne l'ai jamais vu avec mon papa.

LA MÈRE.

Il est mort il y a long-temps, ma fille. C'est un homme qui a été fort persécuté, parce qu'il prenait le parti des malheureux. Il aimait beaucoup les enfants.

VIRGINIE.

Mon papa nous aime aussi beaucoup. Pourquoi n'est-il pas venu se promener avec nous? Il y vient toujours.

LA MÈRE.

Il est resté à Paris, pour nos affaires.

VIRGINIE.

Pour quelles affaires?

LA MÈRE.

Pour des procès.

VIRGINIE.

Qu'est-ce que des procès?

LA MÈRE.

Ce sont des guerres qu'on nous fait pour nous demander ce que nous ne devons pas, et pour nous refuser ce qu'on nous doit.

VIRGINIE.

Mais on se tue à la guerre.

LA MÈRE.

Dans les procès, on tue les fortunes, et quelquefois les réputations.

VIRGINIE.

Nous sommes donc bien à plaindre ! car on dit que la guerre est à présent par-tout le monde. Les hommes sont bien méchants ! On fait la guerre à mon papa ! (*Elle se met à pleurer.*)

LA MÈRE.

Tu es trop sensible, ma pauvre Virginie; ne pleure pas. Si les méchants sont contre nous, Dieu sera pour nous. Rapprochons-nous de la nature; elle est son ouvrage.

VIRGINIE, *en riant et en courant.*

Oh! que de fleurs dans les herbes! En voilà de blanches, de jaunes, de bleues, de rouges, de violettes, de grandes! grandes! et de toutes petites. Comment s'appellent-elles ?

LA MÈRE.

Je n'en sais rien.

VIRGINIE.

J'ai bien envie de les connaître toutes.

LA MÈRE.

Tu les montreras à ton père, qui t'en dira les noms, et nous les apprendrons ensemble; car je suis aussi ignorante que toi.

VIRGINIE.

J'en connais déjà beaucoup, beaucoup : des roses, des œillets, des jasmins, des marguerites, des violettes, des.... des.... prime.... Je m'en ressouviendrais bien, si je les voyais.

LA MÈRE.

Tu n'auras pas plus de peine à en retenir les noms que ceux de tes lettres.

VIRGINIE.

Oui, si vous me les apprenez aussi, maman. Les fleurs sont plus jolies que les lettres. Je voudrais pouvoir lire dans un pré comme dans un livre.

LA MÈRE.

Nous ne savons pas encore épeler l'alphabet de la nature, comment pourrions-nous en assembler les pensées ?

VIRGINIE.

Voilà beaucoup de fleurs blanches le long du bois. Elles ressemblent à des marguerites; mais elles sont plus grandes.

LA MÈRE.

Ne les cueille pas : ce sont des fleurs de fraisiers ; cet été, elles se changeront en fraises.

VIRGINIE.

Comment! les fraises commencent par être des fleurs?

LA MÈRE.

Oui, mon enfant, comme les femmes commencent par être de petites filles.

VIRGINIE.

Et les autres fleurs des prés deviennent-elles aussi bonnes à manger?

LA MÈRE.

Non.

VIRGINIE.

Elles ne servent donc à rien?

LA MÈRE.

Il n'y en a aucune d'inutile. Les abeilles viennent y chercher leur miel.

VIRGINIE.

Qu'est-ce qu'une abeille?

LA MÈRE.

C'est une mouche grise, à quatre ailes. Tiens,

en voilà une sur cette fleur de muguet. Prends garde d'y toucher, car elle pique bien fort. Tu peux la regarder, elle ne te fera pas de mal.

VIRGINIE.

Oh! elle enfonce sa tête dans les godets du muguet, comme quand je mets mon doigt dans mon dé! Elle ramasse avec son bec pointu une poussière jaune, qu'elle met sur ses cuisses avec ses pates de devant. Venez donc voir, maman; que cela est curieux! En voilà encore d'autres sur d'autres fleurs; mais il n'y en a pas sur leurs feuilles : les feuilles ne sont donc bonnes à rien?

LA MÈRE.

Oh si! Ces vaches que tu vois là-bas les mangent, et les changent en lait dans leurs mamelles.

VIRGINIE.

Je ne savais pas que le lait venait des plantes, et le miel de leurs fleurs.

LA MÈRE.

Les abeilles en tirent encore de la cire, les moutons de la laine, et elles font produire des œufs aux poules qui en mangent les graines.

VIRGINIE.

Mais qui est-ce qui a fait les plantes?

LA MÈRE.

C'est le bon Dieu, ma fille.

VIRGINIE.

Mais qui est-ce qui les fait pousser? Il n'y a point de jardinier ici comme dans les jardins.

LA MÈRE.

C'est le soleil qui les échauffe, la pluie qui les arrose, et le vent qui les ressème.

VIRGINIE.

Oh! Dieu est bien savant!

LA MÈRE.

Oui, ma chère fille ; c'est lui qui a fait le soleil, le vent, la pluie, la plante ; l'abeille, qui tire le miel de ses fleurs ; la vache, qui change les herbes en lait, et les hommes, qui jouissent de tous ses bienfaits, souvent sans reconnaissance.

VIRGINIE.

Oh! Dieu est bien bon! je veux le remercier tous les jours. Il n'a rien fait d'inutile. Mais ce n'est donc pas lui qui a fait ces vilaines chenilles qui mangent les feuilles des arbres? En voilà une qui vient de me tomber sur le visage : oh! qu'elle est laide!

LA MÈRE.

C'est des chenilles que viennent ces jolis papillons après lesquels tu aimes tant à courir.

VIRGINIE.

Et comment cela ? est-ce qu'il y a un papillon dans une chenille ?

LA MÈRE.

Oui, mon enfant, il y est renfermé, comme tes ciseaux dans leur étui. Je ne peux pas te l'expliquer, mais je te le ferai voir un jour.

VIRGINIE.

Oh! maman, faites-moi le voir tout-à-l'heure.

LA MÈRE.

Ma bonne amie, je ne peux pas plus te montrer à présent un papillon dans une chenille, qu'une fraise dans sa fleur : il faut que le soleil ait mûri l'un et l'autre.

VIRGINIE.

Ah! voilà un oiseau qui en emporte une.

LA MÈRE.

C'est pour la donner à manger à ses petits. Sans les insectes, les oiseaux n'auraient pas de quoi nourrir leurs petits dans une saison où il n'y a pas encore de grains ni de fruits mûrs.

VIRGINIE.

Mais à quoi servent les oiseaux? Ils sont inutiles, puisqu'on ne peut pas les attraper.

LA MÈRE.

Ils servent à réjouir l'homme par leurs chants. Celui que tu viens de voir est un rossignol; il est brun comme un moineau, et il a un long bec. Il s'est réfugié dans ce buisson couvert de petites roses, qui est un églantier. C'est là qu'est son nid.

VIRGINIE *court au buisson.*

Oh! je vais prendre ses petits. (*Elle revient en pleurant.*) Ah mon Dieu! je me suis arraché les mains; mon sang coule, je vais mourir!

LA MÈRE.

N'aie pas peur de mourir. La mort est notre retour vers Dieu qui est bon. Embrasse-moi.

VIRGINIE.

Maman, si Dieu était bon, il n'aurait pas mis des épines parmi les roses.

LA MÈRE.

Il en a mis dans plusieurs buissons, afin que les petits des oiseaux, qui ne peuvent pas voler, fussent défendus dans leurs nids.

VIRGINIE.

Pourquoi ne veut-il pas qu'on les prenne? Je ne leur aurais pas fait de mal; je les aurais mis dans une belle cage avec mon chardonneret.

LA MÈRE.

Que dirais-tu, si on t'enlevait à ta mère pour t'élever dans une belle maison? Pourquoi ferais-tu à la mère d'un oiseau un chagrin que tu ne voudrais pas que l'on fît à la tienne?

VIRGINIE.

Ah! Dieu est bon, puisqu'il prend soin des petits oiseaux. Mais s'il n'y avait pas de Dieu?

LA MÈRE.

Il n'y aurait alors ni plantes, ni chenilles, ni oiseaux, ni petites filles, ni pères, ni mères; tout serait dans la confusion : c'est Dieu qui les a faits.

VIRGINIE.

Mais qui est-ce qui a fait Dieu?

LA MÈRE.

Personne; il est de toute éternité.

VIRGINIE.

Je voudrais bien connaître Dieu.

LA MÈRE.

Tu le connaîtras en faisant du bien, à son exemple.

VIRGINIE.

Je ne suis pas assez grande.

LA MÈRE.

Tu en peux faire dès à présent. Abstiens-toi de faire de la peine aux animaux. L'abstinence du mal envers les bêtes est le premier exercice du bien envers les hommes.

VIRGINIE.

Oh! je peux faire du bien à mon frère Paul. Tu sais, maman, que je n'ai rien que je ne partage avec lui. Tiens, mon petit Paul, voilà des fleurs que j'ai cueillies pour toi; voilà des violettes, des marguerites; j'en vais mettre tout autour de ton bourrelet. Baise-moi, mon ami. Il rit toujours!

LA MÈRE.

Allons, ma chère Virginie, il est temps de nous en retourner, de peur d'être surprises en chemin par la nuit. Tu feras un chapeau de fleurs à ton frère à la maison. Nous rencontrerons peut-être ton père qui viendra au-devant de nous.

~~~~~~~~~~~~~~~

Je peux assurer que je n'ai mis dans ce dialogue que des idées communes à ma fille, âgée de quatre ans et huit mois. Elle m'a souvent embarrassé avec ses questions. En voici l'ordre ordinaire : Qu'est-ce que cela ? à quoi cela sert-il ? *et à cause ?* Et quand on croit l'avoir satisfaite sur ces trois points, elle retourne sa question en sens contraire, par cette autre : Et si cela n'était pas ? Elle cherche à connaître les choses positivement et négativement. Avec ce tour de logique, elle m'a mis souvent hors d'état de lui répondre. Au reste, cette méthode de raisonnement est familière à la plupart des enfants élevés avec liberté. Notre raison apparaît positive et négative dans ses premiers développements ; elle est en rapport avec les harmonies de la nature, formées de contraires ; c'est elle qui pousse les enfants à effeuiller la rose qu'ils ont d'abord admirée : comme les hommes, ils veulent connaître la source de leurs plaisirs. Je me servirais de cet instinct pour leur donner une idée intime de la botanique ; je leur montrerais le rapport des racines des plantes avec la terre, de leurs feuilles avec les pluies, de leurs tiges avec les vents, des pétales de leurs fleurs avec le soleil ; je leur expliquerais même l'usage des pistils, des anthères et de leurs parties sexuelles. Ces images sont si pures dans les fleurs, que la plupart des hommes ne les y aperçoivent pas, quoiqu'ils les foulent aux pieds. Je ne voudrais pas qu'ils eussent honte eux-mêmes de leur propre sexe, et qu'ils le regardassent comme un opprobre, suivant nos anciens préjugés. Tout est innocent à des ames innocentes. Ce n'est pas la nature qui corrompt notre cœur; c'est notre cœur qui corrompt la nature. J'apprendrais aux enfants à respecter la double chaîne qui reperpétue les êtres, comme une loi sainte et sacrée que la nature a mise en eux sous la sauvegarde de la pudeur. Les jeunes filles des sauvages sont chastes, quoique nues, parce que leur cœur est pur. Les sexes des plantes ne feraient pas plus naître dans les enfants des idées obscènes, que les sexes des animaux qu'ils voient tous les jours à découvert.

Au reste, nous naissons tous pyrrhoniens : les questions directes et inverses des enfants en sont la preuve ; c'est par elles qu'ils s'instruisent. Le doute est dans leur tête, comme dans celle de Descartes, le premier mobile de leur science ; leur raison vacillante me paraît la cause de l'inconstance qui leur est si naturelle. C'est une balance qui a son systole et son diastole, comme le cœur. Elle est en rapport avec les harmonies de la nature, formée de contraires, et, par ses balancements même, très-propre à se charger de connaissances en tout genre, pourvu que nous en maintenions l'équilibre. Mais bientôt les préjugés, les autorités et les habitudes en font incliner un des côtés, pour ne se relever jamais. Heureux encore si nous conservions le doute pour les opinions d'autrui! mais, comme les philosophes eux-mêmes, nous les rejetons sans examen, pour n'approuver que les nôtres.

Il est donc nécessaire de laisser les enfants faire des questions; car c'est à l'ignorant ou à celui qui doute à demander, et à celui qui sait ou croit savoir à répondre, au rebours de notre manière d'instruire, comme l'a fort bien remarqué Jean-Jacques. Il suffit de piquer la curiosité des enfants, qui n'est si active en eux que parce que tout leur est nouveau, et que leur raison en équilibre ne sait à quoi se fixer. Pourvu donc qu'on ne l'arrête point par des autorités dogmatiques, on lui ouvrira mille perspectives ravissantes au milieu de cet océan de vérités qui nous environnent. Mais si vous la fixez à des atomes, comme Epicure, ou à des tourbillons de ces mêmes atomes, comme Descartes, ou à l'horreur du vide, comme Aristote, ou à l'amour du plein, qui est l'attraction, comme les Newtoniens modernes, vous échouerez sur un écueil. En vain vous ajouterez à ce dernier système si à la mode, une force de projection, combinée avec celle de l'attraction, de peur que toutes les pièces de l'univers, en s'attirant mutuellement, ne viennent à former un seul bloc; en vain vous supposerez même que cette force de projection en ligne droite est produite par la force centrifuge ou repoussante du corps qui attire, parce que c'est une contradiction; en vain vous ajouterez que, dans les corps, les uns repoussent, et les autres attirent, comme une maîtresse qui hait son amant, ce qui n'a pas encore été dit, quoique plus vraisemblable : vous ne ferez jamais concevoir le mouvement elliptique et constant d'une planète autour du soleil, sans l'idée d'un être intelligent qui a créé ces forces, les a balancées et les entretient. Le sentiment de la divinité est l'ultimatum de la raison humaine ; c'est le centre de la sphère, dont elle est un rayon; elle en part, elle y retourne. J'ai tracé une légère esquisse de sa marche d'après la raison d'une petite fille. Les enfants âgés de dix à douze ans, sont susceptibles de raisonnements beaucoup plus étendus; il en est tel qui, par une courte série de questions fort simples, forcerait l'athée le mieux retranché dans son système hérissé de calculs, d'avouer, comme Newton lui-même, qu'il existe un Dieu : mais, pour nous élever vers lui, ne quittons pas le chemin des fleurs.

Si les jeunes filles ont du goût pour les fleurs éparses dans les champs, elles n'en ont pas moins pour les rassembler en bouquets ou en chapeaux, et les assortir avec leur teint, leurs traits et leur humeur. On peut, à cette occasion, leur donner une idée générale de notre théorie des couleurs en cinq couleurs primitives, ou la blanche, la jaune, la rouge, la bleue et la noire.

On peut y peindre leurs couleurs intermédiaires, telles que la safranée, l'orangée, la violette, et celle d'indigo; on pourrait en former avec des fleurs une guirlande qui présenterait une série des plus aimables consonnances, en les rangeant dans cet ordre : des jasmins, des marguerites, des jonquilles, des bassinets, des capucines, des roses, des coquelicots, des nielles des blés, des bluets, des pieds-d'alouettes, des tulipes rembrunies; car, pour les fleurs tout-à-fait noires, je n'en connais point : elles seraient inutiles dans le tableau de la végétation, où chaque fleur porte son ombre avec elle. On apprendrait aussi aux jeunes filles à produire des contrastes avec ces mêmes fleurs, en opposant les plus claires aux plus sombres : en ce cas, elles auraient attention de mettre les plus blanches au centre, comme une masse de lumière qui éclaire et rehausse tout le groupe : c'est ce que ne manquent pas de faire les van Spaëndonck dans leurs tableaux. Mais, après tout, ces réflexions ne valent pas le goût naturel du sexe dans l'arrangement des fleurs, qui font sa plus charmante parure. Comme je l'ai dit ailleurs, j'ai connu une femme qui, avec de simples graminées de diverses espèces, formait les plus agréables panaches dans des vases à long col : il n'y entrait pas une seule fleur. Les femmes de l'Orient trouvent dans leurs jardins de quoi exprimer toutes leurs passions, avec des roses, des soucis, des tulipes au cœur brûlé.... En effet, les fleurs ont des analogies avec les caractères, les unes étant gaies, d'autres mélancoliques ; il y en a même, ainsi que je l'ai dit, qui en ont avec les traits du visage : les bluets en ont avec les yeux, les roses avec la bouche, la rose de Gueldre avec le sein, la digitale avec les doigts, etc. Chacune d'elles a des parfums qui en ont aussi avec les diverses sensations de la beauté. Les fleurs les plus odorantes sont les plus propres à faire des bouquets et des chapeaux, telles que les violettes et les roses. Rien n'est aimable comme les fleurs dans la parure des femmes et des enfants : l'or, l'argent, les perles et les diamants, ne peuvent leur être comparés ni par leurs formes, ni par leur éclat, qui est trop vif ; seules, elles ont des coupes et des teintes analogues à la couleur des yeux, des lèvres et du visage ; elles se présentent par-tout sous leurs pas, tandis qu'il faut aller chercher les métaux et les fossiles brillants à travers mille dangers, au sein des terres et des mers : les unes se recueillent par les mains de l'innocence, et les autres souvent par celles du crime.

Mais on ne jouit pas toujours des premiers charmes du printemps. Quelquefois, comme celui de la vie humaine, qui est entremêlé de rougeoles et de petites-véroles, il ne s'annonce que par des grêles et des giboulées ; le mois d'avril, qui en présente les prémices, est souvent humide et froid dans nos climats. Les paysans de mon pays disent en proverbe : *Avril doux ; quand il s'y met, c'est le pire de tous.* Il règne alors, surtout sur les côtes de Normandie, un vent du nordouest, qui couvre nos campagnes de l'atmosphère brumeuse des glaces marines qui descendent des pôles du Nord, et viennent s'échouer et fondre sur le banc de Terre-Neuve. Souvent le mois de mai n'est pas plus agréable que le mois d'avril. Voltaire disait que le mois de mai n'était beau que chez les poëtes. En effet, j'ai vu plus d'une fois de la neige tomber dans nos promenades avec les fleurs des marronniers d'Inde. Pourquoi exposerions-nous alors nos jeunes filles à des rhumes et à des transpirations arrêtées ? Destinées, par leur délicatesse et leurs devoirs, à garder l'intérieur de leurs maisons, laissons-les-y au moins à l'abri des injures des éléments ; ce n'est qu'aux garçons à les braver. Je voudrais donc que ceux-ci, dans les mauvais temps, fissent seuls des incursions dans les campagnes pour en rapporter des fleurs et des rameaux ; les jeunes filles en feraient des guirlandes destinées à leur parure ; elles s'exerceraient ensuite à les dessiner et à les broder, d'après quelques bons modèles et les conseils de leur mère, ou, à son défaut, de quelque Minerve du voisinage. Pourquoi ne se trouverait-il pas des femmes qui feraient part gratuitement de leurs talents à la jeunesse, comme d'autres faisaient part de leur fortune à la fondation des couvents, dans un temps où ils étaient l'asyle de l'innocence et de la vertu?

Je pense qu'il est utile d'exercer également les enfants des deux sexes à dessiner les plantes. Ils trouveront dans leurs formes toutes les courbes imaginables, et ils exerceront, d'après des modèles réguliers, l'instinct qui les porte à charbonner sur les murs les objets qui les frappent.

Si j'ose dire ce que je pense, c'est aux plantes, et sur-tout à leurs racines, qui leur fournissent des fils, des cordes, des arcs, que les sauvages doivent les premiers modèles des spirales de leurs meubles et de leur écriture hiéroglyphique. Je suis d'autant plus porté à adopter cette opinion, que les Chinois, le peuple le plus ancien de la terre, y ont puisé leur premier alphabet. Suivant Kircher, c'est des formes des racines, auxquelles ils attribuent les plus grandes vertus des plantes, qu'ils ont composé les premières lettres qui servirent à l'écriture vulgaire et à faire des livres. Ils y joignirent ensuite d'autres alphabets, formés d'étoiles, d'ailes d'oiseaux, de tortues, de coquillages, de vermisseaux, de reptiles, de poissons, suivant les sujets qu'ils voulaient traiter. Ils groupaient plusieurs de ces animaux pour exprimer le caractère d'un objet.

Par exemple, voulaient-ils offrir l'image de la rapidité d'un fleuve qui se précipite comme un torrent? Ils représentaient plusieurs poissons qui nageaient dans différents sens. Le cours ordinaire d'un fleuve était rendu par un seul poisson nageant dans une seule direction. Une agrégation d'animaux forma un caractère, désigné aujourd'hui par des points ou par de simples traits. C'est, suivant Kircher, la seule différence qui existe entre leurs caractères anciens et leurs caractères modernes : ainsi, une lettre est chez eux une pensée. Ils eurent, dans l'origine, seize alphabets, qui n'en composent plus qu'un seul aujourd'hui; mais celui de la végétation est le plus ancien et le fondement de tous les autres.

C'est à la forme des racines des plantes qu'il faut attribuer, à mon avis, ces grands traits déliés, roulés et enchevêtrés qu'on trouve dans leur écriture et dans celle des autres peuples de l'Orient, qui adoptèrent sans doute les mêmes modèles. Nous pourrions peut-être retrouver ces caractères radicaux dans nos lettres romaines; car les trois jambes de l'M, les deux perpendiculaires de l'N, les deux inclinées de l'A, les deux renversées du V, de l'X, le Z, etc., ressemblent aux racines végétales de l'alphabet chinois. Les lettres E, F, I, L, Y, représentent peut-être des tiges d'arbres, les unes toutes nues, les autres avec des branches, d'autres avec des racines, d'autres avec des branches et des racines. Notre T sur-tout est une abréviation du fameux Tau des Egyptiens. Il imite, comme lui, le tronc d'un arbre avec ses branches horizontales, désigné ainsi dans les caractères de la Chine †. Cette forme de croix qui, suivant nos voyageurs les plus éclairés, représente un arbre dans l'écriture chinoise, a fait imaginer bien des commentaires à quelques missionnaires, qui ont cru y voir le signe de la rédemption ainsi que dans le Tau des Egyptiens. Il y a apparence que notre S a été tirée de la figure du serpent, d'autant qu'elle fait siffler tous les mots où elle se trouve. Nous citerons en preuve ce vers de Racine dans la bouche d'Oreste furieux, qui croit voir le spectre sanglant de sa mère après l'avoir poignardée :

Pour qui sont ces serpents qui sifflent sur vos têtes ?

La lettre C, qui a une partie de la figure de l'S, ou d'un serpent à demi levé, produit aussi souvent le même sifflement. Quant à l'O, je suis porté à croire qu'il doit sa forme à celle du soleil, d'autant que le son qu'il exprime est, dans toutes les langues, celui de l'admiration : c'est le sentiment qu'a dû produire chez tous les peuples l'astre du jour. L'O donne de la majesté à tous les mots, en les rendant plus sonores. Il se trouve fréquemment dans les langues méridionales de l'Europe, comme dans celle des Espagnols. Aussi Charles-Quint, s'arrêtant aux divers accents des langues européennes, disait que l'anglaise était propre à parler aux oiseaux, l'allemande aux chevaux, l'italienne aux dames, la française aux hommes, l'espagnole à Dieu. Ce qui prouve encore que la figure de la lettre O doit son origine à la forme ronde du soleil, et son expression à celle de l'admiration, c'est qu'elle se trouve très-répandue dans les langues simples des peuples de la zone torride, auxquelles elle donne une harmonie et une dignité que n'ont pas souvent celles des peuples savants et civilisés des autres climats. C'est ce qu'on peut voir sur-tout dans les noms de la plupart des royaumes de l'intérieur de l'Afrique, tels que ceux d'Angola, des Jolofs, de Tombuto, de Bournou, de Majombo, de Gingiro, de Macoco, de Loango, de Congo, de Loando, de Monoémugi, de Monomotapa, de Monzambo, etc. D'un autre côté, j'ai observé que dans les pays froids, comme en Russie, la plupart des terminaisons des noms sont en A, telles que celles du lac Ladoga, en Finlande; de la cascade d'Imatra; de la ville de Riga, ainsi que celles de quantité de noms vulgaires. La bière s'y appelle piva; l'eau, vauda; le pain, gleba; la mère, matouska; le père, batouska. Pour dire à gauche, on dit na lava; à droite, na prava ; mon pigeon, goloubouska maïa, etc. J'en laisse chercher la raison à d'autres. Quant au caractère O, je lui trouve une analogie encore plus marquée avec le soleil. Dans les chiffres arabes, lorsqu'il est seul, ce n'est qu'un zéro; il est sans valeur : mais il décuple celle d'un chiffre lorsqu'il y est joint; il la centuple lorsqu'on l'y ajoute deux fois, ainsi de suite. Il ressemble donc au soleil, qui est sans action lorsqu'il n'est pas combiné avec une des puissances de la nature. C'est ce que l'on voit au sommet des hautes montagnes, qu'il laisse couvertes de glaces, parce qu'il ne peut s'y harmonier avec l'air, qui y est trop raréfié. Mais lorsque, par la médiation de ce même air, il peut se combiner avec une des puissances de la nature, telle, par exemple, que la végétale, il en décuple les harmonies dans son cours annuel; il les centuple dans une seconde période semblable, et il les porterait à l'infini dans le cours des siècles, si elles ne trouvaient des obstacles dans celles des autres puissances, que la nature a balancées les unes par les autres.

Pour revenir aux seize alphabets des Chinois, il est digne de remarque que six ont été trouvés par leurs premiers empereurs. Fohi composa celui des dragons pour l'astronomie; Xim-Nûm, celui des lettres pour l'agriculture; Chuem-Kim, ceux des huîtres et des vermisseaux; Choam-Ham, celui des oiseaux; et Yao, celui des tortues. On en peut conclure que, dans ces anciens temps, les souverains étaient philosophes ou les philosophes souverains. Enfin, je ferai observer que non-seulement les premiers hommes ont cherché à exprimer leurs idées par des signes naturels, comme on le voit par les caractères primitifs de leur écriture, dont chaque lettre formait une pensée, mais encore qu'ils ont cherché à les exprimer par leur style figuré, que les sauvages, et les peuples civilisés de l'Orient emploient aujourd'hui pour exprimer leurs passions, leurs lois, leurs devoirs. C'est donc pour moi une autorité de plus, qui prouve la nécessité où je suis de remonter aux harmonies de la nature pour y trouver celles de la morale même. Les végétales sont sans doute les plus agréables et les plus fréquemment employées par eux. Il n'y en a point qui inspire plus de bon goût dans tous les genres. J'ai déjà cité, je crois, un dessinateur d'étoffes de Lyon, qui apprit la botanique par le conseil de Jean-Jacques, et qui, par cette aimable étude, devint le plus célèbre de son art.

Quelle satisfaction une mère ne goûterait-elle pas en voyant ses enfants éprouver d'abord, à la vue des végétaux, des sensations communes de plaisirs d'où naîtraient des talents différents! Parmi les filles, les unes se plairaient à les dessiner, à les peindre, à les broder; quelques-unes peut-être à en extraire des essences et des élixirs. Parmi les garçons, il y en aurait qui s'occuperaient du soin de les classer, tandis que d'autres, contents de leurs simples formes, traceraient, d'après leurs volutes, des traits hardis d'écriture. Parmi ceux-ci, il se formerait peut-être quelque géomètre qui en calculerait les courbes si variées et si peu connues. Les réverbères des fleurs, qui échauffent sans brûler, sont plus intéressants à connaître que les miroirs d'Archimède. Ces douces études les détourneraient, dans le cours de leur vie, des passions cruelles qui naissent de l'oisiveté. Elles leur offriraient des amusements inépuisables au sein de la fortune, et des ressources assurées au sein de l'indigence. Parmi les émigrés français de notre révolution, combien de femmes de qualité ont dû leur liberté et leur subsistance à l'aiguille de Minerve, tandis que leurs époux et leurs frères n'ont trouvé souvent que la servitude et la mort dans les arts destructeurs de Mars! Il en est sans doute parmi ceux-ci qui, victimes des systèmes impies de nos villes et des passions féroces qui en résultent, maudissant les hommes, ont rouvert leur cœur à l'Auteur de la nature, à la vue de ses plus aimables ouvrages. Ils ont retrouvé une patrie où ils n'ont plus vu de compatriotes, et un Dieu où il n'y avait plus d'hommes. Les herbes des prés leur ont offert des lits de repos, et les cimes des forêts ont élevé leurs regards et leur ame vers les cieux. Les végétaux chargés de fleurs ou de fruits sont disséminés sur la terre, comme des îles au sein des mers orageuses, pour nous servir de lieux de rafraîchissements, et nous guider vers un nouveau monde.

Après avoir montré aux enfants à connaître les parties principales des plantes, à les grouper, à les dessiner, et même à les décrire, il est intéressant de leur en faire observer l'ensemble, afin de leur apprendre à en composer des tableaux ou des descriptions. Bien des gens ne peuvent rendre compte de leurs voyages que par les bornes des grands chemins ou par les noms des auberges, des villages et des villes qui se rencontrent sur leur route. Ils ne savent pas même s'orienter; et s'ils ont été au midi ou au nord. Ils traversent, sans s'en apercevoir, les prairies, les vallons, les forêts : la nature n'est plus rien pour eux. Les végétaux, qui en font le plus bel ornement, ne parlent pas à leur ame desséchée par la cupidité. Nos laboureurs mêmes, ne voient que des bottes de foin dans les prés fleuris, et des sacs de blé dans les moissons ondoyantes de la douce Cérès. La forêt la plus majestueuse ne leur présente que des bûches et des fagots : elle n'est digne de leur attention que quand elle est en coupe réglée : ils ne la regardent que quand elle est abattue. Cependant, c'est des harmonies des végétaux que les arts, qui font le charme de la vie, tirent leurs principaux agréments. La poésie, l'éloquence, la morale même, nous ravissent par les images qu'elles en empruntent. L'Évangile, si austère dans les devoirs qu'il nous impose, nous enchante par son style rempli de comparaisons tirées de l'agriculture. J'en ai compté plus de cent dans un seul évangéliste.

Je vais à ce sujet hasarder quelques règles pour apprendre aux enfants à exprimer en peinture, en vers ou en prose, les sensations que leur fait éprouver le spectacle de la nature : je parlerai d'abord à leurs yeux avant de parler à leur cœur. La méthode qu'on doit suivre pour bien rendre le caractère d'un paysage en peinture, est la même que celle que j'ai indiquée pour exprimer celui d'une plante. Il faut d'abord rapporter les harmonies que le paysage a avec les éléments, comme nous avons rapporté celles que la plante a avec eux.

On doit commencer par rendre l'action du soleil sur l'horizon : un paysage sans soleil est un végétal sans fleur. Comme aucun pinceau ne peut peindre l'astre du jour dans tout son éclat, il faut le voiler par quelque objet, ou choisir les heures où sa lumière est la moins brillante. Les plus favorables sont celles du matin et du soir, parce que le soleil étant à l'horizon, tous les objets du tableau sont frappés de ses rayons parallèlement à nos yeux, et se détachent les uns des autres par de grandes ombres.

Celles du soir me semblent plus intéressantes que celles du matin, parce que le ciel étant alors plus vaporeux, la lumière y produit de plus beaux effets. Elles plaisent aussi davantage à notre imagination, parce qu'elles nous annoncent le repos de la nuit, tandis que celles du matin commencent les travaux du jour. Claude Lorrain a choisi par préférence la lumière du soleil couchant pour éclairer ses paysages, et il a excellé à en rendre les reflets dans les airs et sur les eaux marines. Ses vaisseaux, ses palais, ses péristyles y sont tout brillants d'une atmosphère safranée. Mais je pense que les rayons horizontaux du soleil couchant produiraient encore des effets plus riches parmi les arbres d'une forêt, si, en empourprant le dessous de leur feuillage et en dorant les cimes verdoyantes, ils se brisaient sur leurs troncs moussus, et les faisaient apparaître comme des colonnes de bronze.

L'atmosphère, à son tour, doit se faire sentir dans un paysage par un ciel élevé, dont on rend les lointains avec des vapeurs étagées et fugitives. Ce sont sur-tout les nuages qui entourent le soleil couchant, qui doivent exprimer la grande étendue de l'horizon par les couleurs vives et les ombres prononcées des nuages qui sont en avant; tandis que ceux qui les suivent sont teints de couleurs et d'ombres mourantes qui vont se perdre dans l'immensité des cieux. L'étendue de l'air doit aussi se faire sentir sur la terre, dans l'épaisseur même des forêts, par de longues perspectives ménagées parmi les troncs des arbres, et par quelques faibles aperçus d'un ciel azuré à travers leurs rameaux. C'est ainsi que Jouvenet a rendu, au milieu des bois, une solitude profonde de Bruno, le fondateur des Chartreux. On pourrait peut-être y exprimer les mouvements de l'air, l'ame des végétaux, par le balancement de la cime des arbres, le retroussis de leur feuillage et les ondulations des prairies. Il serait possible d'y joindre une harmonie aérienne de plus, en exprimant une ondée de pluie. Il ne faut pas la répandre dans tout le tableau, car il deviendrait mélancolique comme celui du *Déluge*, du Poussin. Il suffit d'y peindre l'effet d'un nuage pluvieux sur une partie de la forêt. Les rais de la pluie se mêlant avec ceux du soleil, forment des arcs-en-ciel dans les cieux, et des harmonies charmantes parmi les arbres.

Un paysage sans eaux est un palais de Vénus sans miroir. La proportion des eaux avec les terrasses d'un paysage doit être, à mon avis, de deux à un, pour être la plus belle possible. Je la tire de celle de notre globe, où il y a deux fois plus de mer que de terre. Mais les terrasses d'un tableau, comme les collines et les montagnes, doivent regagner en hauteur ce qu'elles perdent dans leur plan, comme celles du globe même ; car si les mers et les méditerranées y ont deux fois plus d'étendue que les continents et les îles, les continents et les îles, à leur tour, ont peut-être dans leur élévation autant de développement que les mers et les méditerranées. Il en résulte aussi des perspectives ravissantes avec leurs reflets. Les paysages les plus agréables à peindre sont donc ceux des îles. C'est dans celle de Cythère que les poëtes ont placé la naissance de la déesse de la beauté. Les voluptueux Chinois, qui sentent tout le charme des eaux, font sortir leur déesse Amida et son enfant, du sein d'une fleur au milieu d'un lac. Les îles les plus agréablement situées, selon moi, sont celles qui sont aux confluents des rivières, parce qu'elles sont au centre de plusieurs avenues d'eau, ou à l'embouchure des fleuves, dont les eaux douces apparaissent couleur de turquoise, tandis que l'eau marine où elles se déchargent est azurée. C'est sur les bords des rivières que les végétaux se montrent dans toute leur beauté, non-seulement parce qu'ils y sont plus grands, plus frais, et plus fleuris que partout ailleurs, mais parce qu'ils y sont reflétés dans tout leur éclat. Au coucher du soleil, sur-tout, leurs images se dessinent aussi parfaitement au sein des ondes, que leurs modèles qui sont dans l'air. Le paysage paraît double ; il y en a un droit et un renversé. Ici, une forêt s'unit par sa base à la même forêt ; là, un pont forme avec lui-même un autre pont, et avec ses propres arcades des cercles entiers, entourés de voussoirs. On y voit à-la-fois deux cieux, deux soleils, et celui qui est au fond des eaux n'est pas moins éblouissant que celui qui brille dans la profondeur des cieux.

La terre, à son tour, offre de nouvelles consonnances par les couleurs de ses terrasses, dont les sombres roches et le rouge brun s'harmonient si bien avec la verdure. Mais c'est sur-tout par ses vallées profondes, ses montagnes à croupes arrondies et à sommets escarpés, qu'elle offre les plus magnifiques amphithéâtres à toutes les richesses de la végétation. On y voit toutes ses tribus rangées par ordre, depuis le roseau, d'un vert glauque, que le souffle du zéphyr agite sur le bord des eaux, au fond des vallons, jusqu'au cèdre qui s'élève au haut d'une atmosphère empourprée, sur les cimes des monts lointains, autour des glaciers, où il brave les tempêtes et les hivers. La terre, couronnée d'arbres, paraît plus élevée et plus majestueuse.

Enfin, les végétaux sont si nécessaires, qu'on peut dire qu'il n'y a point de paysage proprement dit, là où ils manquent. On ne peut donner ce nom aux vastes plaines de la mer, à ses écueils, aux rochers nus et arides du Spitzberg, aux neiges et aux glaciers du Nord, ni aux déserts sablonneux de l'Afrique. Au contraire, les végétaux seuls suffisent pour former un paysage très-varié dans une plaine, même circonscrite. Les herbes, les arbustes, les sous-arbrisseaux, les arbrisseaux, les arbres, y peuvent être disposés en amphithéâtre, et y figurer des vallons, des collines, des eaux, des rochers, des perspectives. Chaque arbre porte avec lui un caractère particulier qui en varie les scènes, et y exprime, pour ainsi dire, une passion. L'if noir et hérissé présente quelque chose de hideux; le cyprès, de funèbre; et le saule de Babylone, de mélancolique, par sa longue chevelure.

Le rosier paraît l'emblème du plaisir par ses fleurs éclatantes et passagères, mêlées d'épines cachées et permanentes; le myrte, celui de la volupté, par ses rameaux flexibles et odorants. Le chêne a un caractère athlétique dans son tronc noueux et ses branches tortueuses; le sapin majestueux, dans sa haute et sombre pyramide, ressemble à un grand rocher planté sur les montagnes; le peuplier, aux feuilles tremblantes et murmurantes, imite le mouvement et le gazouillement des eaux.

Les végétaux, par leurs contrastes, produisent entre eux une multitude d'harmonies naturelles : tels sont les rosiers avec les lis; le liseron aquatique à feuilles en cœur et à fleurs en cloches blanches, appelées chemises de Notre-Dame, avec le saule; les ébéniers à fleurs jaunes avec les sapins sombres et pyramidaux; la vigne avec l'orme......

Les animaux ajoutent encore au sentiment moral des végétaux auxquels ils sont ordonnés. Chaque arbre, chaque plante a, pour ainsi dire, une ame dans un volatile, qui l'habite, va, vient, saute, chante ou murmure autour de lui. L'abeille est en harmonie avec le cytise, le papillon avec le rosier, la tourterelle amoureuse avec le myrte. Le hibou fait son nid dans l'if des cimetières; l'écureuil revêtu de fourrure, dans le sapin du Nord; et le rossignol plaintif, dans le peuplier murmurant. Virgile a bien senti ces convenances, et sur-tout les dernières, lorsqu'il a comparé Orphée pleurant la perte d'Eurydice, à un rossignol qui déplore, à l'ombre d'un peuplier, celle de ses petits encore sans plume, qu'un dur laboureur aux aguets a arrachés de leur nid :

> Qualis populeâ mœrens Philomela sub umbrâ
> Amissos queritur fœtus, quos durus arator,
> Observans nido, implumes detraxit : at illa
> Flet noctem; ramoque sedens, miserabile carmen
> Integrat, et mœstis latè loca questibus implet.

Le poëte achève la beauté de cette image par des vers dont l'harmonie imitative est inimitable à ma faible prose. Il oppose la douleur de cette

mère infortunée à la cruauté du laboureur. « Pour
» elle, dit-il, elle se plaint toute la nuit; posée
» sur un rameau, elle continue son chant lamen-
» table, et remplit au loin les solitudes de ses
» tristes gémissements. »

Virgile compare l'amour conjugal d'Orphée
à l'amour maternel du plus harmonieux des oiseaux, comme le seul qui en puisse exprimer les regrets. Il a senti que les consonnances des passions humaines, bien plus expressives que les animales, ajoutaient encore au caractère des végétaux; il emploie fréquemment celles des enfants et des roses, des adolescents et des lis, des jeunes filles et des myrtes. Avec combien de grâces il représente, dans ses Églogues, le vendangeur qui chante au haut de l'orme, soutien de la vigne. Pour moi, je ne vois point sans un nouvel intérêt, le long des rivières, le saule porter la nasse du pêcheur sur les mêmes rameaux dont elle est formée. Si je lui trouve préférable le saule de Babylone, c'est que je me rappelle la lyre que les Israélites, dans leur captivité, y avaient suspendue. Plus l'harmonie morale des végétaux et des hommes s'étend, plus elle produit d'effets. Mon ame s'agrandit quand je vois, à travers les campagnes, ces longues avenues qui font communiquer les empires. Bien des gens n'y voient que des ormes; pour moi j'y sens les contrastes du genre humain. Voilà la route de cette belle Italie

bouleversée par notre révolution ; à gauche, la Suisse presque aussi agitée ; à droite, l'Espagne, patrie du Cid et du malheureux Cervantes ; à l'occident, celle de la Bretagne, où plein de philanthropie, je m'embarquai pour l'Ile-de-France, et où je fus persécuté. Derrière moi, ainsi que mes beaux jours, sont les routes de la Russie et de la Pologne, où j'ai aimé, et où mes amours furent malheureuses.

Mais ce n'est pas le lieu de parler des sentiments moraux qu'un paysage peut faire naître, sur-tout quand ils nous sont personnels ; tenons-nous-en ici aux seuls sentiments physiques ; et, dans la puissance végétale, ne voyons que les végétaux.

La poésie a un grand avantage sur la peinture dans la description d'un paysage, c'est qu'elle peint à l'ame les objets que celle-ci ne représente qu'aux yeux. Cependant il ne faut pas, comme on l'a fait dans ces derniers temps, accuser la peinture de n'être qu'une sœur imbécille et muette de la poésie. L'une et l'autre suivent les mêmes lois pour exprimer leurs conceptions, et les grands peintres sont aussi rares que les grands poëtes. Si la peinture paraît inférieure à la poésie, c'est qu'il faut chercher dans ses tableaux les harmonies des objets qu'elle exprime, ainsi que dans la nature même ; tandis que la poésie les détache et les montre à part. Il y a plus, la peinture ne rend qu'un instant dans un point de vue ou dans un événement, tandis que la poésie en développe successivement plusieurs scènes ; et c'est par ces développements qu'elle produit des impressions plus sensibles, plus profondes et plus durables. Voilà pourquoi aucun tableau du Poussin n'a jamais fait verser des larmes comme une scène de Racine. La sculpture a les mêmes désavantages, quoiqu'elle rende le relief des objets. La description du Laocoon dans Virgile, est sans contredit plus touchante que l'antique admirable qui représente ce malheureux père groupé avec des serpents qui dévorent ses enfants. Mais il n'en est pas moins vrai qu'il a fallu plus de temps, et sans doute plus d'art, pour faire le tableau du Déluge, que la scène la plus pathétique d'Andromaque, et le groupe de Laocoon que les vers de Virgile. La poésie ne doit ses avantages sur la peinture qu'aux harmonies des objets, qu'elle rend plus sensibles en les isolant et en en exprimant les modulations successives. Au reste, l'une et l'autre se servent des mêmes lois.

Comme on est plus souvent obligé de rendre compte de vive voix ou par écrit des pays que l'on a parcourus, que de les dessiner ou de les peindre, nous allons donner quelques exemples des lois qu'ont suivies les meilleurs poëtes dans les descriptions de leurs végétaux ou de leurs paysages. Elles peuvent servir également à la peinture, à la poésie et à la prose, parce que ce sont celles de la nature même.

Nous citerons en premier lieu quelques vers de Quinault, qui peuvent servir de modèle dans le style fleuri.

> Ce fut dans ces jardins où, par mille détours,
> Inachus se plaît à prolonger son cours ;
> Ce fut sur ce charmant rivage
> Que sa fille volage
> Promit de m'aimer toujours.
> Le zéphyr fut témoin, l'onde fut attentive,
> Quand la nymphe jura de ne changer jamais;
> Mais le zéphyr léger et l'onde fugitive
> Ont bientôt emporté les serments qu'elle a faits.

Dans ce riant paysage, l'air, l'eau, la terre et les jardins sont en harmonie d'après les lois que nous avons précédemment indiquées; les eaux courantes sur-tout y abondent. Le poëte établit des rapports charmants entre les détours du fleuve, la légèreté du zéphyr, la fluidité de l'onde et les serments de la nymphe inconstante. Ce tableau est rempli de reflets physiques et moraux; mais ce n'est après tout qu'un joli éventail. Sa couleur est brillante, mais sans chaleur ; il y manque un rayon de soleil, ou même de lune, qui ajoute tant d'intérêt aux amours. J'y désirerais aussi un peu d'ombre. J'aurais donc substitué un bocage au rivage, pour produire plus d'effet et de variété. Mais Quinault a sans doute mieux fait de mettre plus de consonnance entre le fond et le sujet de son tableau. Ce poëte est d'ailleurs celui des graces, et Voltaire a eu raison de rétablir sa réputation, que l'austère Boileau avait attaquée avec trop d'humeur.

Cependant, je préfère de beaucoup à sa manière celle de notre inimitable La Fontaine ; elle a plus de couleur, de vérité et de variété. Quinault n'a, pour ainsi dire, célébré que l'amour et ses égaremens, auxquels il oppose ceux de la gloire militaire, passion non moins dangereuse. La Fontaine a chanté toutes sortes de sujets sur tous les tons. C'est le poëte moral par excellence ; c'est aussi celui du sentiment. Il y a dans ses vers je ne sais quoi d'antique et d'attique, qui n'appartient qu'à eux. Ce sont des enfants de la nature comme les objets qu'ils représentent : le temps, loin de les vieillir, ajoute à leur beauté ; ils plaisent plus dans leur négligé, que d'autres, enfants de l'art, dans toute leur parure. Pour juger de la supériorité de sa touche sur celle de Quinault, il suffit de comparer au paysage que nous avons cité, celui de la fable du Chêne et du Roseau :

>   Le chêne, un jour, dit au roseau :
>   Vous avez bien sujet d'accuser la nature ;
>   Un roitelet pour vous est un pesant fardeau ;
>   Le moindre vent qui, d'aventure,
>   Fait rider la face de l'eau,
>   Vous oblige à baisser la tête :
>   Cependant que mon front, au Caucase pareil,
>   Non content d'arrêter les rayons du soleil,
>   Brave l'effort de la tempête.

Tout vous est aquilon ; tout me semble zéphyr.
Encor si vous naissiez à l'abri du feuillage
   Dont je couvre le voisinage,
   Vous n'auriez pas tant à souffrir,
   Je vous défendrais de l'orage ;
   Mais vous naissez le plus souvent
Sur les humides bords des royaumes du vent.
   La nature envers vous me semble bien injuste !
   Votre compassion, lui répondit l'arbuste,
Part d'un bon naturel ; mais quittez ce souci :
   Les vents me sont moins qu'à vous redoutables ;
Je plie, et ne romps pas. Vous avez jusqu'ici ;
   Contre leurs coups épouvantables,
   Résisté sans courber le dos :
Mais attendons la fin. Comme il disait ces mots,
Du bout de l'horizon accourt avec furie
   Le plus terrible des enfants
Que le Nord eût portés jusque-là dans ses flancs.
   L'arbre tient bon, le roseau plie ;
   Le vent redouble ses efforts ;
   Et fait si bien qu'il déracine
Celui de qui la tête au ciel était voisine,
Et dont les pieds touchaient à l'empire des morts.

La Fontaine représente toutes les puissances de la nature en action dans ce paysage. On y voit le soleil, le vent, l'orage, l'eau, une grande montagne, un chêne et un roseau ; enfin un roitelet, puissance animale. Il n'y a pas de doute que si son sujet, comme celui de Quinault, eût comporté un personnage humain, et sur-tout une nymphe, il ne l'eût rendu plus intéressant. Mais, à son défaut, il personnifie ses deux acteurs inanimés ; il donne au chêne un front au Caucase pareil, un dos qui ne courbe jamais, une tête au ciel voisine, et des pieds qui touchent à l'empire des morts. Il lui suppose des sentiments convenables à sa taille, un orgueil protecteur, une compassion dédaigneuse; il lui oppose un faible roseau, jouet des vents, mais humble, patient, content de son sort, et qui trouve sa sûreté dans sa faiblesse même. Il relève ensuite par des expressions sublimes son site, naturellement circonscrit, et y ajoute des lointains par des images accessoires. Il appelle les marais, humides bords des royaumes du vent; il peint le vent lui-même en le personnifiant :

Du bout de l'horizon accourt avec furie
Le plus terrible des enfants
Que le Nord eût portés jusque-là dans ses flancs.

Enfin arrive la catastrophe, pour servir d'éternelle leçon aux grands et aux petits. La moralité de cette fable n'est point récapitulée en maxime au commencement ou à la fin, comme dans les autres fables de La Fontaine; mais elle est répandue par-tout, ce qui vaut encore mieux. C'est le lecteur lui-même, et non l'auteur, qui la tire. Lorsqu'elle est entremêlée avec la fiction, la fable ressemble à ces riches étoffes où l'or et la soie sont filés ensemble. Cependant la morale de celle-ci paraît se montrer dans les expressions même de sa dernière image. Elles conviennent également au chêne orgueilleux déraciné par le vent, et aux grands de la terre renversés par des causes souvent aussi légères :

> Celui de qui la tête au ciel était voisine,
> Et dont les pieds touchaient à l'empire des morts.

Je ferai ici une observation assez singulière, c'est que cette fable si philosophique est presque la seule où La Fontaine ait mis deux végétaux en scène. Par la manière dont il l'a traitée, on voit qu'il aurait trouvé aisément des symboles de toutes les passions humaines dans les herbes et les arbres, dont les genres ont des caractères si différents. Il en prend assez souvent dans des objets morts ou inanimés, tels qu'une lime, une montagne, le vent. Il dit lui-même, dans sa fable de l'Ours et de l'Amateur des Jardins :

> Les jardins parlent peu, si ce n'est dans mes vers.

Cependant, je n'ai trouvé, dans toutes ses fables, d'autres interlocuteurs, en végétaux, que le chêne et le roseau, et l'arbre dans celle de l'Homme et du Serpent. Il est vrai que les animaux lui en fournissent un grand nombre, par des caractères plus analogues aux nôtres et plus déterminés. Quoi qu'il en soit, il n'a pas négligé d'enrichir sa poésie de tous les charmes que lui fournissent les autres puissances de la nature, et sur-tout la végétale. On peut dire qu'il a donné à chaque fable un paysage. Il avait puisé ce goût dans les poëtes anciens; c'est sur-tout dans Virgile qu'on en peut trouver de fréquents exemples. Il y en a une foule, non-seulement dans ses Bucoliques et ses Géorgiques, mais dans son Énéide. Sur ce point, comme sur plusieurs autres, il a pris Homère pour modèle; car le poëme épique n'est qu'un tableau de toute la nature. Pour le rendre plus sublime, l'un et l'autre en ont divinisé toutes les puissances. Afin de donner aux enfants quelque avant-goût des ouvrages du prince des poëtes latins, et de leur faire naître le désir de l'étudier dans sa langue originale, je ferai ici quelques observations sur ses églogues. On verra qu'il n'en a rendu les descriptions si intéressantes qu'en y développant les harmonies générales, dont nous avons démontré l'existence dans la nature.

Dans la première, intitulée Tityre et Mélibée, il introduit l'infortuné Mélibée, dépouillé de son patrimoine par les guerres civiles, et obligé d'abandonner sa patrie, auprès de Tityre couché à l'ombre d'un hêtre épais, occupé uniquement du soin de chanter la belle Amaryllis, et d'en faire répéter le nom aux échos des bois :

Tityre, tu patulæ recubans sub tegmine fagi,
. . . .
Formosam resonare doces Amaryllida sylvas.

Je ne parlerai point ici du contraste moral de situation de ces deux bergers, qui rend leur dialogue si intéressant, sur-tout lorsqu'on se rappelle que Virgile lui-même a peint sa propre situation, ou plutôt celle de son père, sous le nom de Tityre. Je ne m'arrêterai qu'aux principaux traits de son paysage. Après avoir représenté sur le devant de son tableau, un hêtre bien touffu dans le voisinage d'une forêt, il y met aux environs, des rochers, des prairies, des eaux, et de l'air; il y ajoute le sentiment de la Divinité, et une foule d'affections tendres et douces, qu'il fait résulter de plusieurs images champêtres et qu'il tire des puissances animale et humaine. Pour en rendre la description plus touchante, il la met dans la bouche du malheureux Mélibée, privé de son propre domaine. Il dit à l'heureux Tityre :

>Fortunate senex! ergo tua rura manebunt !
>Et tibi magna satis, quamvis lapis omnia nudus,
>Limosoque palus obducat pascua junco.
>Non insueta graves tentabunt pabula fœtas,
>Nec mala vicini pecoris contagia lædent.
>Fortunate senex! hîc inter flumina nota
>Et fontes sacros, frigus captabis opacum.
>Hinc tibi, quæ semper vicino ab limite sepes
>Hyblæis apibus florem depasta salicti,
>Sæpe levi somnum suadebit inire susurro;
>Hinc altâ sub rupe canet frondator ad auras.
>Nec tamen interea raucæ, tua cura, palumbes,
>Nec gemere aëriâ cessabit turtur ab ulmo.

« Heureux vieillard ! vos champs vous resteront donc ; et ils sont assez
» grands pour vous, quoiqu'une roche stérile et un marais entourent
» d'un jonc limoneux toutes vos prairies. Au moins des pâturages étran-
» gers ne tenteront point vos brebis pleines, et elles ne seront point in-

» fectées de la contagion d'un troupeau voisin. Heureux vieillard! ici, sur
» les bords accoutumés de ce fleuve, et parmi ces fontaines sacrées, vous
» jouirez de la fraîcheur de l'ombrage. D'ici, le bourdonnement des
» abeilles qui pâturent les fleurs de cette haie de saules qui borde votre
» héritage, vous invitera souvent à vous livrer au sommeil par son léger
» murmure. D'ici, vous entendrez le bûcheron, à l'ombre d'une grande
» roche, faire retentir les airs de ses chansons. Cependant les ramiers,
» que vous aimez tant, ne cesseront de roucouler, ni la tourterelle de
» gémir sur la cime de cet orme qui se perd dans les airs. »

Tityre, en rapportant à Auguste la conservation de son domaine, ajoute des perspectives atmosphériques et aériennes à ce paysage :

> Ante leves ergo pascentur in æthere cervi;
> Et freta destituent nudos in littore pisces;
> Ante, pererratis amborum finibus, exsul
> Aut Ararim Parthus bibet, aut Germania Tigrim,
> Quàm nostro illius labatur pectore vultus.

« Aussi les cerfs légers paîtront au haut des airs, les mers laisseront
» leurs poissons à sec sur les rivages, et en changeant de climat, le
» Parthe boira les eaux de la Saône, et le Germain celles du Tigre, avant
» que son image s'efface de mon cœur. »

Virgile, après avoir opposé au paysage naturel si bien peint par Mélibée, le contraste d'un paysage contre nature de Tityre, en offre de nouveaux et presque d'aussi étranges, mais qui ne sont que trop vraisemblables, dans ceux que l'avenir présente à Mélibée. Il fait dire à ce malheureux berger :

> At nos hinc alii sitientes ibimus Afros :
> Pars Scythiam, et rapidum Cretæ veniemus Oaxem,
> Et penitùs toto divisos orbe Britannos.
> En unquam patrios, longo post tempore, fines,

Pauperis et tuguri congestum cespite culmen,
Post aliquot, mea regna videns, mirabor aristas!
Impius hæc tam culta novalia miles habebit!
Barbarus has segetes! En quo discordia cives
Perduxit miseros! en, queis consevimus agros!

« Pour nous, malheureux exilés, une partie de nous ira chercher un
» asyle sur les sables brûlants de l'Afrique ; une autre dans la froide Scy-
» thie, ou en Crète, sur les bords de l'Oaxe impétueux, ou parmi les Bre-
» tons séparés du reste du monde. Eh quoi ! après de si longues années,
» ne reverrai-je donc, ni la terre de ma patrie, ni ma pauvre chaumière
» recouverte de gazon ! n'admirerai-je plus ces douces moissons qui
» comblaient tous mes désirs ! Un soldat insatiable possédera ces champs
» cultivés avec tant de soin ; un barbare moissonnera ces guérets. Voilà
» donc où la discorde a conduit nos malheureux citoyens ! voilà ceux
» pour qui nous avons semé nos champs ! »

Mélibée relève, par ce contraste, le paysage intéressant de sa patrie, et il ajoute à ses sites par les regrets de son bonheur passé, qui produisent de nouvelles images. Tityre, pour le consoler, l'engage à se reposer, la nuit, dans sa maison ; et à y accepter un repas champêtre :

Hic tamen hanc mecum poteris requiescere noctem
Fronde super viridi : sunt nobis mitia poma,
Castaneæ molles, et pressi copia lactis.
Et jam summa procul villarum culmina fumant,
Majoresque cadunt altis de montibus umbræ.

» Cependant vous pourrez vous reposer ici cette nuit avec moi sur une
» verte feuillée ; nous avons des pommes douces, des châtaignes tendres
» et des fromages en abondance. Déjà les fumées s'élèvent au loin des toits
» des hameaux, et les ombres des hautes montagnes grandissent au fond
» des vallées. »

Le poëte donne ici le coup de lumière sur son paysage. Il l'éclaire des derniers rayons du soleil couchant; ou plutôt, comme le sujet en est tout mélancolique, il n'y exprime que des ombres; et les approches du froid de la nuit, par la condensation des fumées. Non-seulement il y caractérise l'heure du jour, mais aussi le mois de l'année, qui est à-peu-près celui d'octobre, temps où l'on recueille en Italie les pommes et les châtaignes, et où l'on fait les provisions de fromage pour l'hiver. Il en détermine aussi le site, qui était dans le voisinage des Apennins. C'est ce qu'exprime le dernier vers :

>   Majoresque cadunt altis de montibus umbræ.

Lorsqu'un paysage ne renferme précisément que les puissances primitives, il a le caractère d'une solitude profonde, et même une teinte de mélancolie, quelque agréable qu'il soit d'ailleurs. C'est ce que nous pouvons voir en prenant, au hasard, des vers où Virgile n'exprime que les rapports de quelques arbres avec différents sites. Tels sont ces deux vers de la septième églogue :

>   Fraxinus in sylvis pulcherrima, pinus in hortis,
>   Populus in fluviis, abies in montibus altis.

« Le frêne est très-beau dans les bois, le pin dans les jardins, le peu-
» plier sur les bords des fleuves, le sapin au sommet des hautes mon-
» tagnes. »

Quoiqu'il n'y ait ici que des contrastes physiques, le poëte en emploie cependant de nouveaux en mettant chaque végétal au singulier et leurs sites au pluriel, afin d'agrandir son horizon. S'il avait mis les végétaux au pluriel et les sites au singulier, ceux-ci n'auraient plus eu la même étendue. Il aurait circonscrit ses différentes scènes s'il avait dit : « Les frênes sont très-beaux dans » un bois, les pins dans un jardin, les peupliers » sur le bord d'un fleuve, les sapins au sommet » d'une haute montagne. »

Il peint encore d'une plus large manière lorsqu'il met à-la-fois les arbres et leurs sites au pluriel, comme dans ces vers des Géorgiques : *

> Fluminibus salices, crassisque paludibus alni
> Nascuntur; steriles saxosis montibus orni:
> Littora myrtetis lætissima : denique apertos
> Bacchus amat colles, aquilonem et frigora taxi.

« Les saules naissent sur le bord des fleuves et les aunes dans les ma-
» rais limoneux ; les ormes stériles sur les monts couverts de roches. Les
» myrtes rendent les rivages très-gais. Enfin les vignes aiment les col-
» lines sans ombrage, et les ifs l'aquilon et ses glaces. ».

Observons d'abord que Virgile fait contraster les arbres avec les arbres, et les sites avec les sites, pour produire plus d'effet par leur opposition. Ainsi, dans le premier exemple, il oppose le frêne au pin, le peuplier au sapin, les bois aux jardins, les fleuves aux montagnes. Dans le second, il fait contraster les saules à l'ombrage léger, et les aunes au feuillage épais; l'orme et le

* Liv. II, vers 110.

myrte, les vignes et les ifs. Il en est de même des sites. Il oppose les fleuves aux marais stagnants ; les monts hérissés de roches aux grèves sablonneuses ; les collines exposées au soleil, aux lieux âpres, battus des vents du nord : mais il fait consonner les arbres avec leurs paysages pour en étendre les perspectives. Les graces et l'étendue naissent des consonnances, comme les caractères viennent des contrastes. En effet, le frêne a je ne sais quelle analogie avec les bois par sa verdure bleuâtre qui se perd dans les cieux, et le pin avec les jardins ; le peuplier par ses feuilles murmurantes, avec le cours des fleuves ; le sapin pyramidal, avec les hautes montagnes souvent terminées par des grès. Les acanthes, dont le vert est glauque, ont des affinités avec l'eau azurée des fleuves ; les ormes stériles, avec les roches ; les myrtes, arbrisseaux de Vénus, avec les rivages de la mer qui l'ont vue naître ; les vignes serpentantes en arcades, avec les courbes des collines ; et les ifs hérissés, avec les givres de l'aquilon.

Mais nous parlerons de ces genres de contrastes et de convenances aux harmonies morales. Il me suffit de faire observer que l'absence de tout être animé dans un grand paysage, y répand une mélancolie sublime. Il semble alors qu'on n'y soit qu'avec Dieu et la nature. C'est un effet que j'ai souvent éprouvé dans mes promenades solitaires.

J'ai tâché de le rendre dans le paysage qui sert de frontispice à ma pastorale de Paul et Virginie, afin d'y annoncer d'avance les caractères et les malheurs de ces deux amants infortunés. Pour remplir ce but, j'y ai introduit quelques fabriques humaines, le Port-Louis au loin, et des cabanes ruinées dans le voisinage; mais je ne doute pas que je ne l'eusse rendu plus sauvage et plus romantique, si je n'y avais peint que les puissances primitives de la nature.

Au reste, Virgile, qui se propose un but opposé dans ses églogues, met dans tous ses paysages des êtres animés, pour leur donner du mouvement et de la vie : des abeilles, des cigales, des oiseaux, des troupeaux, des bergers, et même des dieux. Il est très-remarquable que parmi ses interlocuteurs il n'introduit point de bergères. Il y est cependant souvent question de leurs amours; mais elles sont toujours hors de la scène. Nous en dirons bientôt la raison, dont je ne sache pas que ses commentateurs se soient jamais occupés, quoiqu'ils l'aient ressassé de toutes les manières. Pour moi, malgré la vénération et l'amour que je lui porte, je ne balance pas à dire qu'il a privé ses églogues de leurs plus grands charmes, en en bannissant les femmes. Les plus touchantes harmonies qu'il y ait dans la nature sont celles des deux sexes, comme frère et sœur, comme amante, comme épouse, comme père et mère. Gessner les a saisies, et elles font le principal mérite de ses Pastorales, bien inférieures, au reste, à celles de Virgile, par le coloris et la touche du pinceau.

Cependant, je ne peux me résoudre à condamner un poëte aussi naturel et aussi sensible, sans chercher à le justifier. Comment a-t-il pu manquer de goût dans le choix et l'ensemble de ses sujets, lorsqu'il en a tant dans les détails ? Pourquoi celui qui a peint dans l'Énéide, au milieu des guerriers, tous les charmes de Vénus, et les amours passionnées de Didon, s'est-il abstenu de mettre des femmes en scène avec des bergers qui chantent leurs amours ? Il n'y en a pas une seule qui soit en action dans ses dix églogues. Il y est souvent question d'elles, mais elles sont reléguées au fond du tableau, comme des objets tragiques qui pourraient blesser la vue. J'oserai hasarder ici mes conjectures sur une aussi étrange réserve : je l'attribue uniquement aux mœurs de son pays et de son temps, qui séparaient, dans l'éducation, les garçons d'avec les filles. Il en résultait des affections platoniques souvent très-dangereuses, comme dans nos éducations de pensions, de couvents et de colléges. Virgile les éprouva dans le développement de son génie. Ce poëte était naturellement si modeste, qu'on lui avait donné le surnom de vierge, parce qu'il rougissait en parlant. Cette pudeur est toujours le caractère d'une sensibilité profonde. Lorsqu'il éprouva donc, dans son adolescence, les premiers feux de l'amour, et en même temps ceux de la poésie, il dirigea ses sentiments non vers de jeunes filles qu'il ne voyait pas, mais vers de jeunes garçons, ses compagnons d'âge et d'étude. L'amitié tint long-temps dans son cœur la place de l'amour. Aux premières époques de la vie, on aime son ami comme on aimerait une maîtresse. D'abord la sensibilité de Virgile se porta sur les malheurs de son père, dépouillé de son domaine, et il le peignit, dans sa première églogue, sous le nom de Tityre. Devenu plus tranquille sur la restitution de son patrimoine, les premiers feux de l'amour, qui cherchaient en lui à se fixer à un objet aimable, venant à se combiner avec le sentiment de la nature, au défaut d'une amante, l'attachèrent à un jeune ami, et lui inspirèrent sa seconde églogue, intitulée Alexis. Elle est pleine de la plus touchante mélancolie. Mais, après tout, ce n'est qu'un monologue où le poëte, au milieu de son délire, se reproche son égarement. Dans la troisième, l'amour des femmes commence à se montrer dans le dialogue de deux bergers qui disputent du chant. Ils commencent par se dire des injures; mais ils prennent ensuite les objets de leurs amours pour ceux de leurs chansons. Damétas, après avoir d'abord invoqué Jupiter, chante tour-à-tour Galatée, Phyllis, le bel Iolas;

et finit par l'éloge de Pollion. Ménalque, de son côté, invoque Apollon, et chante Amyntas, Phyllis, Iolas, puis il revient à Amyntas, et, après avoir célébré aussi Pollion, il dit quelques injures de Bavius et de Mœvius. L'amour, dans ces deux bergers, n'est qu'un feu volage qui passe d'un sexe à l'autre, et des dieux à un protecteur. La quatrième églogue est un monologue où le poëte, songeant uniquement à faire sa cour à Octave, chante la naissance de son fils Drusus. Dans la cinquième, il célèbre, sous le nom de Daphnis, la mort et l'apothéose de quelque grand personnage qui nous est inconnu. C'est un modèle d'élégie. Mais, dans la sixième, il revient à son caractère amoureux. Il se rapproche des femmes et se familiarise avec elles, en peignant le vieux Silène au milieu des nymphes qui le barbouillent avec des mûres. La septième renferme encore une dispute de deux bergers. Corydon chante Galatée et Phyllis; Thyrsis, à son tour, chante Galatée et le beau Lycidas. Mais l'avantage reste à Corydon, qui n'a chanté que des femmes. Enfin, dans la huitième églogue, il n'est plus question que de l'amour. Après un magnifique préambule, on y trouve ces expressions remarquables :

Nunc scio quid sit amor....

« C'est à présent que je sais ce que c'est que l'amour. »

Les femmes y paraissent en quelque sorte sur

la scène : à la vérité, c'est en seconde ligne. Alphésibée met en dialogue avec d'autres femmes une bergère éperdue d'amour, qui veut rappeler à elle son amant par des sortiléges. La neuvième églogue roule à-peu-près sur le même sujet que la première. Mais la dixième renferme le tableau le plus touchant de l'amour malheureux de Gallus pour une maîtresse infidèle. Virgile a ensuite montré combien il était rempli des sentiments naturels de cette passion, dans l'épisode d'Orphée et Eurydice, qu'il a inséré dans ses Géorgiques, et sur-tout dans son Énéide, où il a peint avec de si vives couleurs les amours de Didon.

Cependant si Virgile, dans ses premiers débuts, n'a osé mettre des bergères en scène, ce sont elles qui y répandent les plus grands charmes; leurs amours animent les bergers. Quoique absentes, elles sont le sujet principal de leurs chants : il les place dans le lointain, comme des astres qui répandent la lumière et la chaleur sur les paysages; il en tire une multitude de reflets et de demi-teintes, pour en colorer ses végétaux, même après avoir fait dire à Thyrsis, dans sa septième églogue :

Fraxinus in sylvis pulcherrima, pinus in hortis,
Populus in fluviis, abies in montibus altis.

Ce berger ajoute :

Sæpius at si me, Lycida formose, revisas,
Fraxinus in sylvis cedat tibi, pinus in hortis.

« Le frêne est très-beau dans les forêts; le pin, dans les jardins; le
» peuplier, sur les bords des fleuves; le sapin, sur les hautes montagnes.
» Mais, charmant Lycidas, si vous venez me voir plus souvent, le frêne
» dans nos forêts, et le pin dans nos jardins, les embelliront moins que
» vous. »

Cette strophe, malgré sa tournure agréable, n'est qu'une faible consonnance de la précédente. Thyrsis n'y exprime que les rapports d'agrément de quelques arbres avec leurs sites, et ensuite avec son ami; mais Corydon, dans la sienne, est parti d'abord des harmonies de quelques arbres avec des héros, des déesses et des dieux, pour en faire hommage à un simple arbrisseau aimé de sa maîtresse:

>Populus Alcidæ gratissima, vitis Iaccho;
>Formosæ myrtus Veneri, sua laurea Phœbo:
>Phyllis amat corylos; illas dum Phyllis amabit,
>Nec myrtus vincet corylos, nec laurea Phœbi.

« Le peuplier est très-agréable à Hercule; la vigne, à Bacchus; le myrte,
» à la belle Vénus; le laurier, à Apollon. Phyllis aime les coudriers; tant
» que Phyllis les aimera, le coudrier l'emportera sur les myrtes de Vénus
» et sur les lauriers d'Apollon. »

Thyrsis n'emploie que des couleurs dures dans ses paysages, et Corydon de simples reflets. D'ailleurs Thyrsis ne fait qu'imiter les couplets de Corydon. Corydon loue dans les siens Codrus, son ami; Thyrsis lui adresse des injures. Corydon peint les premiers jours du printemps, et l'automne avec ses fruits; Thyrsis, au contraire, peint l'été brûlant et l'hiver glacé. Aussi Mélibée ne balance pas à donner le prix à Corydon :

> Hæc memini, et victum frustra contendere Thyrsim.
> Ex illo Corydon, Corydon est tempore nobis.

Mais c'est sur-tout dans la dixième et dernière églogue, intitulée *Gallus*, que Virgile a réuni toutes les beautés champêtres aux plus tendres affections de l'amour ; c'est un poëme achevé. Il montre, dans ses perspectives, la fontaine d'Aréthuse, la mer de Sicile, les forêts avec leurs échos, les solitudes du mont Mænale, les rochers du froid Lycée, les plaines brûlantes de l'Éthiopie, etc. Il y introduit des troupeaux, des bêtes féroces, des bergers, des naïades, Apollon, Sylvain, Pan, le dieu de l'Arcadie, etc., et il en fait le fond du tableau, où il décrit l'amour malheureux de son ami Gallus. Cythéride, fameuse comédienne, l'avait abandonné pour suivre Antoine à la guerre de la Germanie : Gallus lui adresse les regrets les plus douloureux, sous le nom de Lycoris. Il l'invite à revenir auprès de lui :

> Hic gelidi fontes, hic mollia prata, Lycori :
> Hic nemus ; hic ipso tecum consumerer ævo.

« Ici, sont de limpides fontaines ; ici, sont de molles prairies, ô ma
» chère Lycoris ! ici, une majestueuse forêt ; c'est ici qu'avec toi je vou-
» drais être consumé par le temps. »

Il se la représente suivant son rival au milieu

des armées et des hivers, et il oppose au doux site qu'il vient de lui tracer, ceux de la rude Germanie:

>Tu procul à patriâ (nec sit mihi credere tantùm),
>Alpinas, ah dura! nives, et frigora Rheni
>Me sine sola vides. Ah! te ne frigora lædant!
>Ah! tibi ne teneras glacies secet aspera plantas!

« Pour toi, loin de ta patrie (que ne puis-je en douter encore!),
» seule, sans moi, cruelle, tu braves les neiges des Alpes et les frimas du
» Rhin. Puisses-tu ne pas ressentir la rigueur des frimas! puissent leurs
» âpres glaçons ne pas blesser tes pieds délicats! »

Virgile, après avoir réuni dans son poëme les plus touchantes images, les couvre du voile de la nuit:

>Surgamus: solet esse gravis cantantibus umbra,
>Juniperi gravis umbra; nocent et frugibus umbræ.
>Ite domum saturæ, venit Hesperus, ite, capellæ.

« Levons-nous: l'ombre, et sur-tout l'ombre des genévriers, a cou-
» tume d'être dangereuse à ceux qui chantent. Les ombres sont encore
» nuisibles aux fruits. Allez, mes chèvres, allez-vous-en rassasiées à la
» maison: l'étoile du soir paraît. »

Virgile, pour ajouter à la mélancolie de son site, se suppose occupé à tisser une corbeille de branches de houx, assis au pied d'un genévrier, arbrisseau non moins hérissé que le houx. Il y répète trois fois le mot d'ombre, comme pour rembrunir son paysage.

Nous remarquerons qu'il répand toujours les derniers rayons, ou plutôt les dernières ombres du soleil couchant sur ses paysages, lorsqu'il y introduit un sujet mêlé de tristesse. Telle est la fin de l'églogue où il a peint les malheurs de Mélibée :

> Et jam summa procul villarum culmina fumant,
> Majoresque cadunt altis de montibus umbræ.

Telle est encore celle de sa deuxième églogue, où Corydon se plaint de l'indifférence de son cher Alexis :

> Aspice : aratra jugo referunt suspensa juvenci,
> Et sol crescentes decedens duplicat umbras ;
> Me tamen urit amor : quis enim modus adsit amori ?

« Voyez ces bœufs qui ramènent leur charrue suspendue au joug. » Déjà le soleil, à la fin de sa course, a doublé les ombres qui se pro- » longent dans les vallons ; cependant l'amour me brûle de tous ses feux. » L'amour ne connaît-il donc point de repos ? »

Il représente, dans ses dernières et sombres demi-teintes, sa vigne surchargée de feuilles, restée à demi taillée sur l'ormeau :

> Semi-putata tibi frondosâ vitis in ulmo est.

Virgile colore de la même manière la fin de sa sixième églogue, intitulée *Silène*, où ce demi-dieu finit ses chants par les aventures de Scylla, des Syrènes, de Thérée :

> Ille canit : pulsæ referunt ad sidera valles.
> Cogere donec oves stabulis, numerumque referre
> Jussit, et invito processit vesper Olympo.

« Ainsi chanta Silène : les échos des vallées portèrent ses accents jus-
» qu'aux astres. Cependant l'étoile du soir s'élevant dans les cieux, obli-
» gea les bergers de rassembler leurs troupeaux, et de les ramener aux
» bergeries. »

Mais lorsque le sujet de l'églogue comporte un dénouement heureux, comme dans la huitième, où une amante ramène Daphnis par ses enchantements, le poëte en éclaire le commencement par l'aube matinale :

>   Frigida vix cœlo noctis decesserat umbra,
>   Cùm ros in tenerâ pecori gratissimus herbâ est,
>   Incumbens tereti Damon sic cœpit olivæ :
>   Nascere, præque diem veniens age, Lucifer, almum.

« L'ombre froide de la nuit avait à peine dévoilé les cieux, c'était
» l'heure où la rosée rend l'herbe tendre si agréable aux troupeaux,
» lorsque Damon, appuyé sur sa houlette d'olivier, fit entendre ces
» mots : Hâte-toi de briller, étoile du matin. Lucifer, toi qui annonces
» le jour, rends-le favorable à nos vœux. »

Nous observerons ici que Damon, qui conçoit d'abord des espérances, s'appuie sur une houlette d'olivier. Il n'y a plus, comme dans la dixième églogue, de houx et de genévrier sur l'avant-scène. Nous remarquerons encore que Virgile, qui connaît si bien l'effet des singuliers harmoniés avec les pluriels, n'emploie dans ces quatre vers que des singuliers, parce qu'il a employé beaucoup de pluriels de suite dans les vers qui les précèdent, et dans ceux qui les suivent. Pour nous, nous les avons entremêlés dans la traduction de ces vers isolés, pour lui donner plus d'harmonie, parce que nous ne rapportons pas avec elle celle des autres vers. Aucun n'a mieux exprimé tous les genres de convenances et de contrastes que Virgile ; il en résulte des charmes innombrables dans sa poésie. Nous les saisissons à mesure qu'ils se montrent, comme des preuves incontestables de nos lois harmoniques.

Virgile, non content d'éclairer ses paysages les plus intéressants de la lumière du soleil, y joint souvent celle de la divinité, qu'il invoque au commencement de ses ouvrages. Il a senti que si le soleil était en quelque sorte le dieu de la nature physique, Dieu était le soleil de la nature intelligente. En effet, si la lumière du soleil se subdivise en gerbes de rayons, et se décompose en mille et mille couleurs qui réjouissent les yeux de notre corps, la Divinité, quoique invisible en elle-même, se manifeste à nous par ses diverses puissances, et se décompose en harmonies innombrables, qui ravissent notre intelligence, la vue de notre ame. Ces puissances, telles que celles du soleil, de l'air, de l'eau, de la terre et leurs harmonies, ont été adorées par tous les peuples, sous les noms de différentes divinités, qui, suivant Orphée, le plus ancien des poëtes, n'étaient que des attributs et des émanations de l'Être tout-puissant et bon qui avait ordonné l'univers. C'est dans cette idée naturelle à tous les hommes, que Virgile associe souvent aux divinités subalternes et bienfaisantes, des hommes recommandables par leur pouvoir et leurs bienfaits, tels que ses protecteurs mêmes.

Ainsi, dans sa première églogue, son père, sous le nom de Tityre, répond au triste Mélibée, qui admire son bonheur au milieu des troubles qui affligent leur patrie commune :

> O Melibœe! Deus nobis hæc otia fecit;
> Namque erit ille mihi semper Deus. . . . .

« O Mélibée ! c'est à un dieu que je suis redevable de ces doux loisirs;
» car il sera toujours pour moi un dieu. . . . . »

Ce dieu est Auguste qui lui avait fait rendre son domaine.

Dans la seconde églogue, Corydon amoureux n'appelle à son secours que des nymphes et des naïades : tels bergers, tels dieux. Il dit à Alexis :

> Huc ades, o formose puer; tibi lilia plenis.
> Ecce ferunt nymphæ calathis : tibi candida naïs
> Pallentes violas et summa papavera carpens,
> Narcissum et florem jungit bene olentis anethi :
> Tum casiâ atque aliis intexens suavibus herbis,
> Mollia luteolâ pingit vaccinia calthâ.

« Viens à moi, charmant enfant; voici les nymphes qui t'apportent
» des lis à pleines corbeilles. Une blanche naïade te compose un bou-
» quet de pâles violettes et de têtes de pavots; elle y joint le narcisse et
» la fleur de l'aneth parfumé ; elle marie aux rameaux souples du vac-
» ciet la couleur jaune du souci, le romarin, et d'autres plantes de l'odeur
» la plus suave. »

Corydon, dans son délire amoureux, ne promet point de présents aux nymphes pour les rendre favorables à ses amours ; ce sont les nymphes, au contraire, qu'il appelle pour faire des présents à Alexis. Au reste, leurs fleurs sont mélancoliques, comme lui : elles seules forment une élégie. Ce sont de pâles violettes, des pavots funèbres ; le narcisse, dans lequel fut changé Narcisse, amant de lui-même ; de l'aneth, espèce de fenouil dont les fleurs sont jaunes ; le vacciet, dont les grains sont noirs ; enfin des soucis. Toutes ces fleurs ont des analogies avec ses amours et ses chagrins. Mais personne ne compose mieux un bouquet que Virgile, par des consonnances et des contrastes. On retrouvera les mêmes harmonies dans les fruits que Corydon promet à Alexis. Ces beautés sont si communes dans Virgile, qu'il me suffit de les indiquer une fois pour toutes. Elles font le plus grand charme de ses vers. Il y fait contraster non-seulement les mots, mais les choses, et il les lie par les plus aimables consonnances : *Junctura pollet.*

Dans sa troisième églogue, Damétas invoque Jupiter, et Ménalque Apollon. L'un et l'autre s'accordent à se mettre sous la protection de Pollion, le protecteur de Virgile.

Le poëte, dans la quatrième églogue, invoque lui-même les Muses de Sicile, qui avaient inspiré Théocrite, son modèle : il fait descendre des cieux plusieurs divinités pour favoriser la naissance de Drusus : Astrée, la chaste Lucine, Apollon, enfin, il leur adjoint en quelque sorte son bienfaiteur, le consul Pollion. Dans la cinquième, deux bergers, Mopsus et Ménalque, célèbrent l'apothéose de Daphnis, qu'on croit avoir été un célèbre poëte bucolique. Mopsus introduit d'abord les nymphes qui le pleurent, et Palès avec Apollon qui regrettent sa perte. Ménalque, pour consoler son ami, n'hésite pas à mettre Daphnis au rang des dieux. Il élève quatre autels, dont deux pour Daphnis, et deux pour Apollon :

. . . . En quatuor aras;
Ecce duas tibi, Daphni, duoque altaria Phœbo.

Virgile, dans sa sixième églogue, introduit Apollon, qui lui donne pour conseil de ne pas quitter le chalumeau champêtre pour la trompette. Il en fait ses excuses à Varus, son protecteur, dont il voulait chanter les exploits, et il invoque les Muses, qui lui inspirent des chants sublimes sur l'origine des choses. On voit que son génie commence à prendre un grand vol. Sous le nom de Silène, il tente, pour ainsi dire, des chants de différents tons, dont il n'annonce que les sujets, mais dont il forme de vastes perspectives dans son paysage. Au reste, toujours fidèle à la reconnaissance, il divinise Gallus, un autre de ses amis, en l'introduisant sur le Parnasse, dans les chœurs d'Apollon et des Muses.

Dans la septième, où deux bergers d'Arcadie

disputent du chant, chacun d'eux fait son invocation, suivant son caractère particulier. Le modeste Corydon, d'un goût poli et délicat, comme nous l'avons déjà remarqué, invoque d'abord les nymphes de la fontaine Libéthride en Béotie.

> Nymphæ, noster amor, Libethrides, aut mihi carmen,
> Quale meo Codro, concedite (proxima Phœbi
> Versibus ille facit); aut, si non possumus omnes,
> Hic arguta sacrâ pendebit fistula pinu.

« Nymphes de Béotie, mes amours, inspirez-moi des chants tels que
» ceux de mon ami Codrus, semblables à ceux d'Apollon ; ou, si tous
» ensemble nous ne pouvons l'égaler, je suspendrai ici ma flûte rebelle
» à ce pin sacré. »

Il est bon d'observer ici, en passant, qu'il y a quelque analogie du son aigu d'une flûte au bruissement des pins agités par le vent.

L'orgueilleux Thyrsis, d'un caractère rude et grossier, et sans imagination, imite la strophe de son rival en sens contraire. Celui-ci a fait un compliment à Codrus, Thyrsis lui adresse des injures :

> Pastores, hederâ crescentem ornate poëtam,
> Arcades, invidiâ rumpantur ut ilia Codro.
> Aut, si ultra placitum laudârit, baccare frontem
> Cingite, ne vati noceat mala lingua futuro.

« Bergers d'Arcadie, couronnez-moi de lierre, moi qui suis votre
» poëte naissant, et que Codrus en crève de dépit. Ou, si mes beaux vers
» lui arrachent des éloges malgré lui, entourez mon front de baccar
» pour mettre votre poëte futur à l'abri de sa mauvaise langue. »

Corydon prie ensuite Diane d'être favorable à

Mycon. J'ajouterai encore ici cette strophe entière, parce que je ne crois pas qu'aucun traducteur en ait jamais rendu le sens, faute d'avoir senti le caractère généreux de Corydon, tout-à-fait opposé à celui de Thyrsis, qui ne songe qu'à ses intérêts :

> Setosi caput hoc apri tibi, Delia, parvus
> Et ramosa Mycon vivacis cornua cervi.
> Si proprium hoc fuerit, levi de marmore tota
> Puniceo stabis suras evincta cothurno.

« Déesse des forêts, le pauvre Mycon vous a offert la tête velue d'un » sanglier, et le bois rameux d'un vieux cerf ; si vous le prenez sous votre » protection, je vous éleverai une statue d'un marbre poli, avec des co- » thurnes de pourpre. »

Voici ce que le lourd Thyrsis oppose à cette strophe sentimentale : « Priape, dit-il, bois ce » vase de lait ; il te suffit d'en attendre autant » tous les ans. Tu es le gardien de mon pauvre » jardin ; je t'ai érigé une statue de marbre, sui- » vant mes moyens ; mais, si mon troupeau se » multiplie, je t'en ferai une d'or. »

Virgile dédie sa huitième églogue à Pollion. Damon, un des interlocuteurs, invoque l'étoile du matin et les dieux en général. Il leur adresse des plaintes amères sur l'infidélité de sa chère Nisa, qui va épouser Mopsus. Alphésibée prie les Muses de l'inspirer. Il oppose aux chants de Damon ceux d'une femme qui ramène enfin heureusement à elle, par des invocations magiques,

Daphnis son époux. Le poëte emploie par-tout des contrastes, dans les sujets comme dans les mots, les images et les caractères. Il introduit encore deux bergers dans sa nouvelle églogue ; mais, comme il n'y est question, comme dans la première, que des maux de la fortune, il n'y apparaît d'autres dieux que ceux qui les font sur la terre, et quelquefois les réparent : tels sont Varus, et l'astre de César qui brille au haut des cieux. Cet astre était une comète qui apparut quelque temps après la mort de César, et que le peuple prit pour son ame. Il est remarquable que c'est le malheureux Mœris qui est disposé à les invoquer ; le tranquille Lycidas ne s'adresse qu'aux Muses.

Virgile a distribué une ou deux divinités dans chacune de ses églogues, comme dans autant de temples ; mais dans l'invocation de ses Géorgiques, on peut dire qu'il en a rassemblé un panthéon. Il s'adresse d'abord à Mécène ; ensuite il invoque le soleil et la lune, brillants flambeaux du monde ; le gai Bacchus et la bonne Cérès, les vieux faunes et les jeunes dryades, Neptune, le dieu des mers ; et Aristée, dieu de Cée, ami des forêts ; Pan, et la sage Minerve ; Triptolème, qui enseigna l'usage de la charrue ; et Sylvain, avec son rameau de cyprès. Enfin, après les avoir mis, pour ainsi dire, en contraste deux à deux, il invoque César, au choix duquel il laisse les domaines des autres dieux, tels que les saisons, les moissons, les vergers; l'Océan, comme gendre de Thétis; ou une constellation dans les cieux, entre le signe de la Vierge et le Scorpion, qui s'empresse de lui faire place.

Enfin Virgile, dans l'Énéide, divinise toutes les puissances de la nature, à l'exemple d'Homère. Le soleil, c'est Apollon; l'air, Junon; l'eau, Neptune; la terre, Cybèle; le feu terrestre, Vulcain; les eaux fluviatiles, telles que les rivières et les fontaines, sont des nymphes et des naïades; les arbres des forêts, des sylvains, des dryades, des amadryades, des oréades. La puissance animale est sous l'empire de Pan; mais celle des hommes est, elle seule, sous celui de plusieurs divinités. Les enfantements de leurs mères appartiennent à Lucine; leurs amours à Vénus; leur colère, à Mars; leur sagesse, à Minerve; leurs vendanges, à Bacchus; leurs moissons, à Cérès; leurs chasses, à Diane; leur mort, aux Parques et à Pluton. La plupart de ces dieux se mêlent des querelles des héros de l'Énéide, à l'exception de Jupiter, ou plutôt du Destin, qui a ordonné de toutes choses.

Je serais bien fâché qu'on jugeât des morceaux de Virgile que j'ai cités, par ma faible traduction. La poésie a des harmonies qui lui sont propres, et qu'on ne peut rendre en prose. Pour s'en convaincre, on n'a qu'à mettre en prose les plus beaux vers de Racine ou de La Fontaine, leur plus grand charme s'évanouit. C'est encore pire lorsqu'on veut traduire des vers latins si concis, en prose française si diffuse. A la vérité, notre prose a aussi ses harmonies, dont les principes sont les mêmes que ceux de notre poésie, mais dont l'application est fort différente. Nous reprendrons cet intéressant sujet aux harmonies morales. Je n'ai voulu indiquer ici que l'art que Virgile a employé pour produire des harmonies physiques : d'ailleurs, je n'offre ces faibles essais que comme des études encore bien imparfaites.

Ce que j'ai dit de Virgile peut s'appliquer à tous les autres poëtes de l'antiquité, et surtout à Théocrite, son modèle dans l'églogue. On y trouvera les mêmes contrastes dans les végétaux, les oiseaux et les personnages, opposés de caractères deux à deux. Les sujets de Théocrite ont même quelque chose de plus neuf et de plus varié, parce que ce poëte, étant né dans l'île de Sicile, a peint la terre avec la mer, des coquillages mêlés aux fleurs, et des pêcheurs aux bergers. Les marines, comme nous l'avons observé, ajoutent aux charmes des paysages, qui ne sont jamais plus intéressants que quand les eaux y abondent. On peut encore dire que Théocrite doit son originalité à la nature, qui, seule, lui a servi de modèle ; tandis que Virgile a souvent imité le poëte de la Sicile. Mais si l'églogue doit son invention au poëte grec, elle est redevable de sa perfection au poëte latin. Le pinceau de Virgile est plus suave, et ses sujets sont mieux dessinés. Ses perspectives, plus variées, ont aussi plus d'étendue, et inspirent, par la magie de leurs couleurs, une mélancolie douce, qui vous plonge dans des méditations ravissantes. Je ne suis point surpris que les Romains demandassent, le soir, après leurs grands spectacles tragiques, la lecture d'une églogue de Virgile : c'était un oreiller d'édredon, sur lequel ils voulaient reposer leur tête avant de s'endormir. Cependant, comme je fais le plus grand cas du mérite de l'invention, j'aurais comparé ici quelques passages des deux poëtes, pour faire connaître la différence de leurs manières ; mais, par malheur, je ne sais pas le grec : or, ne citer qu'une traduction d'un bon poëte, c'est ne montrer que l'envers d'une belle étoffe.

Je pourrais trouver encore quelques bons tableaux de paysage dans de grands poëtes latins, tels que Lucrèce, Ovide, Horace, Catulle, Properce, Tibulle, Lucain, Juvénal ; mais aucun d'eux n'égale Virgile dans ce genre. Lucrèce a bien autant de talent pour le moins, mais il n'avait étudié la nature que dans le système d'Épicure. On ne voit dans ses vers aucun de ces contrastes de végétaux, qui produisent de si agréables harmonies, ni de ces reflets de la Divinité, qui vous élèvent de la terre vers les cieux. Il faut en excepter sa sublime et voluptueuse invocation à Vénus. Mais si, contre ses principes, il en a fait une divinité, c'est qu'il en avait trouvé le sentiment dans son propre cœur. Au reste, il ne voit que des atomes tombant dans l'univers; et son génie aveuglé n'a peint, dans la nuit où il se précipite avec eux, que la sombre physique de l'athéisme. L'ingénieux Ovide, au contraire, a mis des divinités par-tout dans ses Métamorphoses; les dieux y sont pêle-mêle avec les animaux. Ses métamorphoses sont des métempsycoses : le corps d'une pie renferme l'ame d'une princesse. Au reste, ses sites sont charmants; mais il les peint souvent à la manière de Quinault, avec un peu trop d'enluminure. Horace a plus de précision dans ses dessins, et de vigueur dans sa touche; habitant de la cour, il décrit, avec sa muse plutôt qu'avec son ame, une campagne où il n'aimait pas à vivre. Il prend ses sujets champêtres dans les environs de Rome, et non dans les profondes forêts, ou dans les hautes montagnes, qu'il montre cependant à l'horizon. Tibulle, Properce, Catulle, se ressentent de la mollesse de la fin du siècle d'Auguste, où ils vivaient. Leurs peintures ont beaucoup de grâces et même de vérité; mais elles sont souvent efféminées. Sous le règne cruel de Néron, les muses champêtres gardèrent le silence. Comment auraient-elles osé élever leur voix sous un prince qui, ayant perdu tout sentiment naturel, méprisait Virgile, et disait qu'il n'avait pas d'esprit? Lucain cependant osa se montrer. On admire encore sa description de la forêt de Marseille; mais ses sujets sont rembrunis comme le temps affreux où il vivait, et où il ne tarda pas à être la victime du tyran. La muse de Juvénal parut aussi à la fin de ce siècle malheureux, terminé par Tibère; elle y contracta une grande âpreté. Aucun poëte n'excella comme lui à peindre les crimes de Rome. Au milieu de tant d'infamies, comment aurait-il pu peindre des paysages?

Si je désire qu'on commence par les poëtes, pour apprendre à décrire la nature, c'est que la poésie a été le premier langage des hommes, comme nous le verrons ailleurs. Toutes les nations ont eu de grands poëtes, avant d'avoir de grands écrivains en prose. Homère, Hésiode, Sophocle, Euripide, ont existé chez les Grecs avant Platon, Xénophon, Démosthène, Thucydide, Plutarque. Ennius, Lucrèce, Térence, parurent chez les Romains avant Cicéron; et si ce prince des orateurs a excellé en éloquence, c'est qu'il s'était nourri des poëtes grecs, comme on le voit par ses ouvrages : mais Virgile, Horace, Ovide, ont précédé Tacite, les deux Pline, etc. Chez nous, P. Corneille et Racine ; Quinault et La Fontaine, ont paru avant nos bons orateurs et nos grands écrivains, au nombre desquels je mets principalement Bossuet, Fénélon, Voltaire, Buffon et Jean-Jacques. Malheureusement, nous n'avons point eu de poëtes épiques ni bucoliques; car j'entends par poëtes épiques ceux qui peignent toute la nature, tels qu'Homère et Virgile. Voltaire, dans sa Henriade, n'a décrit que des combats et des caractères politiques. Nos coutumes barbares ayant, pour ainsi dire, divisé toute la nation en nobles guerriers, et en serfs cultivateurs, elle n'a point eu d'homme libre pour étudier la nature, et en faire de grands tableaux. Notre religion, aussi, n'a pu en diviniser les puissances, comme chez les Grecs et les Romains. Cette grande pensée d'un Dieu créateur, maître de l'univers, est plus favorable à la morale qu'à la poésie. Notre poésie n'a pu s'enrichir que des dépouilles de celles de l'antiquité, dont les plus précieuses ne sont plus à notre usage. Nos grands écrivains n'ont donc pu puiser des images chez nos poëtes; ils n'y ont étudié que les graces et les harmonies du style; et voilà pourquoi ils sont, à mon avis, inférieurs à ceux de l'antiquité, qui avaient de plus grands modèles. A la vérité, la philosophie nous a ramenés, dans ces derniers siècles, à la nature; mais c'est bien plus pour en faire l'anatomie que pour en composer des tableaux. Depuis la botanique jusqu'à l'astronomie, toutes nos sciences ne nous présentent que de tristes analyses. La physique a fini par nous rendre métaphysiciens. Cependant, ceux de nos écrivains qui ont étudié la nature dans la nature même, et telle qu'elle se montre à nous avec toutes ses harmonies, vont de pair avec les plus célèbres de l'antiquité. Leur style est rempli d'images, de mouvement et de vie : tels sont, entre autres, Fénélon, Buffon et Jean-Jacques.

Pour apprendre donc à nos enfants à rendre leurs idées avec précision et avec grace, je leur montrerais quelques bons modèles de style dans les meilleurs poëtes et écrivains de notre langue; j'y joindrais aussi la traduction de quelques morceaux de l'antiquité les plus intéressants pour eux. Je m'en tiendrais d'abord à la peinture de quelques harmonies végétales, et je passerais de là à la description de quelque paysage ; je n'y admettrais pas le moindre habitant, pas même un insecte. Dès qu'un animal paraît au sein de la puissance végétale, il attire à lui toute notre attention, parce qu'il a plus de rapports avec nous. Je ne les occuperais pas, comme dans nos anciens colléges, à des traductions éternelles ou à de stériles amplifications ; mais je leur montrerais d'abord l'ordre harmonique et simple suivant lequel ils doivent disposer leur sujet, en y mettant successivement les éléments et les végétaux; ensuite, après les avoir familiarisés avec un certain nombre d'expressions et de tours agréables, je leur dirais : Vous savez maintenant décrire ce que vous voyez, et votre palette est suffisamment chargée de couleurs : allez donc dessiner et peindre. Si votre ame est sensible, votre pinceau sera immortel. Sentez et écrivez, vous serez sûrs d'inspirer de l'intérêt. Je choisirais une belle matinée du printemps pour essayer leur goût. Pendant que les jeunes filles, au milieu des fleurs d'une prairie, s'amuseraient à en faire des bouquets, des guirlandes, des chapeaux, leurs jeunes compagnons s'occuperaient à les décrire. Parmi ceux-ci, les plus habiles feraient une description d'une partie du paysage qui les environne. Après l'avoir orienté sur le soleil, et avoir peint le ciel, les eaux, les collines et les arbres, s'ils ne peuvent placer une naïade à la source d'un ruisseau, qu'ils y peignent quelques-uns des rayons de l'intelligence et de la bonté divine. Il n'est pas douteux que le séjour d'une divinité dans les paysages des anciens poëtes, n'y versât des influences célestes, qui en faisaient des lieux enchantés. Les prairies paraissaient plus gaies avec les danses des nymphes; et les forêts, peuplées de vieux sylvains, plus majestueuses. Mais si la raison ne nous montre plus de divinités dans chaque ouvrage de la nature, elle nous montre aujourd'hui chaque ouvrage de la nature dans la Divinité. Eclairée par le génie des grands philosophes et par l'expérience des siècles, elle nous fait voir qu'un Être infini en durée, en puissance, en intelligence et en bonté, a mis un ensemble dans toutes les parties du monde, et les balance par des contraires. La vérité a maintenant pour nous plus de charmes et de merveilles que la fable. La métamorphose d'une chenille velue en brillant papillon, est au moins aussi surprenante, et sans doute plus agréable que celle de Philomèle en rossignol. Une simple fleur est un témoignage de la Providence divine. Elle est en harmonie avec tous les éléments, comme un paysage entier; elle l'est avec le soleil, par les réverbères de ses pétales; avec l'air, par les paravents de son calice; avec les pluies, par les aqueducs de ses feuilles; avec la terre, par les cordages de ses racines. Mais c'est sur-tout en rapportant les végétaux aux besoins des êtres sensibles, que se manifestent leurs plus touchantes harmonies. Le nid d'une fauvette est défendu par un buisson épineux, et celui de la tourterelle par la hauteur de l'arbre au sommet duquel il est posé. Les familles des hommes étant les plus faibles, sont les mieux protégées : une haie hérissée d'églantiers et de ronces, entoure leur chaumière ; un chien fidèle, dont la gueule est bordée de dents plus tranchantes que des épines, veille nuit et jour à leur conservation.

Cependant des nichées d'enfants se réjouissent en paix au sein des prairies et sous l'ombre des vergers.

On apprend aux enfants à parler, mais on ne leur apprend point à mettre en ordre leurs idées. Les rudiments et les traités de grammaire et de logique ne leur conviennent point, parce qu'ils ne leur présentent que des idées abstraites. Pour former leur style, il faut leur montrer d'abord des modèles agréables dans de bons écrivains ; on leur en développera ensuite le mécanisme : il sera facile alors de les exercer à rendre d'une manière simple et intéressante ce qu'ils ont vu et pensé. Si le plaisir précède la leçon, il ne tardera pas à la suivre. Il leur en resterait toujours beaucoup, quand ils ne conserveraient que de l'affection pour les premiers objets de leurs études. Souvent ils ne nous inspirent que de la haine, par les larmes qu'ils nous ont fait verser dans l'enfance ; mais quand nous y avons trouvé des images riantes du bonheur, ou des consolations, nous y revenons étant hommes. Plusieurs personnes ont fait les délices de leur vie d'un Homère, d'un Virgile, d'un Horace, parce que ces poëtes avaient fait celles de leur adolescence. Nous aimons à nous accoler à un auteur favori : c'est une colonne qui nous soutient contre les tempêtes du monde.

Jean-Jacques portait presque toujours le Tasse

avec lui. Un jour, après une brouillerie qui m'en avait éloigné pendant quelques semaines, nous nous rencontrâmes tête à tête dans un café des Champs-Élysées. C'était précisément dans un petit pavillon du jardin de l'ancien hôtel d'Elbeuf, qui avait servi autrefois de cabinet de bains à la marquise de Pompadour; ce que je remarque à cause de l'étrangeté du site. Nous étions seuls. Après nous être salués sans nous rien dire, il entama le premier la conversation. On vante beaucoup aujourd'hui, me dit-il, la perfection de nos arts; mais voici un petit livre relié, depuis plus de trente ans, en parchemin : il est aussi frais que s'il était neuf. Quel est ce livre? lui-dis-je. C'est, me répondit-il, le Tasse, que j'aime beaucoup. Vous le traitez sans doute, repris-je, comme vos amis, vous n'en faites pas souvent usage? Il se mit à rire, et me dit : Je le porte très-souvent dans ma poche. Alors il m'en fit l'éloge; il m'en cita plusieurs strophes, entre autres celle du tableau d'une armée mourante de soif, et quelques-unes de l'épisode touchant d'Olinde et Sophronie. Je lui opposai, de mon côté, Virgile et quelques passages des amours malheureuses de Didon. Il convint de leurs grandes beautés; mais il ajouta qu'il préférait Armide à Didon, parce qu'il trouvait qu'elle était plus femme. Après cette aimable conversation, nous fûmes nous promener ensemble, meilleurs amis qu'auparavant. Cet excellent homme n'avait point de ressentiment ; jamais il ne m'a dit de mal de ses plus grands ennemis : tous ses défauts étaient dans sa tête, souvent troublée par le ressouvenir de ses malheurs passés, et par la crainte des malheurs à venir. Le Tasse n'était pas le seul livre où il avait cherché des consolations ; il en avait trouvé beaucoup, dès son enfance, dans les Hommes illustres de Plutarque. Ce fut le seul livre de sa bibliothèque qu'il se réserva, quand le besoin le força de la vendre. Sur la fin de ses jours, il s'était fait un petit livre de quelques feuilles de l'Ancien et du Nouveau Testament : c'étaient, entre autres, celles de l'Ecclésiaste et du Sermon sur la montagne. Il le portait toujours avec lui ; mais il me dit un jour, avec chagrin, qu'on le lui avait volé.

Les ames aimantes cherchent par-tout un objet aimable qui ne puisse plus changer, elles croient le trouver dans un livre ; mais je pense qu'il vaut mieux pour elles s'attacher à la nature, qui, comme nous, change toujours. Le livre le plus sublime ne nous rappelle qu'un auteur mort, et la plus humble plante nous parle d'un auteur toujours vivant ; d'ailleurs, le meilleur ouvrage sorti de la main des hommes peut-il égaler jamais celui qui est sorti de la puissance de Dieu ? L'art peut produire des milliers de Théocrites et de Virgiles, mais la nature seule crée des milliers de paysages nouveaux en Europe, en Afrique, aux Indes, dans les deux mondes. L'art nous ramène en arrière dans un passé qui n'est plus; la nature marche avec nous en avant, et nous porte vers un avenir qui vient à nous. Laissons-nous donc aller comme elle au cours du temps; cherchons nos jouissances dans les eaux, les prés, les bois, les cieux, et dans les révolutions que les saisons et les siècles y amènent. Ne portons point, dans notre vieillesse caduque, nos respects et nos regrets vers une jeunesse fugitive; mais avançons-nous avec joie, sous la protection de la Divinité, vers des jours qui doivent être éternels.

L'étude de la nature est si étendue, que chaque enfant peut y trouver de quoi développer son talent particulier. On dit que d'Anville, étant au collége, n'étudia, dans Virgile, que les seuls voyages d'Énée : il en fit un fort bon itinéraire; toutes les beautés de la poésie disparurent pour lui; il ne vit dans le poëte qu'un géographe, et il prouva ainsi qu'il le deviendrait lui-même. Mais la nature offre à l'homme un poëme bien plus étendu que celui de l'Énéide : laissons chaque enfant l'étudier suivant son instinct; il en résultera toujours quelque bien pour la société. Un pré leur suffit, c'est un livre à plusieurs feuillets; le botaniste y verra des systèmes, le médecin des simples, le peintre des guirlandes, le poëte des harmonies, le guerrier un champ de bataille, l'amant un lieu de repos, le paysan des bottes de foin; mais quand ils ne devraient tous y voir que des bouquets, laissez-les en couronner leurs jeunes compagnes: les jeux naïfs et innocents de l'enfance valent mieux que les études pénibles et jalouses des hommes.

Nous n'avons parlé jusqu'ici que des harmonies des végétaux avec les yeux des enfants; mais celles qu'elles présentent à leurs autres sens, notamment à celui du goût, les intéressent encore davantage. Nous avons déjà fait observer que la plupart des arbres fruitiers sont moins élevés et plus aisés à escalader que ceux des forêts : tels sont sur-tout ceux qui portent des fruits tendres, qui se seraient brisés dans leur chute, comme les pommiers, les figuiers, les abricotiers, etc.; ils ont besoin d'être cueillis à la main. Au contraire, les arbres qui portent des fruits durs, sont de la plus grande taille : tels sont les châtaigniers, les noyers; et leurs fruits sont enveloppés d'un brou tendre, comme les noix, ou d'une coque hérissée de pointes non piquantes, dont le ressort est élastique, comme dans les châtaignes, de sorte qu'ils peuvent tomber sur les roches les plus dures sans s'endommager. J'ajouterai à ces observations, que la maturité des fruits tendres s'annonce par des parfums qui flattent agréablement l'odorat. C'est une harmonie de plus que la

Providence a mise entre nos sens et nos besoins. Les fruits bien mûrs en ont encore avec nos yeux, par leurs vives couleurs; avec nos mains, par leurs formes arrondies; avec nos dents, par leur tendreté; quelquefois avec notre bouche, par leur diamètre; enfin avec notre goût et les diverses humeurs de notre tempérament, par des saveurs délicieuses et variées, en rapport avec les premiers, suivant les saisons. Les fruits rouges et rafraîchissants, comme les fraises et les cerises, paraissent au commencement de l'été, saison où notre sang, dont ils ont la couleur, entre en effervescence. Les fruits fondants et sucrés, comme les prunes, les abricots et les pêches, viennent vers la fin de cette saison ardente, afin de rafraîchir doucement notre sang, dont les humeurs s'alcalisent; les fruits vineux et cordiaux, tels que les pommes, les poires et les raisins, mûrissent en automne, pour fortifier notre corps épuisé par les transpirations trop abondantes de l'été; les fruits échauffants par leurs huiles, tels que les noisettes, les noix, les amandes, fournissent de la chaleur à notre estomac, et une bile digestive à nos intestins; enfin les semences céréales et légumineuses, comme les blés, les haricots, les pois, nous donnent en tout temps des substances farineuses, qui renouvellent les diverses humeurs de notre tempérament par une digestion qui, mieux que nos fermentations chimiques, les décompose en acides, en sucs, en esprits et même en huiles. Les herbes et les racines comestibles nous présentent une partie de ces mêmes propriétés, chacune à part.

On vient de trouver en Prusse l'art de tirer des navets un sucre abondant et excellent. L'oseille nous fournit un acide, qui est un des plus puissants antidotes contre la bile surabondante ; le chou est un très-bon antiscorbutique ; la chicorée est pectorale ; le persil, échauffant ; et la laitue, rafraîchissante et laxative. Les anciens faisaient un grand usage de la mauve pectorale : *Malvæ salubres corpori*, dit Horace. Les enfants peuvent donc trouver à-la-fois leurs aliments et leurs remèdes dans les plantes de nos jardins, dans les fruits de nos vergers. Le goût particulier qu'ils ont pour les fruits est un instinct de la nature ; et cela est si vrai, que ce goût se perd à mesure qu'ils avancent en âge, et que leur sang a moins besoin d'être rafraîchi. Mais il faut avoir soin que ces fruits soient d'une maturité parfaite ; car autant ils sont salutaires alors, autant ils sont malsains quand ils sont verts ou pourris. Tout le monde sait que les cerises guérissent plusieurs maladies du printemps. Le médecin philanthrope Tissot assure que les raisins frais sont un remède assuré contre la dyssenterie. Il cite en preuve un régiment suisse qui en fut guéri en séjournant au milieu de vignobles ;

cependant nous avons vu de nos jours l'armée du roi de Prusse contracter cette terrible épidémie dans ceux de Verdun, où elle fut forcée de s'arrêter. C'est que les raisins de la Suisse étaient mûrs, et que ceux de la Champagne étaient verts. La plupart des fruits qu'on apporte dans nos marchés ont ce dernier défaut, parce que nos paysans cupides se hâtent de les cueillir trop tôt ; aussi font-ils beaucoup de mal, et c'est par cette raison que les maladies sont fort communes dans les années abondantes en fruits : mais ces mêmes fruits seraient très-salubres, s'ils étaient cueillis à leur point. La bonté des aliments naturels ne consiste que dans des harmonies instantanées comme la vie qu'ils soutiennent ; c'est à notre goût à en juger ; tout ce qui se mange avec plaisir se digère avec facilité : il en est de même des remèdes de nos maladies ; ceux qui sont désagréables au goût ne nous donnent que des indigestions, que nous appelons purgations. Je le répète, contre tous les systèmes reçus par nos médecins et nos moralistes, je ne connais de médecines utiles au physique et au moral, que celles qui nous sont agréables.

Mais si nous autres hommes, au milieu du climat fertile de la France et des préjugés nombreux des corps, nous ne pouvons renoncer à nos aliments carnassiers, ni aux affreux déboires de notre médecine, qui en paraissent être la punition, donnons au moins des habitudes plus innocentes et plus douces à nos enfants : ils ont naturellement le goût du régime végétal. Craignons plutôt qu'ils ne s'y livrent avec excès. Ils sont passionnés pour les fruits, empêchons-les seulement de les cueillir avant leur maturité. Ce n'est qu'à cette époque, ou lorsqu'ils sont corrompus ou trop desséchés, qu'ils peuvent leur nuire. J'ai vu des enfants se guérir promptement des suites de la rougeole en mangeant à discrétion des cerises; et ma fille, âgée de trois ans et demi, se guérit d'une coqueluche terrible qui avait résisté à tous les remèdes, avec des groseilles dont elle était insatiable.

Je n'ai pas besoin de dire qu'il ne faut pas accoutumer les enfants aux boissons enivrantes; il est dangereux sur-tout de leur faire boire du vin; quoi qu'en disent et qu'en fassent les vignerons. D'abord, les enfants, ainsi que les sauvages, ont de la répugnance pour cette liqueur fermentée. Jugez de ses effets sur leur tempérament plein de feu, par ceux qu'il produit sur celui de leurs pères. Voyez entrer ceux-ci dans un cabaret. Ils y sont d'abord tranquilles, ensuite joyeux et pleins de cordialité les uns envers les autres; mais si vous passez devant leur tabagie deux heures après, ils font retentir la rue de juremens, de querelles et de blasphèmes. Bientôt ils en viennent aux mains; ils se jettent à la tête les chandeliers, les siéges et les lourds landiers. J'en ai vu, pouvant à peine se soutenir, chercher leur couteau pour éventrer leur compère. Leurs femmes échevelées accourent de toutes parts pour les séparer. On en remporte toujours quelqu'un horriblement balafré, qui va porter sa blessure à un chirurgien et sa plainte à un commissaire. Tous ces bons amis sont devenus dans un instant des ennemis féroces. Tant de haines et de fureurs sont sorties d'un tonneau. Vous me direz : elles étaient renfermées dans le cœur de ces malheureux; cela peut être, mais c'est le vin qui les a mises en évidence; il est le feu qui a donné l'explosion à la mine : c'est donc une liqueur bien dangereuse que celle qui exalte les passions, et sur-tout qui les rend précoces. Le vin ne convient point au tempérament ardent des enfants. Quelques médecins pensent qu'il le développe et le fortifie, mais ils sont dans une grande erreur. Comparez la taille et la force des Turcs et des peuples qui ne boivent que de l'eau, ainsi que la fraîcheur de leurs femmes, à la taille raccourcie et au teint bourgeonné des deux sexes dans les pays de vignobles, vous en verrez la prodigieuse différence. L'usage fréquent de l'eau-de-vie est incomparablement plus dangereux; elle abrutit tous les sens. C'est elle encore, plus que la guerre qu'elle excite, qui a détruit peu-à-peu les nations sauvages de l'Amérique septentrionale. Elle nuit sans doute aussi à la population des dernières classes du peuple chez plusieurs nations de l'Europe : on devrait donc s'en abstenir entièrement. Quant au vin, il ne doit être employé pour les enfants que comme remède. Pris avec modération par les hommes, il peut entrer parmi leurs aliments, comme une boisson bienfaisante et cordiale. Il augmente les forces du corps et de l'ame, il dissipe les chagrins, il est utile à ceux dont le sang est glacé par les années ou par la mélancolie ; mais il est nuisible aux enfants, dont les soucis légers se dissipent d'eux-mêmes par la gaieté, la vivacité, l'insouciance et l'innocence de leur âge. Le vin est le lait des vieillards, et le lait est le vin des enfants.

J'approuve encore moins l'usage de donner à ceux-ci du thé, du café et du chocolat. Je n'examinerai pas ici si le thé relâche ou nettoie l'estomac, si le café alcalise le sang ou chasse les vapeurs du cerveau, si le chocolat épaissit nos humeurs ou nous fortifie. Je crois que ces boissons font du bien aux enfants, dès qu'ils les prennent avec plaisir. Je les considère ici, non sous leur rapport physique, mais sous leur rapport moral et politique. Il ne faut pas inspirer aux enfants le luxe des aliments plus que celui des habits et des meubles, ni leur faire préférer les productions des pays étrangers à celles de leur patrie. Il est donc aisé de voir déjà que les premières bases de la morale sont dans l'histoire naturelle, et celles de la politique des nations dans la morale des enfants : nous les découvrirons de plus en plus, en suivant le plan de nos harmonies. Il est bien immoral, selon moi, de mettre le déjeuner de nos enfants en Asie et en Amérique, et de leur faire préférer les productions des pays étrangers à celles de leur patrie. C'est aussi une grande servitude pour un peuple, de faire dépendre ses premiers besoins des peuples les plus éloignés de lui, et de supporter plus difficilement la privation du thé, du café et du sucre, que celle du pain. J'ai vu les premiers désordres de Paris, dans notre terrible révolution, commencer par les blanchisseuses, qui, ne pouvant souffrir le renchérissement du sucre et du café, occasioné par la guerre, pillaient ces denrées chez les épiciers. J'ai vu depuis ces mêmes femmes à la porte des boulangers, où on leur distribuait quatre onces de pain après trois ou quatre heures d'attente, rester tranquilles et tomber d'inanition. La séparation de l'Amérique anglaise de sa métropole, est venue à l'occasion d'un impôt sur le thé. Nous avons dans notre pays de quoi suppléer à ces besoins factices : le bon miel est plus sucré que le sucre; nos plantes aromatiques peuvent nous donner des assaisonnements aussi agréables et plus convenables à notre santé, que les épiceries des Moluques. Combien de combinaisons et de découvertes en ce genre ne pouvons-nous pas faire dans notre botanique! Pendant des siècles, la feuille du thé a été le jouet des vents à la Chine, et le grain du café foulé aux pieds des bêtes en Arabie, sans qu'on se doutât que ces amers, harmoniés avec le feu, l'eau et le sucre, serviraient un jour aux délices de l'Europe. Notre olive même n'a-t-elle pas été long-temps la proie des oiseaux dans les îles de l'Archipel, avant qu'on s'avisât d'en tirer de l'huile, et de la dépouiller de son amertume par une lessive? La nature avait déjà donné l'olivier aux animaux; mais l'intelligence qui apprit aux Athéniens à préparer son fruit, fut la Minerve qui en fit présent aux hommes. Combien de feuilles, de graines, de baies, se perdent dans nos prairies et dans nos forêts, dont les préparations pourraient nous être également utiles! Y en a-t-il qui en exige autant que le blé avant d'être changé en pain? Si on mettait un sauvage de l'Amérique, qui ne vit que de chasse et de patates, et ne s'habille que de peaux, au milieu de nos riches campagnes couvertes de tant de récoltes, se douterait-il que de petits grains portés par des pailles menues, servent de base à la nourriture des Européens? Il les croirait bien plus propres à celle des oiseaux. Pourrait-il imaginer que nos lins et nos chanvres produisent des fibres dont nous fabriquons notre linge, et que des chiffons de ce linge se fabrique notre papier, auquel nous confions les chefs-d'œuvre de l'esprit humain? Aurait-il l'idée de la charrue, du moulin, des moutures, de la boulangerie, d'une multitude de fabriques en tout genre, qu'alimentent nos végétaux; des papeteries, de l'écriture, de l'imprimerie, et de l'influence de nos livres, dont les plus révérés ont agité les quatre parties du monde? Il mourrait de faim au milieu de nos moissons, de froid dans nos chaumières, et d'ennui dans nos bibliothèques. Mais que l'Européen ne s'enorgueillisse pas de ses lumières : elles sont si bornées, et il en fait un si cruel abus, qu'il n'est lui-même qu'un sauvage au sein de la nature.

Je crois que c'est à l'époque où les enfants mangent seuls, qu'on doit commencer à leur donner une idée de nos plantes domestiques, et des arts qui les préparent pour nos besoins. Un homme, quelle que soit sa condition, n'est pas excusable d'ignorer comment se cultivent le blé, les divers légumes, et comment on les convertit en aliments. Il doit savoir, dans le besoin, se préparer à manger, comme il doit savoir se vêtir, se peigner, se laver; il lui serait même utile d'apprendre comment se préparent nos principales boissons : il ne sait pas où le conduira la fortune. J'ai vu en Russie, et même dans nos armées, des officiers auxquels ces connaissances ont été souvent importantes. Bien en prit au capitaine Cook, dans ses voyages autour du monde, de savoir faire de la bière avec des branches de sapinette, pour préserver sur mer son équipage du scorbut.

Mais c'est aux jeunes filles sur-tout, qui doivent être chargées un jour du soin de la maison, qu'il convient de savoir faire à manger, conserver des provisions, et préparer des boissons utiles et agréables. Quel plaisir pour elles d'être déjà nécessaires à leurs parents, et de pouvoir un jour offrir à leurs maris et à leurs enfants un pain et des mets salubres! Quelle douce joie n'éprouveront-elles pas, lorsqu'elles feront apparaître aux yeux de leur famille étonnée, des légumes et des fruits conservés dans toute leur fraîcheur, au milieu des rigueurs de l'hiver! Quelle abondance ne verseront-elles pas sur leur table par une multitude de fruits de l'été, conservés par la dessiccation ou la cuisson! Elles doivent joindre à ces connaissances économiques l'art de préparer le lin et le chanvre, de les filer, de les tisser et de les blanchir. La chimie peut leur présenter, dans les livres élémentaires, non des principes savants, mais des résultats simples, relatifs à la composition des levains, aux fermentations, aux savonnages, aux lessives, et même à quelques teintures. C'est par ces travaux domestiques qu'elles se prépareront à elles-mêmes des mœurs innocentes, conjugales et maternelles; elles seront dans leurs maisons comme des divinités bienfaisantes. On met entre les mains des enfants des deux sexes, une multitude de livres moraux et philosophiques, qui ne leur donnent rien que de l'ennui. Mais ne serait-il pas plus à propos de leur offrir une théorie claire des choses naturelles qu'il importe à un père et à une mère de connaître, pour entretenir l'abondance et la propreté dans leur famille? Ne trouveront-ils pas des preuves plus certaines de l'existence de Dieu, de la reconnaissance que nous lui devons, et de nos devoirs envers les hommes, dans les bienfaits de la nature, que dans des livres? Un jour, un de mes amis fut voir un chartreux : c'était au mois de mai. Le jardin du solitaire était couvert de fleurs dans les plates-bandes et sur les espaliers. Pour lui, il s'était renfermé dans sa chambre, où l'on ne voyait goutte. Pourquoi, lui dit mon ami, avez-vous fermé vos volets? C'est, lui répondit le chartreux, afin de méditer sans distraction sur les attributs de Dieu. Eh! pensez-vous, reprit mon ami, en trouver de plus grands dans votre tête que ne vous en montre la nature au mois de mai? Croyez-moi, ouvrez vos volets et fermez votre imagination.

Je crois avoir rapporté ce trait ailleurs, mais il est bon de le répéter. Il donne un aperçu de la manière dont se fourvoie l'esprit humain. Que de livres sur la nature et sur son auteur ont été écrits dans des chambres noires!

Les hommes veulent connaître les attributs de l'être invisible, et ils ne connaissent pas ceux du soleil, qui agissent sur tous leurs sens. Chaque plante est une pensée qui exprime une harmonie de l'astre du jour, et toute la puissance végétale n'est qu'une page du livre immense de ses propriétés. Qui osera donc calculer la puissance de l'Auteur de la nature, qui a établi les harmonies du soleil avec ses différents mondes, et celles du soleil avec tant d'autres soleils? Bornons-nous donc ici à la connaissance de la terre que nous habitons. Je crois qu'on peut apprendre la géographie aux enfants par le moyen des plantes. Il est difficile de leur donner d'abord des idées abstraites d'équateur et de méridien, de latitude et de longitude, auxquels nous reportons tous les points du globe. Les hommes, pour se ressouvenir d'un grand nombre de faits particuliers, les lient à des lois générales, sans lesquelles ils n'en auraient pas la connexion; mais les enfants, qui ne saisissent pas cette connexion, ne manquent pas, lorsqu'on leur parle d'une loi générale, de la particulariser en un seul fait; d'abord pour la concevoir en en faisant l'application, et ensuite pour s'en ressouvenir. Il faut à leur jugement un point qu'il puisse saisir, et où leur mémoire s'arrête. Bien des hommes sont enfants à cet égard : voilà pourquoi, comme nous l'avons déjà observé, l'exemple leur est plus que le précepte.

Je commencerais donc par prévenir les enfants qu'ils doivent se défier du témoignage de leurs sens et de leur raison isolée ; je leur en donnerais pour preuve le ciel et la terre. « Le ciel, leur dirais-je, vous paraît former une voûte ronde, et la terre une surface plate ; c'est tout le contraire. Le ciel n'a point de forme déterminée ; c'est un espace sans bornes, et la terre est ronde : si vous marchiez toujours droit devant vous, vous en feriez le tour. La terre est une grosse boule de mille deux cent soixante-treize myriamètres ou de deux mille huit cent soixante-quatre lieues de diamètre, et de huit mille cinq cent quatre-vingt-douze lieues de circonférence. Elle est suspendue dans l'espace par la puissance de Dieu, qui la balance par les lois positives et négatives de l'attraction. Vous croyez qu'elle est plus grande que le soleil, qui ne vous paraît pas aussi large que la forme de votre chapeau ; vous vous trompez ; le soleil est un million de fois plus gros qu'elle. Il ne vous paraît petit que parce qu'il est à plus de trente millions de lieues de distance de vous. Vous croyez qu'il se lève le matin et qu'il se couche le soir ; vous vous trompez encore ; il ne change point de place : c'est la terre qui tourne sur elle-même autour de lui. La sagesse de Dieu emploie toujours la voie la plus courte ; elle ne fait rien en vain. Si le soleil tournait autour de la terre, il décrirait chaque jour un cercle de plus de cent quatre-vingt millions de lieues. Vous ne devez ces connaissances qu'aux observations réunies de tous les hommes dispersés sur le globe. Vous voyez donc bien que vous leur devez de la reconnaissance, puisque vous ne pouvez rien savoir seuls et par vous-mêmes. Dieu a attaché les sciences et le bonheur des hommes à leur union. »

Il est aisé de donner aux enfants une idée du mouvement de rotation de la terre, et des effets du soleil sur elle, par celui d'une boule qui tourne devant un flambeau. Lorsqu'ils auront une notion générale de la grosseur de la terre, de sa distance au soleil, et de son mouvement journalier et annuel, cela doit leur suffire. Après cela, je leur déterminerais les quatre points cardinaux, comme je l'ai dit ailleurs, par ceux de l'horizon, lorsqu'ils ont le visage tourné vers le midi. J'y ajouterais les deux points des pôles, et les cercles principaux de la sphère.

Ces notions préliminaires établies, je leur donnerais une idée des principales parties de la terre, par les végétaux qui sont à leur usage; je commencerais par ceux de leur patrie. Quelqu'un avait eu l'idée de faire une géographie pour les enfants, en caractérisant chaque ville par quelque friandise. Ainsi, par exemple, ils auraient connu Reims par son pain-d'épice; Verdun, par ses dragées; Rouen, par ses gelées de pomme.

Ce répertoire de la gourmandise aurait été aussi agréable aux hommes qu'aux enfants ; mais il ne faut pas faire naître les lumières d'un vice. Toutefois, en donnant plus d'étendue à ces premières notions géographiques, on peut les rendre plus utiles qu'on ne pense : il ne s'agit que d'y comprendre les végétaux les plus intéressants, les animaux les plus nécessaires, et sur-tout les hommes qui ont été les bienfaiteurs de l'humanité. Dans l'almanach républicain, on avait établi une nouvelle chronologie par un moyen à-peu-près semblable ; mais des plantes, des outils et des animaux ne laissent que des souvenirs bien froids. D'ailleurs, on n'y avait pas donné place à un seul homme célèbre : comme si les talents et les vertus n'étaient pas des dons du ciel aussi recommandables à des citoyens que l'ail ou l'oie!

Je crois donc qu'en donnant aux enfants une géographie qui leur indique ce qu'il y a de plus intéressant pour les hommes dans chaque partie de la terre, elle en caractériserait les principaux points dans leur mémoire d'une manière plus intéressante, plus durable et plus utile sous divers rapports, par la latitude et la longitude ; elle détruirait les préjugés injurieux si communs, d'une province à l'autre, et de nation à nation ; elle ferait naître en eux une foule de sentiments de bienveillance envers leurs semblables, par le sentiment du plaisir et de la reconnaissance.

Sans parler ici des relations morales qui survivent aux siècles contemporains, et s'étendent par toute la terre, la nature a établi, dans tout le genre humain, un si grand nombre de relations physiques, que je tiens qu'il n'y a point d'homme, soit civilisé, soit sauvage, qui n'ait à son usage habituel quelque production des pays étrangers. Les Lapons, les sauvages de l'Amérique, les nègres de l'Afrique, se servent de nos fusils, de nos harpons, de nos aiguilles, de nos toiles, de nos eaux-de-vie. L'homme le plus pauvre parmi nous prend du tabac, qui vient de l'Amérique. Le mouchoir bleu de sa femme est de coton et teint d'indigo, qui y croissent également. Quant à nos riches, ils ont épuisé le luxe de toute la terre.

Je commencerais donc par donner aux enfants une idée intéressante de leur patrie et de l'Europe, par les végétaux qu'ils aiment le plus ; mes leçons seraient dans leurs déjeuners et leurs collations ; je leur dirais : « Ces pommes viennent de la Nor-
» mandie ; ces châtaignes, du Lyonnais ; ces noix,
» de la Picardie. Les arbres qui les produisent
» en France sont originaires de plusieurs îles de
» la Méditerranée : le noyer, du mont Ida, dans
» la Crète ; le châtaignier, de la Corse. C'est aussi
» des îles de cette mer, et sur-tout de celles de
» la Grèce, situées entre l'Orient et le Midi, que
» la vigne, l'olivier, le jujubier, l'amandier,

» le poirier, ont été transplantés dans nos cli-
» mats ; votre pain vient du froment, originaire
» de la Sicile. En vain la nature l'avait destiné
» aux hommes : il n'aurait été mangé que par les
» animaux, si une femme inspirée du ciel n'en
» avait découvert l'usage. Les anciens, plus re-
» connaissants que nous, l'ont adorée sous le
» nom de Cérès; ils l'ont mise presque de niveau
» avec les divinités du feu, de l'air, de l'eau et
» de la terre, parce que le blé est en quelque
» sorte pour l'homme un cinquième élément.
» Admirez la Providence, qui a posé le princi-
» pal fondement de la vie humaine, si ambitieuse,
» sur des pailles sans cesse agitées par les vents.
» Ce sucre que vous aimez tant, est fait avec le jus
» d'un roseau des îles Antilles, vers les côtes de
» l'Amérique, entre le midi et le couchant, à
» quinze cents lieues de la France : il est cultivé
» par de malheureux nègres, réduits au plus cruel
» esclavage, uniquement pour nous fabriquer du
» sucre. Le miel n'est guère moins agréable, et
» il est sans contredit plus salutaire. Il n'expose
» point les hommes à mille dangers pour l'aller
» chercher à travers les mers, et il n'a jamais
» coûté de larmes aux abeilles, qui le recueil-
» lent au sein des fleurs avec de doux murmures.
» Les hommes ne savent arracher les produc-
» tions de la nature qu'avec le fer. C'est en pri-
» vant leurs semblables de la liberté, qu'ils for-

» cent la terre à leur donner le sucre ; et ils pla-
» cent une douleur par-tout où la Providence a
» placé un bienfait. »

Ainsi, avec une simple dragée, je pourrais donner à-la-fois aux enfants des idées de géographie, et des sentiments de justice, de morale, de piété et de reconnaissance. Leur petit jardin deviendrait plus instructif pour eux que les écoles centrales et polytechniques ; la plus humble plante leur donnerait quelquefois les plus touchants ressouvenirs. En leur montrant la pervenche, je leur dirais : « Voici la fleur favorite de votre premier ». bienfaiteur, » et je leur parlerais de Jean-Jacques, persécuté pendant sa vie et après sa mort.

En suivant cette marche, telle petite ville leur deviendrait plus recommandable par un homme, un fruit et une fleur, que celles qui sont les plus célèbres par leurs richesses ou leurs conquêtes. Ainsi, ils se formeraient un jugement sain, et ils apprendraient à se faire des idées justes des choses et des hommes, par leurs rapports d'utilité avec le genre humain. Ils sentiraient qu'ils ont des obligations, non-seulement aux hommes de toute la terre, mais à ceux des siècles passés. Il faut donc faire naître leurs premiers sentiments d'humanité et de religion, de leurs besoins et de leurs plaisirs. Ils connaîtront alors, par leur expérience, combien ils ont à-la-fois d'obligation à leurs semblables, et à Dieu, qui ne leur a donné une vie susceptible de tant de jouissances, que pour les faire participer aux productions de toute la terre, et lier les hommes les uns aux autres par une multitude d'arts qui exigent le concours mutuel de leurs lumières et de leurs travaux. Ainsi l'étude des plantes fera naître en eux l'amour de Dieu et celui des hommes, qui sont les deux pôles de la morale.

Jean-Jacques disait que rien ne rendait les mœurs plus aimables, que l'étude de la botanique. Je lui opposai l'exemple de deux botanistes célèbres qui avaient été à l'Ile-de-France, s'y étaient fait beaucoup d'ennemis, et y avaient laissé la réputation de méchants; je les lui nommai. Il me répondit : « Quand on étudie la botanique
» pour soi, elle adoucit le caractère; mais quand
» on l'étudie pour l'enseigner aux autres, on de-
» vient, pour l'ordinaire, envieux, jaloux, into-
» lérant : c'est notre intérêt qui gâte tout. Les
» philosophes crient beaucoup contre l'intolé-
» rance théologique, mais elle n'est qu'une bran-
» che de l'intolérance; ils en ont au moins au-
» tant que leurs ennemis. » Jean-Jacques avait raison. Il en est de même de toutes les sciences dont l'ambition s'empare. Plus l'instrument dont elle se sert est parfait, plus elle le rend dangereux. Voilà pourquoi les législations et les religions, qui devraient rapprocher les hommes autour de leur centre commun, qui est la Di-

vinité, les ont si souvent divisés. Les législateurs et les enthousiastes n'ont guère songé qu'à se faire des empires. Ce n'est pas pour le bonheur des hommes que l'ambition veut les gouverner ou les éclairer, c'est pour s'en faire obéir.

L'ambition qu'on nous inspire dès l'enfance, sous le nom d'émulation, est si commune dans toutes les classes de notre société, que je n'ai pas été surpris de la trouver chez des botanistes; mais je l'ai été beaucoup, je l'avoue, d'y rencontrer quelquefois l'athéisme ; cependant il n'y avait pas de quoi m'étonner. Des systèmes botaniques qui ne montrent dans les plantes que des parties dont ils n'expliquent point les usages, doivent amener à la longue cette conclusion. Un paysan reconnaît un Dieu dans le blé qu'il engerbe dans sa grange, et dans le vin qu'il entonne dans sa cave ; mais un docteur, qui ne peut ranger dans les cartons de son herbier, suivant son système, une foule de végétaux d'une variété infinie, s'imagine que la nature n'a point de plan à elle, parce qu'elle s'écarte de celui qu'il a adopté. Il conclut de cette imperfection prétendue, qu'il n'y a point d'autre intelligence que la sienne dans l'univers. D'un autre côté, le paysan, élevé avec une grande ignorance, n'y voit que son blé et sa vigne. Il croit que le soleil ne parcourt que son horizon, et il ne connaît d'autre Dieu que celui de sa paroisse. Le cultivateur ne voit que son village dans le monde, et que lui dans son village ; il est intolérant en religion, et dur en morale. Virgile, qui a si bien connu les travaux champêtres et ceux qui les exercent, donne plusieurs fois au laboureur, l'épithète de dur et d'avare, *durus arator, avarus arator.*

Mais si on considère les harmonies des végétaux avec les élémens, les animaux et les hommes, elles manifestent la Divinité sur toute la terre. Elles préservent à-la-fois de l'athéisme et de la superstition, ces deux fruits de l'orgueil ; elles parlent à tous les peuples le même langage, dans tous les temps et dans tous les lieux. Les astres nous annoncent la Divinité, par la majesté et la constance de leurs mouvemens ; mais les plantes nous la démontrent, par les graces et la variété de leurs harmonies. Les cieux nous prouvent sa puissance infinie ; les végétaux de la terre, son intelligence et sa bonté : les harmonies végétales sont inaltérables comme les harmonies célestes ; mais, plus rapprochées de nous, elles nous offrent des spectacles enchanteurs. La nature en compose chaque jour de nouvelles pensées ; chaque année, elle les projette sur tous les sites de la terre, par le ministère des vents et des eaux ; et chaque instant, elle varie leurs combinaisons. Elle semble se jouer de ses bienfaits avec les hommes, comme une bonne mère qui jette au milieu de ses enfans des caractères alphabétiques, mêlés de raisins, d'amandes et de toutes sortes de fruits, pour leur apprendre à lire et à l'aimer. Hélas! avides des jeux barbares de la politique humaine, nous attendons, soir et matin, avec impatience, des nouvelles de ses cruels hasards : ce sont des victoires sanglantes, des villes bombardées, des escadres incendiées, des négociations perfides, des famines affreuses ; mais chaque nuit et chaque aurore nous apportent de nouveaux journaux de la sagesse et de la bonté de la Providence divine : ce sont des blés qui épient, des fruits qui nouent, des vignes qui fleurissent : elle nous invite sans cesse à nous élever vers elle, et à nous rapprocher les uns des autres.

Il doit résulter sans doute de l'étude des harmonies de la nature, une religion et une morale plus solidement fondées que celles qui ne s'appuient que sur des livres. Après avoir donné aux enfants des preuves d'une Providence, à la vue d'un arbre chargé de fruits ; des leçons de justice, en les obligeant de s'abstenir de ceux qui croissent aux vergers d'autrui ; et de tempérance, dans l'usage de ceux qui leur appartiennent, on leur en donnerait de générosité et de reconnaissance, en les accoutumant de bonne heure à les partager avec leurs amis. Nous en verrons les effets aux harmonies fraternelles.

C'est de la reconnaissance que sont nées d'abord les relations sociales des animaux avec l'homme. Ce n'est pas la violence et la ruse qui les ont rendus domestiques; ce sont les bienfaits. Obligé lui-même par la Divinité, qui voulait l'élever vers elle par degrés, de recueillir ceux qu'elle avait répandus sur la terre, et par conséquent de la cultiver, il présenta dans l'origine, aux animaux, la paille de ses gerbes, les criblures de ses grains et les débris de sa table. A ces légères marques de bienveillance, le taureau indompté, le cheval belliqueux et le chien irascible se rangèrent sous ses lois, comme vassaux, serviteurs et amis. Les plus faibles vinrent se mettre sous sa protection; le pigeon amoureux se percha sur son toit, et la poule pondante sur son fumier : tous reconnurent sa puissance à sa bonté. Ils se soumirent à lui, non comme à un conquérant, mais comme à un bienfaiteur. C'est une question de savoir si les bêtes n'ont pas quelque idée de la Divinité : pour nous, nous croyons qu'elles en sont incapables; mais il est certain qu'elles sentent la supériorité de l'homme. Les carnivores le fuient, les domestiques l'invoquent dans leurs besoins par des bêlements et des cris. Celles-ci n'éprouvent le sentiment de son pouvoir que par les bienfaits de la végétation qu'il leur distribue. Comment donc l'homme, qui est sur la terre au centre des dons de la nature, ne sentirait-il rien pour la puissance qui lui a tout donné ! Comment n'éprouverait-il pas quelques mouvements de reconnaissance à l'aspect d'un arbre fruitier proportionné à sa taille, et dont les fruits sont harmoniés avec sa vue, sa main, son odorat, son goût et son tempérament! Sans doute il sent que tant de rapports sont l'ouvrage d'une intelligence bienfaisante. Si les animaux, pressés par leurs besoins, élèvent leurs voix vers lui pour le prier d'y satisfaire, il élève à son tour la sienne vers le ciel pour le remercier de l'avoir rendu le dispensateur de ses bienfaits. L'homme est un dieu pour les animaux domestiques; mais il n'est lui-même qu'un animal très-indigent par rapport à Dieu. Qu'un enfant sache donc prier dès qu'il sait manger seul. Il ne verra long-temps dans les puissances élémentaires que des causes insensibles, et quelquefois nuisibles. La terre blesse ses pieds; il court risque de se noyer dans l'eau; l'air et les vents l'offensent; le soleil lui-même, avec tout son éclat, l'éblouit ou le brûle : mais la puissance végétale le met à l'abri des injures des éléments; elle ne lui présente que des bienfaits. Un arbre l'intéresse en toute saison :

> . . . . Libéral, il nous donne
> Ou des fleurs au printemps ou des fruits en automne;
> L'ombre, l'été; l'hiver, les plaisirs du foyer.
> LA FONTAINE, fable de l'Homme et du Serpent.

O mères! apprenez donc à vos enfants à prier dès qu'ils savent cueillir un fruit : leur reconnaissance envers Dieu assurera leur reconnaissance envers vous. Accoutumez-les, au lever et au coucher du soleil, à élever leurs mains et leur cœur vers le ciel. Qu'ils prient en ouvrant et en fermant leurs yeux à la lumière; qu'ils se fassent une douce habitude de mettre leur confiance en Dieu, et de s'abandonner à lui dans toutes les actions de leur vie.

Lorsqu'un enfant apprend à nager dans une rivière, la crainte de se noyer et la seule froidure de l'eau l'empêchent de se livrer au courant. Il faut qu'un flot le soulève, pour qu'il se serve de ses bras et qu'il sente que son corps est naturellement en équilibre avec l'eau. Dans cet océan de la vie que nous devons traverser, ce ne sont point des accidents qui d'abord nous font perdre terre, ce sont les bienfaits du ciel. Laissons-nous-y donc aller : servons-nous des forces de notre ame, qui est en harmonie avec la Divinité, pour nous élever vers elle; il ne faut que nous y abandonner. Si nous nous méfions de Dieu, nous ne pourrons supporter la vie; mais si nous nous fions à lui, la vie elle-même nous portera.

Joie de mes vieux jours! sensible enfant! chère Virginie! c'est pour toi principalement que j'ai écrit ces dernières lignes! Si un jour tu peux les lire, n'oublie pas les premières leçons de ton père; répète-les à ton frère Paul quand il sera en âge de les entendre. Pour toi, tire ta plus aimable parure des fleurs, tes plus salutaires aliments des fruits, tes plus doux travaux des plantes. Je ne veux point faire de toi une botaniste. Ne parcours point comme savante le temple immense de la nature; mais reste sous son vestibule, comme une vierge ignorante et timide, avec tes besoins et ton cœur. Qu'un fraisier soit ton premier autel, et des arbres fruitiers tes chapelles. Ils feront circuler un sang pur dans tes veines, des images riantes dans ton esprit, et des passions célestes dans ton ame. Jamais tu ne seras seule, même dans les déserts; par-tout tu trouveras un Dieu protecteur. Chaque herbe t'inspirera un sentiment, et chaque fruit une action de graces.

C'est par des mœurs semblables que les femmes les plus respectables de l'antiquité conservèrent la foi conjugale, et entretinrent l'abondance dans leur maison. Ne t'associe pour époux qu'un amant qui ait des goûts pareils aux tiens. C'est dans la seule classe de ceux qui aiment la nature, que tu trouveras ceux qui aiment la vertu; des Lysis, des Épaminondas, des Cincinnatus, des Fabricius, des Scipions, et, ce qui te sera préférable, des citoyens sans célébrité, mais sans envieux; des pères de famille obscurs, mais heureux; des hommes inconnus aux hommes, mais agréables à la Divinité. Pour moi, si déjà dans l'hiver de ma vie, je ne suis pas destiné à te voir dans l'été de la tienne; si ta bonne mère est seule chargée de t'y introduire, après avoir pris seule soin de ton printemps, tu acquitteras à-la-fois les dettes de l'amour conjugal et de l'amour filial, si un jour ta main reconnaissante sème quelques violettes sur mon humble tertre.

LIVRE II.

HARMONIES AÉRIENNES.

Vous qui portez sur vos ailes les premiers mobiles du mouvement et de la vie, doux Zéphyrs, bruyants Autans, soit que vous étendiez dans les cieux les voiles légers de l'Aurore, ou les noires tempêtes du couchant; soit que vous ridiez la surface des eaux, ou que vous les creusiez en vallées profondes; soit que vous transportiez d'une extrémité de la terre à l'autre les fleuves qui doivent la féconder, ou que vous détachiez des pôles les montagnes de glace qui renouvellent les mers : amants légers des prairies, tyrans des forêts gémissantes, voix errantes des rochers, vous animez tout ce qui est insensible. Combien de fois vos bruits lointains, vos mystérieux échos m'ont plongé dans d'ineffables rêveries! Répandez seulement dans mes écrits les simples harmonies de vos sons : je n'aurai pas besoin de recherches profondes ni de brillantes images pour charmer mes jeunes lecteurs; il suffira de vos murmures.

HARMONIES AÉRIENNES

DU SOLEIL ET DE LA LUNE.

Notre pôle est le berceau des harmonies du globe, et le pôle austral, qui lui est opposé, en est le tombeau; c'est dans son hémisphère que viennent expirer, à diverses latitudes, tous les continents, au milieu d'un océan sans rivages : il n'y apparaît de loin en loin que quelques amas de sable stérile, ou quelques îles désolées, semblables à des écueils. Si, au sein de ses longs hivers, il brille de quelque lumière, ses feux ne sont ni dorés, ni pourprés, comme ceux qui annoncent, au pôle boréal, l'aurore de la vie, mais pâles et bleuâtres comme ceux qui suivent le couchant, et annoncent l'empire de la mort; ils le rendent semblable à une lampe funèbre qui luit au milieu des tombeaux.

Cependant le soleil les met tour-à-tour en activité, en les échauffant alternativement pendant six mois. Il en est de notre vie comme de notre globe : notre enfance est son premier pôle, et notre vieillesse en est le dernier; c'est sur eux que roulent toutes les harmonies de notre vie. Les premières sont, développées par la chaleur et la surveillance maternelle; par qui seront renouvelées les dernières ? Ah! sans doute rien n'est impossible à la main qui divise et rapproche les éléments, et qui compose tous ses ouvrages des harmonies de la vie et de la mort!

Bornons-nous ici à celles de notre horizon. Déjà le soleil commence à répandre quelques couleurs dans l'atmosphère; le froid est moins rude; les ruisseaux reprennent leur cours; la terre, à demi couverte de neige, laisse apercevoir quelques lisières de verdure; les jeunes scions des arbres deviennent purpurins; les oiseaux aquatiques qui vivent sur les limites de l'hiver, se rapprochent du Nord. Le soleil est encore peu élevé à midi, mais un vent du sud-ouest nous apporte quelque bienfait de sa chaleur du sein des mers de l'Amérique méridionale, et souffle fréquemment dans cette saison.

Ces compensations viennent sans doute d'une main maternelle. C'est l'air qui nous voiture cette chaleur précoce; seul des éléments, il enveloppe tout le globe; la lumière n'en couvre guère à-la-fois que la moitié, l'Océan que les deux tiers, la terre qu'un tiers; mais l'air l'environne tout entier. Toutes ses parties se communiquent immédiatement; il est le médiateur de tous les autres éléments, et de la lumière même. S'il n'y avait point d'air, les rayons du soleil seraient sans chaleur, les rivières et même les mers sans sources, les terres sans pluies, par conséquent sans végétaux, sans animaux et sans hommes.

Nous pouvons concevoir l'atmosphère comme un grand verre convexe au dehors, et concave au dedans, qui entoure notre globe à plusieurs lieues de distance. Au moyen de cette disposition, elle rassemble les rayons du soleil qui s'écartent de notre terre, elle les réfracte et les réunit à sa surface. La partie inférieure de cette atmosphère est toujours chaude dans la zone torride ; elle l'est aussi en été dans chacune des deux zones tempérées qui avoisinent celle-ci, et, dans cette même saison, dans la plus grande étendue des deux zones glaciales ; mais sa partie supérieure est toujours froide, même dans la zone torride, comme on le voit par les sommets de ses montagnes, qui, en tout temps, sont couverts de neige, environ à une lieue perpendiculaire de hauteur.

L'air échappe à notre vue par sa transparence, et à notre toucher par sa ténuité. Il ne peut être saisi, ni par notre odorat, ni par notre goût, ni même par notre ouïe, à moins qu'il ne soit agité. Il est bon de faire observer aux enfants, et même aux hommes, que les puissances de la nature n'en existent pas moins, quoiqu'elles échappent à la plupart de nos sens. Comme la vue est le premier sens de l'ame, et l'avant-coureur, pour ainsi dire, des autres, c'est à elle que nous rapportons d'abord les premiers degrés de notre certitude, parce que c'est par elle que nous nous formons une image des objets. C'est le sens par excellence de notre raison, parce qu'il nous présente à-la-fois plusieurs harmonies de l'existence, comme la couleur, la forme et le mouvement; c'est lui qui en est le principal juge, les autres sens n'en sont que les témoins. Il n'en faut pas conclure cependant que ce que nous ne voyons pas n'existe pas : cette manière de juger du vulgaire est quelquefois celle des philosophes. L'homme de France qui, à mon avis, a eu le plus d'esprit, Voltaire, dans ses Questions sur l'Encyclopédie, a nié l'existence de l'air, parce que, dit-il, il ne le voyait pas. Il lui substitue des vapeurs aqueuses qu'il voit, et auxquelles il attribue les mêmes propriétés.

Ce système est déjà bien ancien : c'était celui de Thalès, qui prétendait que tout était engendré par l'eau. Il n'admettait que cet élément sur le globe; la terre n'en était qu'un sédiment, et l'air une évaporation. Il n'y a pas de doute qu'il n'y ait beaucoup d'air renfermé dans l'eau, comme il y a beaucoup d'eau en évaporation dans l'air. Mais, entre autres preuves que je pourrais apporter, de la différence essentielle de ces deux éléments, c'est que l'eau dissout la plupart des corps solides, tandis que l'air, non-seulement les consolide en les desséchant, mais donne de la solidité aux fluides. Ainsi, par exemple, lorsqu'on ouvre les membranes occipitales du cachalot, l'huile, qui est renfermée dans leurs cellules, se fige et se cristallise aussitôt : il en est de même de la liqueur que renferme un certain zoophyte, fort commun sur les récifs de l'Ile-de-France. Lorsqu'on tire de l'eau cet animal, il lance une liqueur blanche, qui se change dans l'instant en un paquet de fils très-déliés. La matière fluide du ver à soie, de l'araignée, et de plusieurs espèces de chenilles, acquiert tout-à-coup de la solidité en sortant de leur corps, et se change en soie par le simple contact de l'air. Ces effets n'auraient pas lieu, si l'air n'était qu'une eau évaporée : il ajouterait à la fluidité de ces matières.

Mais nous portons en nous-mêmes des preuves évidentes que l'air diffère essentiellement de l'eau : ce sont nos organes, que nous pourrions appeler aériens, tels que ceux de l'ouïe, de l'odorat et de la respiration. Il est remarquable qu'il n'y a que les animaux qui vivent à l'air, qui aient des oreilles pour recevoir les vibrations du son, qui n'appartiennent qu'à l'air. L'organisation de l'ouïe ne se trouve point dans les poissons, si ce n'est dans les amphibies : cependant ils sont émus par le bruit, mais d'une manière différente. Au reste, le sens de l'ouïe, comme nous le verrons, est un sens moral qui appartient aux harmonies fraternelles : quant à celui de l'odorat, il est commun à tous les animaux, et est de plus en eux le précurseur du goût. L'organe de la respiration, auquel on n'a point encore donné de nom, et que l'on ne compte pas même parmi les sens, quoiqu'il soit le plus nécessaire de tous, est lié immédiatement avec lui dans les animaux. Nous avons reçu, pour le respirer, un viscère appelé poumon, qui est en harmonie avec l'air, et non avec l'eau, qui empêche totalement ses fonctions. C'est par cette raison que la nature a donné aux poissons des ouïes d'une construction admirable, pour séparer l'air de l'eau; ce qu'elle n'eût pas fait, si ces deux éléments des anciens n'en avaient formé qu'un.

Il est très-essentiel d'accoutumer les hommes à penser qu'il y a, dans la nature, des causes et des effets qui échappent à leur vue, et même à tous leurs sens. L'attraction, cette tendance des corps vers leur centre, et l'électricité, cette divergence du feu vers la circonférence, agissent sans cesse sur nous, sans se rendre sensibles que dans des circonstances particulières. Nous pouvons dire même que nous ne connaissons l'essence d'aucun principe ; nous n'en saisissons que les harmonies ; encore n'est-ce qu'au moyen des organes qui sont en rapports avec elles, et que la nature nous donne. Restons donc dans les ornières qu'elle nous a tracées, ou craignons de perdre notre chemin ; nous ne saurions saisir avec nos sens les causes premières. Dieu lui-même, qui est la cause de toutes les causes, échappe à tous nos organes; mais il a mis en harmonie avec lui notre ame, qui échappe aussi à tous nos sens, quoiqu'elle en soit le premier mobile.

Examinons maintenant les principales harmonies que l'air a avec le soleil. L'air est à-la-fois élastique et compressible. Nous observerons que cette dernière qualité le distingue encore de l'eau, qu'on ne peut réduire à un volume moindre que celui qu'elle a dans son état naturel. Quant à l'élasticité de l'air, la chaleur le développe au point de lui faire occuper un espace quatre mille fois plus grand que celui qu'il a dans l'atmosphère. C'est au ressort de l'air, détendu par le feu, qu'est due l'explosion de la poudre à canon. Si l'on met une bouteille pleine d'air et bien bouchée près du feu, l'air, échauffé, en se dilatant fait crever la bouteille.

Je ne doute pas que les physiciens n'aient inventé des machines antipneumatiques pour opérer la plus grande compression possible de l'air, et qu'ils n'y aient employé même l'action du froid. J'ignore jusqu'à quel degré ils l'ont portée ; mais voici une observation qui prouve combien les agents de la nature sont supérieurs à nos instruments, et ses lois à nos systèmes ; c'est que le feu du soleil, auquel nous attachons, avec raison, la dilatation de l'air dans l'atmosphère, le comprime au point de le réduire à l'état de solidité dans les végétaux. Quelques-uns, comme nous l'avons déjà dit, tels que le chêne et les pois, en contiennent le tiers de leur pesanteur : les expériences en ont été faites par les plus habiles chimistes, et sont rapportées dans l'Encyclopédie. Ce qu'il y a de plus étonnant, c'est que cet air n'y paraît point comprimé, puisqu'il n'y a pas de tube de fer qui pût en renfermer seulement la vingtième partie de son poids sans éclater. L'air est donc engagé dans les végétaux sous une modification qui nous est inconnue. Peut-être y est-il réduit à ses premiers principes, ainsi que le feu lui-même qui y est renfermé, et qui se dégage par la combustion. Cette pensée, qui est celle des chimistes modernes, me semble d'accord avec l'expérience.

Après avoir parlé de la dilatation et de la compression de l'air, disons un mot des vents, qui en sont le résultat. L'air, raréfié par la chaleur du soleil dans une partie de l'atmosphère, perd son équilibre avec l'air environnant qui vient le remplacer ; il résulte de ce mouvement un courant, auquel on a donné le nom de vent. On en distingue quatre principaux, qui empruntent leurs noms, comme leurs directions, du cours du soleil, leur premier mobile : ce sont les vents d'Orient, du Midi, d'Occident et du Septentrion. On substitue ordinairement à ces noms ceux d'Est, de

Sud, d'Ouest et de Nord, peut-être parce qu'ils sont plus abrégés, ou qu'ils viennent originairement de la langue celtique, que parlaient les premiers marins du nord de l'Europe. Ce qu'il y a de certain, c'est que ceux d'aujourd'hui n'en emploient pas d'autres dans les relations de leurs voyages, qu'il est très-intéressant de connaître. Mais, comme la première difficulté, et peut-être la plus grande qui se présente dans toute espèce de science, est de n'en pas savoir les termes techniques, c'est-à-dire, qui lui sont particuliers, parce qu'ils ne présentent aucun sens à celui qui les ignore, je rapporterai ici une ancienne étymologie, moitié latine, moitié française, des noms d'Est, de Sud et d'Ouest. Est vient du mot latin *est*, il est, le voilà; c'est là le lever du soleil ou l'Orient. Sud dérive de *sudor*, sueur, à cause de la chaleur du soleil à midi. Ouest, pour *ubi est*, où est-il? c'est le côté où le soleil disparaît et se couche ; c'est l'Occident. J'ignore l'étymologie du mot Nord, qui vient peut-être de la particule négative *non*, parce qu'on ne voit jamais le soleil dans cette partie du ciel. Quoi qu'il en soit, ces mots peuvent se fixer dans la mémoire des hommes, en leur présentant quelques images sensibles.

Il y a une chose bien remarquable, c'est que chacun de ces quatre vents a des qualités différentes, qui sont diamétralement opposées. Le vent d'est ou d'orient est sec, parce qu'il passe sur une grande étendue de terre avant de venir à nous ; et le vent d'ouest ou d'occident est humide, parce qu'il souffle sur une grande étendue de mer, dont il nous apporte les vapeurs. Le vent du sud ou du midi est chaud, parce qu'il traverse la zone torride, que le soleil échauffe perpétuellement ; et le vent du nord ou du septentrion est froid, parce qu'il part du pôle nord, couvert d'un grand océan de glaces. De ces quatre vents se composent toutes les températures du globe, que le soleil, par son cours, varie à chaque heure du jour, et chaque jour de l'année.

Les qualités de ces vents n'existent que dans notre hémisphère septentrional, car elles sont directement opposées dans l'hémisphère méridional ; cependant leurs mêmes harmonies subsistent toujours. Là le vent du nord est chaud, et le vent du sud est froid ; celui de l'est est humide, et celui de l'ouest est sec. Nous pouvons prendre pour exemple l'Amérique méridionale. Le vent du sud y est froid, parce qu'il y vient directement du pôle sud, encore plus couvert de glaces que le pôle nord, et le vent du nord y est chaud, parce qu'avant d'y arriver, il passe à travers la zone torride ; l'est y est humide, parce qu'en soufflant sur la mer Atlantique, il se charge de vapeurs qui couvrent de neiges les sommets des Cordilières, et y entretiennent les sources des plus grands fleuves du monde, tels que l'Orénoque et l'Amazone ; enfin l'ouest y est sec, parce que cette même chaîne des Cordilières, d'une hauteur prodigieuse, étant projetée le long de la mer du Sud, en arrête tous les nuages.

Il y a ceci de très-digne d'observation, c'est qu'il n'y a pas un seul lieu sur le globe où ces qualités contraires de chaud et de froid, d'humide et de sec, ne se rencontrent dans les vents qui y soufflent. Dans les contrées situées au centre des continents, il y a des Méditerranées ou des lacs qui leur donnent de l'humidité ; dans les îles placées au sein des mers, il y a pour l'ordinaire des chaînes de montagnes qui en arrêtent les vapeurs, et procurent de la sécheresse à une portion de leur territoire, durant une partie de l'année ; dans la zone glaciale, il y a des vallons, ou des plages sablonneuses, qui lancent des rayons de chaleur ; enfin, la zone torride, éloignée des pôles, a quantité de montagnes à glace qui rafraîchissent son atmosphère. Il y a, de plus, dans l'atmosphère, deux couches d'air, l'une inférieure, pour l'ordinaire chaude ou tempérée ; l'autre, supérieure, qui est toujours glaciale, et que les orages font descendre de temps en temps dans la couche inférieure. Il résulte de toutes ces dispositions, que les harmonies du chaud et du froid, du sec et de l'humide, existent dans chaque partie du globe dans des saisons différentes, et dans toute sa sphèricité à-la-fois, sous une infinité de modifications.

Nous entrevoyons déjà que les vents, qui nous semblent si inconstants, ne soufflent pas au hasard, et que les chaînes des montagnes et les bassins des mers, qui nous paraissent si irréguliers, sont disposés suivant des plans très-sages : nous en parlerons aux harmonies morales. C'est là aussi que nous traiterons de plusieurs qualités de l'air, entre autres de sa sonorité, qui est en rapport avec l'harmonie fraternelle. C'est pour cette harmonie que les vents ont des murmures; les ruisseaux, des gazouillements; les montagnes, des échos; les forêts, des bruissements; les animaux, des voix et des oreilles; les hommes, des paroles qui expriment les affections de l'ame par toutes les modulations de l'air.

HARMONIES AÉRIENNES

DE L'EAU.

Non-seulement l'air est susceptible de chaleur et de froid, de dilatation et de condensation, mais il est spongieux : il pompe l'eau. S'il passe sur un linge mouillé, il le sèche, parce qu'il se charge des particules d'eau qui le rendent humide. Ces particules d'eau, évaporées dans l'air, y sont invisibles tant qu'il est dilaté par la chaleur; mais s'il vient à être condensé par le froid, alors elles se manifestent en brouillards, en nuages, en gouttes de pluie, en grêle, en neige. L'éponge de l'air, comprimée par le froid, rend l'eau qu'elle a bue. J'ai éprouvé souvent cet effet, en hiver, dans les poêles de Russie. Lorsque je venais à en ouvrir la porte, les vapeurs qui provenaient de la transpiration de ceux qui y étaient, frappées tout-à-coup par le froid de l'air extérieur, se changeaient en neige sur mon chapeau et mon habit. Dans nos climats, nous voyons quelque chose de semblable sur les vitres de nos chambres; car les vapeurs qui y sont renfermées, s'y rassemblent en gouttes d'eau par la fraîcheur extérieure de l'air. La nature produit les mêmes effets en grand dans la couche supérieure de l'atmosphère, qui est toujours glaciale. L'air, par sa qualité spongieuse, aspire sans cesse en vapeurs les eaux de l'Océan, et il les expire en pluies et en neiges aux sommets des hautes montagnes, pour entretenir les lacs et les fleuves, qui tous y ont leurs sources. L'atmosphère est en quelque sorte un grand poumon mis en action par le soleil, et qui a des analogies avec le nôtre, mu par notre cœur.

Je vais observer ici que les propriétés des éléments manquent de termes pour être entendues, tant elles ont été peu étudiées. Pourquoi ne dit-on pas la spongiabilité de l'air, pour rendre la faculté qu'il a de s'imbiber d'eau et de l'exprimer, comme on dit son élasticité et sa condensation ? Pour moi, je préviens mes lecteurs que j'emploierai tous les termes qui me conviendront pour rendre mes idées. Je me sers donc de ceux d'aspirer et d'expirer, faute de mieux, pour représenter les effets de la spongiabilité de l'air par rapport à l'eau. Celui d'attirer ne lui convient pas, car il ne s'agit point ici d'attraction, et celui de pomper présente un résultat encore tout différent.

Si l'air aspire et expire l'eau, l'eau à son tour aspire et expire l'air : elle en est tout imprégnée. Vous le voyez sortir par petites bulles du fond d'un vase qui est sur le feu ou sous la pompe pneumatique. L'air pénètre jusqu'au fond des mers; il y est respiré par les poissons, qui le dégagent de l'eau au moyen de leurs ouïes.

Mais voici une observation bien remarquable, qui prouve l'existence des lois harmoniques de la nature, et la nécessité de faire marcher ensemble l'étude de ses puissances. L'air aspire l'eau par l'action de la chaleur; l'eau, au contraire, aspire l'air par celle du froid; car c'est en se gelant qu'elle se remplit d'air, qu'elle occupe un plus grand volume, et qu'elle surnage d'un dixième environ de son épaisseur. D'un autre côté, l'air expire l'eau par l'action du froid, comme nous en voyons la preuve par les vapeurs d'une chambre qui s'attachent à ses vitres en hiver; et l'eau expire l'air par l'action de la chaleur, ainsi qu'on peut le voir dans un vase d'eau posé sur le feu. Ainsi, si l'air nous donne de l'eau et nous l'enlève, l'eau, de son côté, en fait autant par rapport à l'air. On peut tirer, de leurs qualités élémentaires en opposition, d'utiles résultats pour connaître l'harmonie du globe; car il s'ensuit qu'il y a deux atmosphères en congélation renfermées dans les deux Océans glacés qui couvrent les pôles de la terre, et que les glaces qui en descendent dans leurs étés renouvellent à-la-fois les mers et l'atmosphère de la zone torride. Ce sont des châteaux d'eau et en même temps des éponges d'air.

Il s'ensuit de plus qu'il y a un océan toujours en évaporation dans l'atmosphère de la zone torride, et que les nuages que les vents voiturent vers les pôles, sont des éponges d'eau qui en renouvellent les neiges et les glaces.

L'air a encore des rapports avec l'eau par l'attraction de la terre, c'est-à-dire par sa pesanteur, car la terre l'attire comme tous les corps. Il résulte de sa pesanteur des effets très-intéressants pour l'étude de la nature et le mouvement de nos machines. Homberg, célèbre chimiste, a trouvé que l'air contenu dans un ballon de treize pouces de diamètre pesait une once. L'expérience était facile; car, en pompant l'air de ce ballon, le ballon pesait une once de moins. Voici les effets qui résultent de la pesanteur de l'air sur l'eau. Si vous aspirez avec un chalumeau l'eau d'un vase, elle monte aussitôt dans le chalumeau, parce que l'atmosphère pèse sur l'eau de ce vase, et la force à monter dans le vide que vous avez formé. Le jeu de nos pompes aspirantes est fondé sur la même loi. Vous formez un vide dans le corps de la pompe en tirant son piston, et l'eau y monte, parce que le poids de l'atmosphère qui la presse au dehors la force de remplir ce vide. L'eau ne peut s'y élever qu'à trente-deux pieds, ce qui a fait conclure, avec raison, qu'une colonne d'eau de cette hauteur pesait autant qu'une colonne d'air de la même base et de toute la hauteur de l'atmosphère, puisqu'elles se tiennent en équilibre. C'est par la pesanteur de l'atmosphère qu'un enfant tette sa mère, car il fait un vide dans sa bouche en aspirant l'air lorsqu'il suce le mamelon : alors la mamelle, pressée par l'atmosphère, fait couler son lait pour remplir ce vide. Ainsi, la nature donne à l'enfant le sentiment d'une loi dont les anciens philosophes n'ont tiré aucune conséquence. Aristote connaissait la pesanteur de l'air, cependant il soutenait que l'eau ne s'élevait dans un tuyau sans air que parce que la nature avait horreur du vide.

Nous ne nous arrêterons ici qu'à tirer quelques conséquences de la pesanteur de l'air, sans rapporter l'expérience si connue de Duperrier. Il s'ensuit de cette loi que la direction du vent se fait obliquement, de haut en bas par sa pesanteur, et de bas en haut par son élasticité. S'il soufflait horizontalement, comme la plupart des physiciens le supposent, les mers ne seraient pas sillonnées de flots, ni la terre nettoyée des vapeurs, qu'il élève et soutient dans l'espace ; il agirait toujours de niveau et parallèlement à la surface des eaux. Le vent donc souffle de haut en bas, et on en voit l'effet sur les navires, dont les voiles font le ventre dans leur partie inférieure, et dont les mâts de perroquet se courbent dans leur partie supérieure. D'un autre côté, la réflexion de l'air contre la terre élève les nuages, qui ne sont jamais à une plus grande élévation que quand il fait beaucoup de vent. C'est probablement l'impulsion du vent vers la terre, et sa répulsion vers le ciel qui les élèvent, les pelotonnent et leur donnent ces belles courbes que nous leur voyons; car ils devraient flotter dans l'air en surfaces planes et indécises, comme des brouillards; ce qui leur arrive en effet dans le calme. La direction du vent paraît composée de son mouvement horizontal de progression et de son mouvement perpendiculaire de pesanteur; et en y joignant sa réflexion élastique vers le ciel, elle doit former une parabole renversée. C'est en effet la forme que j'ai cru voir au creux des vagues dans les tempêtes.

Je me suis souvent arrêté avec plaisir sur les bords d'une pièce d'eau, à voir les zéphyrs en rider la surface. Mais rien à cet égard n'offre un spectacle aussi varié et aussi intéressant que la mer. Vous y voyez toutes les modulations du vent; et ces deux éléments, quoique transparents, produisent par leur contact des harmonies très-visibles. J'ai fait à ce sujet, dans mes différents voyages maritimes, où j'étais fort oisif, quelques observations que je ne crois pas indignes de l'attention de mes lecteurs. Lorsque, par un air bien calme, la surface de la mer, unie comme un miroir, est semblable à l'huile, comme disent les marins, j'ai observé qu'il y avait toujours une houle ou mouvement onduleux, qui provient ou de l'agitation précédente de ses flots, ou plutôt de ses courants. En effet, cette houle est toujours la même après plusieurs jours de calme. Lorsqu'un vent léger commence à se faire sentir, vous voyez alors des rides sillonner la mer dans un des bords de l'horizon, et en parcourir çà et là toute la surface en très-peu de moments. J'en ai conclu que la vitesse du vent ne dépendait point de sa force, et qu'elle était beaucoup plus considérable que les physiciens ne la supposaient ordinairement. Il m'a paru, par les traces que ces vents passagers imprimaient sur la mer, qu'ils en traversaient un horizon nautique, c'est-à-dire quatre à cinq lieues, en moins d'une minute. Lorsque ces vents ont de la tenue, et que leur force augmente par un courant d'air plus considérable, alors les rides qu'ils tracent çà et là sur la mer se succèdent immédiatement, et se changent en sillons réguliers semblables à ceux d'une terre labourée : tels sont en général les flots formés par les vents alizés sur les mers de la zone torride. Le vent vient-il à augmenter, les vagues deviennent plus espacées, plus creuses, et leurs sommets, moins épais que leurs bases, étant poussés plus vite en avant, se roulent sur eux-mêmes et se précipitent en écume. Les marins disent alors que la mer moutonne, parce que ses écumes blanches, éparses sur ses flots, ressemblent de loin à des moutons qui paissent sur cette grande plaine azurée ; ce phénomène désigne un temps frais. Le vent vient-il à se renforcer, plusieurs de ces lames se joignent, leurs intervalles sont plus grands et leurs cavités plus profondes. Elles se brisent sur le rivage en formant de grandes volutes écumeuses, dont le dos mêlé d'air est couleur d'émeraude ; c'est le gros temps. Je me suis amusé à Dieppe à voir leurs effets, et à entendre leur bruit rauque sur les galets du pied de la plaine, au sein d'une petite grotte, qui en retentissait comme le tympan d'une oreille. Lorsque le ciel est couvert de nuages bas et redoublés par un vent humide de nord-ouest, qui pèse sur la mer, alors les vagues, creusées et mugissantes, heurtent la poupe des vaisseaux à la cape, s'y brisent en gerbes d'écume qui s'élèvent jusqu'à leurs huniers et passent jusque sur leur arrière : c'est une tempête. Telle est, entre autres, celle que j'éprouvai sur le cap Finistère, en allant à l'Ile-de-France. Un coup de mer passa sur la proue du vaisseau, enfonça son pont ; et, le traversant en diagonale, emporta sa yole et trois matelots. Cependant tous ces effets du vent et de la mer, calculés par des physiciens qui ne donnent que sept à huit pieds à la hauteur des vagues, et que dix à douze lieues par heure à la rapidité du vent, mais très-bien rendus par notre peintre Vernet, ne sont pas comparables aux ouragans de ces belles mers des Indes. Plus elles sont étendues, plus leurs vagues sont élevées; et plus elles ont été tranquilles, plus leurs révolutions sont terribles. Elles sont les images des sociétés humaines, où chaque individu est comme une goutte d'eau qui tend à se mettre de niveau. Quand nous eûmes doublé le cap de Bonne-Espérance, et que nous vîmes l'entrée du canal de Mosambique, le 23 de juin, vers le solstice d'été, nous fûmes assaillis par un vent épouvantable du sud. Le ciel était serein, on n'y voyait que quelques petits nuages cuivrés, semblables à des vapeurs rousses, qui le traversaient avec plus de vitesse que celle des oiseaux. Mais la mer était sillonnée par cinq ou six vagues longues et élevées, semblables à des chaînes de collines espacées entre elles par de larges et profondes vallées. Chacune de ces collines aquatiques était à deux ou trois étages. Le vent détachait de leurs sommets anguleux une espèce de crinière d'écume où se peignaient çà et là les couleurs de l'arc-en-ciel. Il en emportait aussi des tourbillons d'une poussière blanche, qui se répandait au loin dans leurs vallons, comme celle qu'il élève sur les grands chemins en été. Ce qu'il y avait de plus redoutable, c'est que quelques sommets de ces collines, poussés en avant de leurs bases par la violence du vent, se déferlaient en énormes voûtes, qui se roulaient sur elles-mêmes en mugissant et en écumant, et eussent englouti le plus grand vaisseau, s'il se fût trouvé sous leurs ruines. L'état de notre vaisseau concourait avec celui de la mer à rendre notre situation affreuse. Notre grand mât avait été brisé la nuit par la foudre, et le mât de misaine, notre unique voile, avait été emporté le matin par le vent. Le vaisseau, incapable de gouverner, voguait en travers, jouet du vent et des lames. J'étais sur le gaillard d'arrière, me tenant accroché aux haubans du mât d'artimon, tâchant de me familiariser avec ce terrible spectacle. Quand une de ces montagnes approchait de nous, j'en voyais le sommet à la hauteur de nos huniers, c'est-à-dire à plus de cinquante pieds au-dessus de ma tête. Mais la base de cette effroyable digue venant à passer sous notre vaisseau, elle le faisait tellement pencher, que ses grandes vergues trempaient à moitié dans la mer qui mouillait le pied de ses mâts, de sorte qu'il était au moment de chavirer. Quand il se trouvait sur sa crête, il se redressait et se renversait tout-à-coup en sens contraire sur sa pente opposée avec non moins de danger, tandis qu'elle s'écoulait de dessous lui avec la rapidité d'une écluse en large nappe d'écume. Nous restâmes ainsi entre la vie et la mort depuis le lever du soleil jusqu'à trois heures après midi.

Il était alors impossible de recevoir quelque consolation d'un ami ou de lui en donner. Le vent était si violent, qu'on ne pouvait entendre les parôles même qu'on se disait à l'oreille en criant à tue-tête. L'air emportait la voix, et ne permettait d'ouïr que le sifflement aigu des vergues et des cordages, et les bruits rauques des flots, semblables aux hurlements des bêtes féroces.

Quoique je craigne beaucoup la mer, Dieu, en qui j'avais mis toute ma confiance, m'inspira du courage; car le matin je fus le premier à marcher pour carguer la voile de misaine, que le vent déchirait par lambeaux, non que je m'y crusse fort utile, mais pour donner l'exemple aux matelots effrayés, qui refusaient d'obéir aux ordres du capitaine. Ces pauvres gens étaient non-seulement épouvantés à la vue de la proue que les lames couvraient sans cesse, mais aussi par le souvenir de leurs camarades qu'un coup de mer avait enlevés à ce même poste, dans une tempête bien moins violente. Le seul sentiment qui me rassurait dans un danger auquel personne ne croyait échapper, c'est que j'étais à ma place et dans l'exercice de mon devoir; car j'étais passé à l'Ile-de-France sans aucun dessein d'y faire fortune, mais avec des projets particuliers d'humanité par rapport aux noirs de Madagascar. J'avais été destiné à l'établissement du fort Dauphin dans cette île; mais je n'y fus point envoyé, et j'échappai moi-même aux malheurs de cette nouvelle colonie, qui y périt presque tout entière quelque temps après son arrivée. Ainsi, une Providence infiniment plus sage que ma volonté, empêcha ma ruine par des événements que j'avais regardés long-temps comme malheureux. Mais ils ne sont pas du ressort des révolutions de l'air et de la mer.

Ces tempêtes, appelées aux Indes ouragans, et typhons à la Chine, arrivent tous les ans vers les solstices, tandis qu'elles n'ont lieu dans notre zone tempérée que vers les équinoxes. On aura peine à croire qu'elles fassent partie des harmonies de la nature; car elles font les plus grands ravages sur la terre comme sur la mer. Mais elles sont nécessaires dans les pays où il n'y a point d'hiver; elles y font périr une multitude d'insectes, qui multiplieraient à l'infini dans les climats chauds; les îles même deviendraient inabordables, et leurs rivières seraient obstruées par les bancs énormes de madrépores que des insectes marins élèvent autour de leurs rivages, si les ouragans ne les brisaient en partie tous les ans. C'est de leurs débris que sont formés les lits de sable calcaire qui entourent toutes les îles entre les tropiques, et qui contribuent sans doute à leur végétation et à leur accroissement.

Heureux qui n'étudie les harmonies aériennes de l'eau que sur la terre ferme! Il ne connaît de tempêtes que celles de son ruisseau. Cependant, sans sortir de sa place, il voit les nuages élevés de dessus les mers lointaines traverser son horizon pour aller fertiliser des terres inconnues. Souvent il les voit, au coucher du soleil, se rassembler sous les formes fantastiques de châteaux, de forêts, de montagnes escarpées, images fugitives de notre monde et de notre propre vie. Quelquefois elles se peignent à ses pieds au sein d'une onde transparente, et il admire à-la-fois de nouvelles terres dans les cieux et de nouveaux cieux au fond des eaux. Mais nous indiquerons ailleurs les accords de la lumière et des eaux aériennes. L'air a encore des rapports plus intéressants avec la terre, les végétaux, les animaux et les hommes, qu'avec les mers. Nous en allons parler dans les paragraphes suivants.

HARMONIES AÉRIENNES

DE LA TERRE.

La terre a aussi des espèces de fluides en harmonie avec l'air : ce sont ses sables. Les sables sont des débris de marnes, de roches, de coquillages, de cailloux ou galets, que l'Océan réduit sans cesse en poudre par le roulement perpétuel de ses flots au fond de son bassin, et sur-tout sur ses rivages. C'est là que vous voyez les grèves immenses grises, jaunes, rouges, blanches et de toutes couleurs, qui sont les principes des matières diverses que la terre renferme dans son sein, et même de l'humus qui la couvre, comme les eaux maritimes le sont de toutes les eaux douces qui l'arrosent. C'est l'atmosphère qui en est le véhicule. Si les vents portent au sommet des montagnes les nuages dont se forment les sources des rivières, il y voiture de même les terres que les eaux en dégradent sans cesse. Il est aussi aisé au vent de charier des montagnes de sable, grain à grain, des bords de la mer jusqu'au sommet des Alpes, que d'y transporter du sein de ses eaux, goutte à goutte, les glaces énormes qui les couronnent, et les grands fleuves qui en découlent. Des puissances invisibles gouvernent le monde au physique comme au moral, et ne se rendent apparentes que par leurs effets. Si nous étions attentifs aux harmonies générales de la nature, nous pourrions dire, à la vue des nuages que les vents de l'ouest et du sud voiturent en hiver au haut des airs : Voilà des portions du Rhône, du Rhin et de leurs glaciers; et voilà les grèves de leurs rivages, en voyant ces tourbillons de sables que les vents du nord et de l'est élèvent en été sur nos chemins et sur les bords de nos mers. D'où viendraient même les sables marins qui composent en partie la terre végétale, si ce n'est de l'action des vents qui les apportent de fort loin? Il y a des pluies de terre comme des pluies d'eau. Je ne citerai ici ni les orages de sable de la Libye, qui engloutissent des caravanes entières; ni les tourbillons de poussière des provinces septentrionales de la Chine, qui obligent les habitants de Pékin à se couvrir le visage d'un crêpe lorsqu'ils sortent de leurs maisons; ni ceux des bords de la mer Caspienne, dont le sable est si subtil, que les Turcs disent en proverbe qu'il pénètre à travers la coque d'un œuf; ni ceux que j'ai éprouvés moi-même au cap de Bonne-Espérance, où, malgré les doubles châssis des fenêtres de chaque maison, le sable s'introduit dans l'intérieur des appartements, et se fait sentir dans tout ce qu'on mange. Nous pouvons ici nous former une idée de l'abondance de cette poussière volatile, par ses effets dans les chambres qui ne sont pas habitées. Quelque bien fermées qu'elles soient, en peu de temps les meubles en sont tout couverts. C'est cette poussière qui se dépose au haut de nos murs, sur les corniches des tours les plus élevées, s'engage dans les fentes de leurs pierres, et y entretient la végétation des mousses, des pariétaires, des mufles de veau, des giroflées jaunes, et quelquefois même celle des arbres. La nature avait sans doute prévu ces résultats, lorsqu'elle a donné des ailerons et des volants aux semences des érables, des ormes et de quantité de végétaux saxatiles, et des noyaux indigestibles à celles des merisiers des prairies, afin de les transporter au sommet des roches par les estomacs et par les ailes des oiseaux.

La terre réagit aussi sur l'air par ses montagnes ; ce sont leurs différents plans qui causent la grande variété des vents, par les divers entonnoirs de leurs vallées. Il y a plus, c'est que, lorsqu'elles sont échauffées du soleil, et qu'elles ont dilaté l'air qui les environne, les vents se dirigent vers elles et ne cessent d'y souffler pendant une partie du jour. Ces effets se remarquent principalement le long des rivages de la mer, dans la zone torride. Deux ou trois heures après le lever du soleil, lorsque la terre commence à être échauffée de ses rayons, les vents généraux de l'Océan se détournent de leur cours et soufflent vers elle pour en rafraîchir l'atmosphère. On appelle ces vents maritimes des brises du large; ils se font sentir tout le long de la côte d'Afrique, et autour des îles situées entre les tropiques. Ils apportent dans leurs climats brûlants, non-seulement un air frais de la mer, mais les pluies nécessaires au renouvellement de leurs fleuves et à leur végétation. C'est ainsi que la nature a balancé par des réactions les effets de ces lois générales, afin que toutes les latitudes participassent aux harmonies des éléments. Elle a opposé à la condensation de l'atmosphère glaciale du pôle qui pèse vers l'équateur, la dilatation de l'atmosphère ardente de la zone torride qui l'attire; et au cours général des vents alizés qui en résultent en pleine mer, les cours particuliers des vents qui soufflent le long des terres. La nature est consonnante avec elle-même. Le soleil donne par sa chaleur, à l'atmosphère comme à l'Océan, des courants généraux, qui sont les vents alizés, et des marées en sens souvent contraires, qui sont les brises.

Comme les marées ont un flux et reflux, les brises ont aussi le leur. Les brises soufflent de la mer vers la terre pendant le jour; et pendant la nuit, elles soufflent de la terre vers la mer. Les unes et les autres varient suivant le cours du soleil; mais cette théorie des mouvements de l'air nous mènerait ici beaucoup trop loin. Contentons-nous d'ajouter qu'il y a des montagnes caverneuses qui envoient des vents, comme si elles les produisaient dans leurs flancs. Tels sont les monts Éoliens d'Italie. Leurs effets sont aisés à expliquer par l'action du soleil qui les échauffe, dilate l'air qu'ils renferment et l'oblige d'en sortir pendant le jour; mais cet air y rentre ensuite condensé par la fraîcheur de la nuit. Nous verrons qu'il y a ailleurs qu'en Italie des monts Éoliens qui ne sont pas caverneux. Ils produisent des vents par la configuration de leurs vallons et la densité de leur atmosphère, sur laquelle le soleil agit comme sur celle des pôles. Il y a aussi des montagnes à glace, par le moyen desquelles le soleil produit des courants généraux et des flux et reflux dans les lacs qui sont à leurs pieds, comme il en produit dans l'Océan par le moyen des glaces polaires. Les montagnes ne sont pas de simples débris de la terre, ou des ouvrages des eaux faits au hasard, comme on le prétend; mais il y en a d'harmoniées positivement et négativement avec les éléments; il y en a de solaires et d'hyémales, de vulcaniennes, d'éoliennes; d'hydrauliques, qui attirent les eaux; de littorales, qui les repoussent; les unes maritimes, les autres fluviatiles; de métalliques, de végétales, etc. Elles sont aussi combinées entre elles sur différents plans. Nous donnerons une idée de leurs diverses espèces aux harmonies terrestres de la terre, et une idée de leur ensemble aux harmonies sociales ou morales.

L'air produit une infinité d'harmonies, non-seulement à la surface de la terre, mais dans son intérieur. Les arbres par leurs racines, et les animaux par leurs travaux, l'y font pénétrer à de grandes profondeurs. Les vers de terre, les scarabées, les taupes, les lapins, etc., y creusent une multitude de souterrains; la vigne y fait descendre ses radicules à travers les carrières de pierres les plus dures. Non-seulement les racines des arbres y font communiquer l'air, mais elles l'y pompent; car, sans lui, elles ne pourraient y végéter. En effet, l'air y est renfermé dans les bancs des pierres calcaires, toutes remplies de petits trous et de coquillages qui en contiennent dans leurs cavités. Mais c'est sur-tout dans les couches de sables où il est en abondance; il remplit les interstices qui sont entre ses grains. Ce n'est que par le moyen de cet air que l'eau y pénètre en tout sens, comme dans des tuyaux capillaires. Les sables sont des éponges à-la-fois remplies d'air et d'eau, qui entretiennent la circulation de ces deux éléments dans l'intérieur du globe. L'inflammation des pyrites, à de grandes distances de sa surface, ne peut avoir lieu que par l'action de l'air, qui les décompose et les enflamme. Il n'y a point de feu sans air. C'est à l'action de cette atmosphère souterraine qu'il faut attribuer les volcans des bords de la mer, les tremblements de terre qui proviennent de sa dilatation, la circulation des eaux intérieures, les compositions et décompositions minéralogiques ; enfin la température du globe, qu'on trouve de dix degrés environ au fond de toutes les mines, et qui est la même que celle qui est au fond des mers. C'est par cet air souterrain que la chaleur du soleil pénètre la terre dans toutes ses parties, et qu'elle se manifeste même sous les glaciers, d'où il sort toujours en hiver des courants d'eaux, et qui en été fondent principalement par leurs bases.

J'ai vu quelquefois, dans de fortes gelées, les pavés, et même les seuils des portes, se soulever de manière à perdre tout-à-fait leur niveau. Cet effet est produit par la dilatation de l'eau ou du sol, occasionée par le développement de l'air qu'elle renferme lorsqu'elle vient à se geler. Il est certain que l'eau en se gelant augmente de volume. Mais, d'un autre côté, comme l'eau augmente encore de volume en se dilatant par la chaleur, comme on le voit aux tubes de nos thermomètres, qui renferment souvent plus d'eau que d'esprit-de-vin, j'en ai tiré une singulière conclusion : c'est que le froid, agissant en hiver sur la couche supérieure de la terre toute pénétrée d'eau et d'air, doit dilater toute la partie septentrionale de notre hémisphère et en accroître la hauteur; mais la chaleur dilatant également l'Océan dans la zone torride, leur ancien niveau n'est point dérangé, et les eaux du pôle sud arrivent toujours par la même pente aux environs de notre pôle. Il est certain que la terre entière doit être sujette aux contractions et aux dilatations occasionées par l'air qu'elle renferme dans sa masse, et que c'est peut-être à ces effets qu'il faut rapporter les fractures de tant de roches, dont les débris gisent à sa surface. Nous nous étendrons davantage, aux harmonies terrestres, sur ce sujet intéressant et tout neuf. Les philosophes ont imaginé plusieurs systèmes pour expliquer la formation des planètes; mais je voudrais bien que, sans sortir de notre globe, ils voulussent nous dire seulement pourquoi tant de cailloux, de pierres et de roches sont rompus, et par éclats, dans presque toutes les parties du monde. Les frondes ont été les premières armes des hommes, et les lapidations leurs premiers supplices. Ils trouvent partout de quoi se tuer. Si l'attraction, les eaux, le temps, arrondissaient toutes choses, nos rochers ne seraient pas si anguleux et nos montagnes si raboteuses. Nous tâcherons de trouver une origine à une ruine en apparence universelle, et qui ne nous semble qu'un résultat de l'harmonie qui conserve le monde en le renouvelant.

Les mêmes causes qui forment les minéraux, les brisent.

Non-seulement la terre est en rapport avec l'air au dedans et au dehors, mais ses parties intrinsèques y sont aussi. Les marbres les plus durs sont criblés d'une multitude de pores ; le microscope en découvre une infinité sur les métaux les plus polis.

On peut donner l'idée du microscope et de ses effets, par une goutte d'eau au sein d'une fleur, dont elle fait apercevoir les glandes nectarées, invisibles à la vue. Quelquefois on trouve, après un brouillard, de ces gouttes d'eau enfilées comme des semences de perle à des fils d'araignée, et toutes brillantes au soleil des couleurs de l'arc-en-ciel. Elles grossissent prodigieusement l'insecte infortuné, encore plus brillant qu'elles, suspendu à la même toile. On peut donner de même une idée du télescope, qui agrandit les objets éloignés, d'après les effets d'un nuage transparent qui augmente la grandeur de la lune à l'horizon. Il est bien important de faire remarquer ici que l'homme n'a rien imaginé de lui-même, et qu'il n'a développé son intelligence que d'après celle de la nature.

Nous avons des microscopes qui font paraître les objets six mille fois plus gros qu'ils ne le sont. Une puce paraît plus grosse qu'un mouton, dans le microscope solaire. Cependant cet instrument ne peut nous faire voir une particule élémentaire d'air ou même d'eau : comment donc pourrait-il nous faire apercevoir le fluide qui environne une pierre d'aimant, et qui attire à elle, à plusieurs pouces de distance, des particules de fer? Il y a plus, ce fluide magnétique qui agit sans cesse autour de cette pierre, se communique à l'infini sans s'affaiblir. Il s'attache à tous les morceaux de fer qui en sont frottés, et leur donne la même vertu. Il semble participer de la nature du feu, et il en diffère, en ce qu'il n'a pas besoin, comme lui, d'aliment, ou du moins qu'il ne le consomme pas. D'ailleurs, il se sépare pour toujours de son aimant par l'action même du feu. S'il est un corps, comment est-il invisible et impalpable comme un esprit? et s'il est un esprit, comment peut-il s'attacher à des corps et les faire mouvoir? Il y a donc des principes de mouvement actifs par eux-mêmes, qui s'unissent à des corps, et qui échappent à tous nos sens, et même à nos raisonnements. Pourquoi n'y aurait-il pas aussi des principes de vie et d'intelligence qui existent par eux-mêmes, qui s'attachent à la matière, l'organisent, la font mouvoir, se propager, sentir, raisonner? Ils existent sans doute, car il y a des êtres matériels organisés qui se meuvent, se propagent, sont sensibles et raisonnables, et ne sont plus que de la matière lorsqu'ils sont séparés de l'ame qui les anime. Si tous les arts des hommes ne sont que de faibles imitations de la nature que nous voyons, cette nature elle-même n'est que le résultat de principes que nous ne voyons pas. Nous sommes environnés d'air, d'attractions, d'électricité, de magnétisme, d'êtres organisants, sensibles, passionnés, intelligents, tous invisibles par leur essence, et qui ne se manifestent à nos sens qu'en se combinant avec la matière. Mais ils n'en existent pas moins sans elle, comme elle existe sans eux. Il y en a sans doute d'une nature supérieure, qui échappent à nos sens, et qui se rendent sensibles à notre raison par l'existence des premiers. Tel est celui qui a formé les harmonies de cet univers, et qui les maintient pour nous, êtres passagers. Ses jouissances éternelles ne sont pas comparables aux nôtres. Elles doivent être immenses comme sa puissance infinie et son immortalité. Soyez donc certains que ce monde, comme l'a dit Platon, n'est qu'une ombre fugitive d'un autre monde habité par des êtres invisibles pour nous, mais bien supérieurs à nous.

HARMONIES AÉRIENNES
DES VÉGÉTAUX.

Si les métaux les plus durs ont des rapports intérieurs avec l'air et avec d'autres éléments plus subtils, les végétaux en ont encore de plus étendus. Des expériences réitérées, faites par les plus habiles chimistes, entre autres par Homberg, prouvent que l'air entre comme matière solide dans la composition des plantes. Le chêne en contient le tiers de sa pesanteur; le feu l'en dégage. Lorsqu'on brûle une bûche de ce bois, on entend souvent de longs murmures sortir de ses flancs; c'est l'air qui s'échappe de ses trachées. Les pois renferment aussi un tiers de leur pesanteur d'air. Des tuyaux et des globes de fer n'en contiendraient pas la dixième partie de leur poids sans crever : il y a apparence même que toutes les forces humaines ne produiraient pas une pareille condensation; cependant elle est le résultat de l'action des rayons si légers du soleil. Ses feux sont les tisserands des éléments; ils les assemblent et les séparent; ils en sont à-la-fois la navette et les ciseaux. Nos instruments de physique n'opèrent rien de semblable. On ne peut donc bien étudier la nature que dans la nature même.

Les végétaux ont des harmonies sensibles avec l'air par leur respiration. Si on frotte d'huile une plante vivante, on la fait mourir presque subitement, tandis que par une semblable opération on préserve un morceau de fer de la rouille qui le détruit. Sur ce point, le végétal diffère donc essentiellement du métal. En effet, le premier a les organes de la respiration, dont le dernier est privé. Les plantes ont des tuyaux par où l'air se communique dans tout leur intérieur. Malpighi est le premier qui a fait cette découverte et qui leur a donné le nom de trachées. « Ce sont, dit-il, des vaisseaux formés par les différents contours d'une lame fort mince, comme argentée, plate, assez large, élastique, qui, se roulant sur elle-même en ligne spirale ou en tire-bourre, forme un tuyau assez long et comme divisé dans sa longueur en plusieurs cellules. Ces lames sont composées de plusieurs pièces, divisées par écailles comme les trachées des insectes, ce qui leur en a fait donner le nom. Quand on déchire ces vaisseaux, on s'aperçoit qu'ils ont une espèce de mouvement péristaltique. »

Hales, dans sa Statique des Végétaux, observe que la spire de ces vaisseaux est dans un sens contraire au mouvement diurne du soleil. Cette observation est importante, et confirme ce que nous avons dit de l'influence de l'astre du jour sur toutes les puissances de la nature, dont il est le premier moteur. Les ressorts des plantes sont de petites roues de rencontre, mues par son cercle journalier, comme leurs harmonies le sont par son cercle annuel. Peut-être trouvera-t-on une disposition différente dans les spires des trachées des plantes nocturnes, c'est-à-dire, qui n'ouvrent leurs fleurs que la nuit, comme le jalap, une espèce de convolvulus, l'arbre triste des Moluques, etc.; celles-ci ont sans doute des harmonies lunaires qui leur sont propres.

Quoi qu'il en soit, on découvre facilement les trachées des plantes en cassant net des tendrons de vigne ou de jeunes branches de rosier, de tilleul, etc.: elles paraissent en forme de spirales de couleur argentée. Quand on déchire doucement une feuille, on en voit les trachées s'alonger, en écartant les portions de la feuille l'une de l'autre. Les trachées ont plus de diamètre que les autres vaisseaux des plantes; elles sont toujours placées autour des fibres ligneuses, et sont plus grandes dans les racines que dans les tiges. Il n'y a pas de doute que ces tuyaux élastiques ne soient des véhicules de l'air, et qu'ils ne l'aspirent et ne l'expirent. Leur ressort, mis en mouvement par celui du soleil, fait sans doute monter et circuler la sève par la médiation de la chaleur de l'air, et l'air lui-même est peut-être composé de spirales élastiques comme les spires des trachées. Au reste, la plante aspire et expire l'air principalement par ses feuilles, criblées à cet effet d'une infinité de pores ou de petits trous : Leuwenhoek en a compté plus de cent soixante-deux mille sur un seul côté d'une feuille de buis.

Les plantes cherchent à-la-fois l'air et la lumière : celles que l'on cultive dans les appartements se tournent toujours vers les fenêtres ; les plantes privées d'air et de lumière, telles que celles qui végètent dans les souterrains, s'étiolent, c'est-à-dire blanchissent. Tels sont les cardons et les chicorées que l'on conserve l'hiver dans des caves, et les laitues romaines dont, l'été, on lie les feuilles pour les attendrir. Tous ces végétaux artificiels, privés d'air et des rayons du soleil, ont peu de substance et de vertu. Il en est de même de l'herbe qui croît à l'ombre des arbres ; elle y devient longue et molle, et ce qu'on appelle, en Normandie, *veule*, c'est-à-dire flasque : les bestiaux refusent d'en manger : aussi on ne souffre point d'arbre, pas même de pommier, dans les riches pâturages de la Basse-Normandie. Il n'y a qu'un fort petit nombre de plantes qui prospèrent à l'ombre : telles sont l'anémone des forêts, qui, au printemps, couvre le sol de ses réseaux ; et la pervenche des bois, toujours verte, qui donne en hiver ses fleurs bleues. On peut y joindre le framboisier du Canada, avec ses roses cramoisies; le grand convolvulus à cloches blanches, dont les fleurs éclatantes produisent de si charmants effets dans l'ombre ; et le lierre surtout, qui couvre le sol des forêts humides d'un tapis toujours vert, au milieu même des neiges. Ce sont des beautés qui manquent souvent à nos jardins anglais, où les bosquets interceptent l'air et la lumière à la plupart des plantes...

Les végétaux sont si bien harmoniés avec l'atmosphère, qu'ils changent en air pur l'air méphitique, comme l'a fort bien prouvé le savant docteur Ingenhousz. Cette régénération est encore l'ouvrage du soleil; car des plantes, et surtout des fleurs, mises en grande quantité dans une chambre fermée, en méphitisent l'air au point de faire mourir les personnes qui le respirent, sur-tout la nuit. Des femmes ont péri pour avoir dormi dans une chambre où il y avait beaucoup de fleurs de lis. Nous ne saurions trop admirer l'influence de l'astre du jour sur tous les agents de la nature : toutes leurs harmonies sont suspendues ou troublées par son absence. Mais voyez comme l'auteur de la nature a bien combiné lui-même leurs différents effets. Les animaux corrompent l'air par leur transpiration, et les plantes destinées à leur nourriture le rétablissent dans toute sa pureté : il y a plus, elles changent les odeurs les plus fétides en parfums délicieux. C'est sur des fumiers que croissent les roses les plus odorantes, et sur des couches de matière fécale que les jardiniers cultivent, l'hiver, à Paris, les tubéreuses si suaves.

Les végétaux ont des harmonies avec l'air extérieur par leurs tiges : d'abord, le côté qui est exposé au vent du midi est beaucoup plus dilaté que celui qui est frappé du vent du nord. Cette observation peut être utile pour s'orienter, si par hasard on se trouvait égaré dans un bois; car, en coupant une branche d'arbre, on connaîtrait le côté qui regarde le midi, parce qu'il y a plus de distance de ce côté là, depuis la moelle de la branche jusqu'à son écorce. Les écorces mêmes des végétaux sont en harmonie avec les températures de l'atmosphère; ce sont des espèces d'habits dont la nature les a revêtus, suivant les latitudes. Ceux des pays froids ont des écorces fort épaisses, et souvent enduites de résine, comme les sapins ; ceux des pays chauds les ont légères ; ceux qui ne vivent que le cours d'un été n'en ont presque point : telles sont les graminées, qui n'ont, pour ainsi dire, que des épidermes. On peut aussi connaître, par la dureté et la finesse des feuilles, les végétaux qui croissent dans les lieux battus des vents. Les pins, les sapins, les cèdres, les mélèses, qui se plaisent sur le sommet des montagnes, ont des feuilles menues et ligneuses ; il en est de même des giroflées jaunes, qui viennent sur le haut des murailles; leurs feuilles ne donnent point de prise aux vents. Les végétaux qui les ont grandes et tendres, tels que nos figuiers et les bananiers des Indes, aiment à croître sur les bords des ruisseaux, à l'abri des rochers ; tous ont leurs tiges en rapport avec la force des vents auxquels ils sont exposés. Le figuier a un bois très-fragile, et le bananier n'est formé que d'un paquet de feuilles. Ce sont des habitants des humbles vallées. Ceux qui s'élèvent sur les flancs des montagnes, résistent aux tempêtes par la roideur de leurs troncs : tels sont les ormes, les hêtres et les chênes ; ils ne craignent pas de supporter un ample feuillage. Ceux qui ont un bois léger et cassant, comme les sapins et les peupliers d'Italie, portent leurs têtes en pyramides couvertes de feuilles minces et légères. Il est très-remarquable que le peuplier de nos climats, qui supporte une large tête, a un bois beaucoup plus élastique que le peuplier pyramidal d'Italie ; nos paysans emploient ses branches souples aux mêmes usages que l'osier. Les palmiers des Indes croissent dans des lieux exposés à toute la violence des ouragans de la zone torride : les uns sur les montagnes, comme les palmistes; les autres sur le bord des mers, comme les lataniers et les cocotiers. Tous ont leurs troncs formés, non d'un vrai bois, mais de fibres ligneuses très-élastiques; leurs longues feuilles, semblables à de longues branches empennées, sont de la même nature. Quand elles sont sèches, on s'en sert comme de tablettes, où l'on écrit avec un poinçon comme sur des lames de bois. Nous avons observé, en parlant de la direction oblique des vents vers la terre, qu'ils décrivaient une courbe composée de leur mouvement horizontal de progression et de leur mouvement perpendiculaire de pesanteur : il en résulte une parabole. Je m'arrête à cette idée, parce qu'elle peut servir à expliquer le renflement du tronc du palmier, d'après lequel les architectes grecs ont imité celui qu'ils donnent à la colonne, sans qu'ils en apportent d'autre raison, sinon que ce renflement, formé d'une courbe, lui donne meilleure grace. Quoique les naturalistes disent que le palmier, à l'exception de toutes les autres espèces d'arbres, a son tronc par-tout d'un diamètre égal, j'ai cru observer sur des cocotiers, que leur tronc était renflé dans la colonne, aux deux tiers de sa hauteur. Cette courbe sert à sa solidité, car elle se trouve en arc-boutant avec celle du vent, de quelque côté qu'il souffle.

On ne doutera pas de ces prévoyances de la nature pour raffermir les palmiers contre la violence des ouragans, par celles qu'elle prend dans les mêmes climats pour garantir les autres végétaux de leurs ravages. J'ai vu, à l'Ile-de-France, un arbre sur des rochers, où ses racines avaient bien de la peine à pénétrer, dont le tronc avait tout autour de longues côtes faites comme de larges planches, qui lui servaient d'étais et d'appuis ; elles avaient, au niveau de la terre, plus de sept pieds de largeur, et elles s'élevaient le long de sa tige à plus de quinze pieds de hauteur. Elles laissaient entre elles, autour de l'arbre, plusieurs intervalles, dont on aurait pu faire autant de petites cabanes. Il sortait, de plus, des extrémités de ses branches des cordes végétales qui descendaient jusqu'à terre, y prenaient racine, et devenaient des troncs qui non-seulement supportaient les branches qui les avaient produites, mais s'élevaient encore au-dessus. Le P. Dutertre en décrit un semblable qu'il a vu à la Guadeloupe, dont les planches, ou arcs-boutants, s'éloignaient du pied de l'arbre de trente à quarante pieds ; et son supérieur, dit-il, en voulait faire un couvent vivant, qui aurait eu ses cellules, sa chapelle et son réfectoire ; mais il y avait trop d'humidité entre ses racines. Il appelle cet arbre figuier admirable. En effet, les extrémités des branches de celui que je vis à l'Ile-de-France, étaient chargées de figues qui pendaient jusqu'à terre ; mais ces fruits n'avaient pas de saveur.

La nature n'est pas encore satisfaite de ces précautions individuelles qui mettent les végétaux de ces climats en état de résister aux ouragans qui les agitent ; elle garnit les lisières de leurs forêts de fortes lianes. Ce sont des plantes grimpantes, dont quelques-unes sont grosses comme la jambe, et dont l'écorce est élastique et forte comme du cuir : de sorte qu'une de leurs lanières est plus difficile à rompre qu'une corde de chanvre de la même grosseur. Ces lianes s'élèvent du pied des arbres jusqu'à leurs cimes, d'où elles redescendent, s'entrelaçant dans les arbres voisins, et les liant les uns aux autres comme des cordages, les rendent inébranlables à toutes les secousses de l'atmosphère. C'est dans ces forêts torridiennes que des ouragans nécessaires, au défaut des hivers, détruisent en un jour des légions d'insectes qui y multiplient toute l'année. En secouant leurs vieux troncs caverneux, ils submergent au loin les vaisseaux sur les mers, et renversent sur la terre la plupart des monuments des hommes; mais leur voix mugissante annonce encore, au sein de la destruction, une Providence conservatrice de ses propres ouvrages : les tours s'écroulent, les arbres restent.

Si la nature a pourvu à la sûreté des forêts, elle n'a pas oublié celle des prairies. Les herbes ont, comme les arbres, leurs harmonies aériennes. Les graminées, les plus communes de toutes, ont des feuilles souples et menues qui ne donnent point de prise aux vents. Les humbles tiges qui portent leurs épis sont élastiques, cylindriques, et fortifiées de nœuds d'espace en espace. Elles s'appuient les unes contre les autres sans se briser, et lorsque les tempêtes les agitent, elles s'abaissent et se relèvent par de mutuels supports, en imitant par leurs ondulations les flots de la mer. Celles qui, suivant l'expression juste de La Fontaine, *naissent sur les humides bords des royaumes du vent,* ont des feuilles couchées à la surface des eaux, comme les nymphæa, ou qui se dressent en lames souples, comme les roseaux. Cependant, malgré les sages précautions de la nature, le chêne est quelquefois renversé par les tempêtes, tandis que le roseau leur échappe par sa faiblesse : image fidèle des conditions de la vie, et dont le bon La Fontaine a fait un apologue admirable.

Les harmonies aériennes de l'accroissement et de la conservation des plantes sont sans doute dignes d'admiration, mais celles de leur dépérissement ne le sont pas moins. Il est remarquable que les tiges sèches des herbes qui meurent tous les ans, et que les feuilles des arbres qui jonchent la terre à la fin de l'automne, résistent, malgré leur extrême fragilité, aux vents, aux pluies et aux neiges, qui font souvent tant de ravages sur les habitations de l'homme ; mais elles se détruisent toutes au printemps. Les gousses des haricots et des pois ; les grappes du sumac, du sorbier, du troëne ; les baies et beaucoup d'autres semences, restent suspendues tout l'hiver à leurs tiges, pour servir de nourriture aux oiseaux. Elles ne s'entr'ouvrent et ne tombent que dans la saison où elles doivent se reproduire. Les pailles des graminées, et les troncs des chênes morts de vieillesse, se décomposent alors en autant de temps qu'ils ont végété : les premières, en une demi-année ; les autres pendant des siècles. L'arbre desséché reste long-temps debout ; mais la nature, qui voile partout la mort sur le théâtre de la vie, couvre encore ses branches arides des guirlandes parfumées du chèvre-feuille ou du lierre toujours vert. Si l'arbre est renversé par les tempêtes, des agarics et des mousses de toutes couleurs dévorent et décorent à-la-fois son vaste squelette. Quelle est donc l'intelligence qui a proportionné, dans chaque espèce de végétal, la force de ses fibres vivantes aux injures de l'atmosphère, et la durée de ses fibres mortes à celle de son renouvellement ? C'est sans doute celle qui a voulu, d'un côté, que la terre ne s'encombrât pas par les dépouilles permanentes des végétaux, et qui, d'un autre côté, a voulu qu'elles durassent assez pour offrir des litières, des abris et des nourritures aux animaux pendant l'hiver. C'est enfin le Dieu qui a mis en harmonie les différents âges de la vie humaine et l'ignorance des enfants avec l'expérience des vieillards.

Qui pourrait décrire les mouvements que l'air communique aux végétaux ? Combien de fois, loin des villes, dans le fond d'un vallon solitaire couronné d'une forêt, assis sur le bord d'une prairie agitée des vents, je me suis plu à voir les mélilots dorés, les trèfles empourprés et les vertes graminées, former des ondulations semblables à des flots, et présenter à mes yeux une mer agitée de fleurs et de verdure ! Cependant les vents balançaient sur ma tête les cimes majestueuses des arbres. Le retroussis de leur feuillage faisait paraître chaque espèce de deux verts différents. Chacune a son mouvement. Le chêne au tronc roide ne courbe que ses branches, l'élastique sapin balance sa haute pyramide, le peuplier robuste agite son feuillage mobile, et le bouleau laisse flotter le sien dans les airs, comme une longue chevelure. Ils semblent animés de passions : l'un s'incline profondément auprès de son voisin comme devant un supérieur, l'autre semble vouloir l'embrasser comme un ami ; un autre s'agite en tout sens comme auprès d'un ennemi. Le respect, l'amitié, la colère, semblent passer tour-à-tour de l'un à l'autre, comme dans le cœur des hommes ; et ces passions versatiles ne sont au fond que les jeux des vents. Quelquefois un vieux chêne élève au milieu d'eux ses longs bras dépouillés de feuilles et immobiles. Comme un vieillard, il ne prend plus de part aux agitations qui l'environnent : il a vécu dans un autre siècle. Cependant ces grands corps insensibles font entendre des bruits profonds et mélancoliques. Ce ne sont point des accents distincts; ce sont des murmures confus comme ceux d'un peuple qui célèbre au loin une fête par des acclamations. Il n'y a point de voix dominantes : ce sont des sons monotones, parmi lesquels se font entendre des bruits sourds et profonds, qui nous jettent dans une tristesse pleine de douceur. Ainsi les murmures d'une forêt accompagnent les accents du rossignol, qui, de son nid, adresse des vœux reconnaissants aux Amours. C'est un fond de concert qui fait ressortir les chants éclatants des oiseaux, comme la douce verdure est un fond de couleurs sur lequel se détache l'éclat des fleurs et des fruits.

Ce bruissement des prairies, ces gazouillements des bois, ont des charmes que je préfère aux plus brillants accords : mon ame s'y abandonne ; elle se berce avec les feuillages ondoyants des arbres; elle s'élève avec leurs cimes vers les cieux; elle se transporte dans les temps qui les ont vus naître et dans ceux qui les verront mourir; ils étendent dans l'infini mon existence circonscrite et fugitive. Il me semble qu'ils me parlent, comme ceux de Dodone, un langage mystérieux ; ils me plongent dans d'ineffables rêveries, qui, souvent, ont fait tomber de mes mains les livres des philosophes. Majestueuses forêts, paisibles solitudes, qui plus d'une fois avez calmé mes passions, puissent les cris de la guerre ne troubler jamais vos résonnantes clairières! N'accompagnez de vos religieux murmures que les chants des oiseaux, ou les doux entretiens des amis et des amants qui viennent se reposer sous vos ombrages.

FIN DU TOME PREMIER DES HARMONIES.

TABLE DES HARMONIES

CONTENUES DANS CE VOLUME.

Épitre dédicatoire. . . . . page j
Préambule. . . . . iij

LIVRE PREMIER.

Tableau général des harmonies de la nature. 1
   Invocation à Vénus 5
   Tableau du ciel 6
   Puissance du soleil. 9
   Le bananier. 10
   Harmonies de l'homme et des animaux avec les plantes. 12
   Treize harmonies de la puissance végétale 18
   Description curieuse du blé 19
   Sexes des plantes. 30,52
   Cercles des arbres en rapport avec le soleil 45
   Harmonies des plantes et du soleil. 46
   Influence singulière de la lune sur les végétaux. . . . 47
   Ressemblance des fleurs avec les astres 51
   Fleurs de nuit. 54
   Enterrement d'un nègre dans une feuille de bananier. 55
   Nouvelle origine du mot *musa*. 60
   Description curieuse du palmier . . . . ibid.
   Belles proportions du palmier 66
   Le palmier est le modèle des colonnes grecques . . . 68
   Diverses espèces de palmiers. 74
   Fruits de l'Amérique mis en opposition avec les fruits de nos climats 76

TABLE

Harmonies des fruits avec les climats	77
Végétaux du Nord	83
Architecture du Nord en harmonie avec ses végétaux.	86
Tableau du Nord	89
Pêche de la baleine	91
Amour de la patrie	92
Explication du système de Linné	96
Semences des végétaux en harmonie avec les sites où ils croissent	98
Belles harmonies des couleurs des plantes; tableau de leurs différents groupes dans une prairie	103
Aspect de la Russie	107
Aspect de l'Ile-de-France	108
HARMONIES VÉGÉTALES DU SOLEIL ET DE LA LUNE.	110
Les feuilles vernissées des arbres du Nord donnent de la chaleur	111
Fleurs qui ressemblent aux astres	113
La lune influe sur les végétaux	114
Description d'une belle nuit; harmonie de la lune et des plantes	116
HARMONIES VÉGÉTALES DE L'AIR	119
La fée Morgane	122
Les végétaux purifient l'air	123
Observation sur la coupe des forêts	125
Peuplier d'Essonne	126
HARMONIES VÉGÉTALES DE L'EAU	128
Puissance végétale	129
HARMONIES VÉGÉTALES DE LA TERRE	136
Idées nouvelles sur la formation du globe	137
HARMONIES VÉGÉTALES DES VÉGÉTAUX	142
Idées originales sur les fibres mâles et femelles.	143
Passion de l'homme pour les fleurs	145
Réminiscences végétales	146
HARMONIES VÉGÉTALES DES ANIMAUX	150
Harmonies des végétaux et des animaux par leurs couleurs; leurs odeurs et leur bruit	152

Harmonies des organes des animaux avec leur genre
de vie. 159
Bec des oiseaux comparé à un doigt 160
HARMONIES VÉGÉTALES DE L'HOMME. 166
Le feu entre les mains de l'homme seul 168
Différence de la nature sortant des mains du Créateur
et des mains de l'homme. 172
Critique de la fable de *Garo*, de La Fontaine. . . . 177
Sur les parfums des fleurs 180
Sur les saveurs 185
La terre comparée à une table immense 189
Observations philosophiques sur la doctrine de Py-
thagore. 190
Anecdote de la chaumière française en Russie;
l'Homme libre. 193
Tombeaux de différentes nations. 196
Description pittoresque de nos cimetières 197
HARMONIES VÉGÉTALES, OU LEÇON DE BOTANIQUE A PAUL
ET VIRGINIE 204
Invocation à la déesse des fleurs . . . . *ibid.*
De la botanique. 205
Leçon de botanique à Paul et Virginie 217
Analogie des fleurs avec le caractère et la figure de
l'homme. 236
Observations singulières sur les divers alphabets des
langues anciennes et modernes. 238
Conseils aux peintres sur la manière de composer
leurs tableaux. 246
La déesse Amida naît du sein d'une fleur 249
Harmonies ravissantes des oiseaux et des plantes. . 252
Beautés d'un passage de Virgile. . . . . *ibid.*
Quinault 256
Analyse d'une fable de La Fontaine 257
Observations sur La Fontaine 260
Tityre et Mélibée. 261
Traduction, imitation et analyse des Églogues de Vir-
gile. 268

TABLE DES HARMONIES.

Théocrite. 285
Anecdote sur J.-J. Rousseau 294
Anecdote sur le géographe d'Anville. 297
Instinct des enfants pour les fruits. 298
Effets de l'ivresse. 302
Anecdote d'un solitaire. 309
Incertitude des jugements de nos sens. 311
Leçon de géographie. 312
A Virginie 323

LIVRE II.

HARMONIES AÉRIENNES. 326
HARMONIES AÉRIENNES DU SOLEIL ET DE LA LUNE . . . 328
  De l'air. 329
  Compression de l'air. 334
  Origine des mots *est*, *sud*, etc. 336
  Différentes qualités des vents. . . . . *ibid.*
HARMONIES AÉRIENNES DE L'EAU 340
  Attraction de l'air et de l'eau. 341
  Pesanteur de l'air. 343
  Spectacle de la mer. 345
  Tableau d'une tempête. 347
HARMONIES AÉRIENNES DE LA TERRE. 353
  Variétés des vents causées par les montagnes. . . . 355
  Brises. 356
  Idée de Platon sur l'univers 363
HARMONIES AÉRIENNES DES VÉGÉTAUX 364
  Respiration des plantes. 365
  Plantes qui aiment l'ombre. 367
  Bienfaits des végétaux qui purifient l'air 368
  Végétaux qui croissent dans les lieux battus des vents;
    manière de les connaître à leurs feuilles. 369
  Prévoyance de la nature pour préserver les plantes de
    l'orage. 371
  Mouvements que l'air communique aux végétaux. . 375
  Bruit du vent dans les arbres. 376

FIN DE LA TABLE DU TOME PREMIER DES HARMONIES.